Ernst Martin
Didaktik der sozialpädagogischen Arbeit

Grundlagentexte
Soziale Berufe

Ernst Martin

Didaktik der sozialpädagogischen Arbeit

Eine Einführung in die Probleme und Möglichkeiten sozialpädagogischen Handelns

5. Auflage 1999

Juventa Verlag Weinheim und München

Der Autor
Ernst Martin, Jg. 1939, ist Studiendirektor an der Fachschule für Sozial- und Heilpädagogik in Göttingen und seit 1970 in der Fortbildung für sozialpädagogische Berufe tätig.

Die Deutsche Bibliothek - CIP-Einheitsaufnahme

Martin, Ernst:
Didaktik der sozialpädagogischen Arbeit : eine Einführung in die Probleme und Möglichkeiten sozialpädagogischen Handelns / Ernst Martin. - 5. Aufl. - Weinheim ; München : Juventa Verlag, 1999
(Grundlagentexte soziale Berufe)
ISBN 3-7799-0754-2

Umschlaggestaltung: Atelier Warminski, 63654 Büdingen
Umschlagfoto: Heiner Blum
Printed in Germany

ISBN 3-7799-0754-2

Worum geht es in diesem Buch?

Didaktik ist eine schlichte Sache: Es geht dabei nicht um Erkenntnisse und erst recht nicht um systematisches Wissen. Didaktik ist keine Grundlagendisziplin und beschäftigt sich nicht mit Fragen allgemeiner Art, etwa mit einer pädagogischen Zieltheorie oder mit einer Methodenlehre (im Sinne feststehender, vorbildlicher Formen).

Nicht um Theorie geht es, sondern um eine *Tätigkeit.* Didaktische Arbeit besteht darin, praktische Probleme zu lösen: konkrete Situationen des pädagogischen Alltags zu erfassen, zu klären und dann das notwendige Handeln zu planen. Damit steht die Didaktik im Dienste der pädagogischen Praxis. Das heißt allerdings nicht, daß sie sich den gegebenen Verhältnissen blind anpaßt. Im Gegenteil: Sie stellt gerade die zeitgemäße Form kritischen Denkens innerhalb der pädagogischen Praxis dar – für die Sozialpädagogik wie für jeden anderen pädagogischen Bereich.

Bei dem Konzept dieses Buches handelt es sich um eine *allgemeine* sozialpädagogische Didaktik, welche die wesentlichen didaktischen Aufgaben in sozialpädagogischen Institutionen aller Art umfaßt. Solch eine Darstellung fehlte bisher. Die vorliegenden Bücher zu didaktischen Problemen der sozialpädagogischen Arbeit behandeln nur Teilbereiche: entweder einzelne Aufgaben (z.B. die Projektplanung oder die Curriculumentwicklung), oder sie beziehen sich nur auf ein einziges Praxisfeld, wie z.B. den Kindergarten oder das Heim.

Dieses Buch könnte auch den Titel tragen: Didaktik – wie macht man das? Es versucht einen Weg zu zeichnen, der den Leser in die Probleme didaktischer Arbeit hineinführt: eine Einführung also.

Das 1. Kapitel setzt sich zunächst einmal mit einigen Vorbehalten gegenüber der modernen Didaktik auseinander.

Das 2. Kapitel geht dann auf die Entstehungsgeschichte der sozialpädagogischen Didaktik ein. Es beschreibt, welche Tendenzen und Bausteine zu ihrer Entwicklung beigetragen haben.

Im 3. Kapitel wird ausgeführt und begründet, inwiefern Didaktik dem Sozialpädagogen nützen kann.

Das 4. Kapitel enthält Regeln für das konkrete didaktische Handeln, das Analysieren und Planen, sowie praktische Ratschläge zu Einzelproblemen.

Im 5. Kapitel werden Planungsmodelle für fünf typische didaktische Aufgaben in sozialpädagogischen Arbeitsfeldern dargestellt: für die Behandlung von Situationen, die Planung von Vorhaben, die individuelle

Erziehungsplanung, die Curriculumentwicklung und die Konzeptentwicklung.

Das 6. Kapitel schließlich setzt sich mit den Rahmenbedingungen auseinander, unter denen sich didaktische Arbeit vollzieht.

Einzelne Textabschnitte sind als „Exkurse“ gekennzeichnet: Sie enthalten nützliche Umwege. Man kann sie beim ersten Lesen ruhig überschlagen, ohne daß der fortlaufende Gedankengang gestört würde; andererseits führen sie zu Themen, an denen mancher Leser sicher besonders interessiert sein wird.

Ich möchte mit diesem Buch dazu beitragen,

- das gegenseitige Verstehen und die Gesprächsmöglichkeiten zwischen Sozialpädagogen und anderen pädagogischen Berufen zu fördern,
- das Suchen nach Alternativen und neuen Möglichkeiten des sozialpädagogischen Handelns zu unterstützen und
- der Routine und Resignation unter sozialpädagogischen Mitarbeiterinnen und Mitarbeitern entgegenzuwirken.

Hinweise zur 4. Auflage

Die Konzeption des Buches ist unverändert geblieben. Der Grundgedanke, sozialpädagogische Didaktik als handlungsorientierte Reflexion praktischer Aufgaben und Handlungssituationen zu verstehen, ist an mehreren Stellen noch deutlicher hervorgehoben worden.

Wegen der Veränderungen und neuer Möglichkeiten im Bereich der Heimerziehung ist das Kapitel über individuelle Erziehungsplanung vollkommen neu geschrieben worden.

Die Literaturhinweise sind vielfach aktualisiert worden.

E.M.

Inhalt

1. Einleitung: Fünf Thesen als Einstieg

Zugegeben – man hat es nicht leicht mit der Didaktik. Der Begriff wurde zwar während der sechziger Jahre in der Bundesrepublik zu einem der wichtigsten erziehungswissenschaftlichen Begriffe überhaupt; doch wurde er dabei keineswegs klarer und faßbarer. Er bekam immer neue Akzente, und seine zunächst feste und enge Bedeutung wurde vielfach erweitert. Mit Beginn der siebziger Jahre drang der Begriff auch in den sozialpädagogischen Bereich ein, in dem er zunächst als fremd empfunden wurde.

In der sozialpädagogischen Didaktik geht es um Probleme wie die folgenden:

Beispiel 1: In einem Kindergarten beschäftigt es die Erzieherin und die mit ihr zusammen arbeitende Kinderpflegerin, daß in ihrer Gruppe das Freispiel oft in chaotische Bahnen läuft und zu aggressiven Zusammenstößen führt. Beide haben sich ihre gegenseitigen Beobachtungen zum Verhalten der anderen mitgeteilt; sie haben überlegt, inwieweit die Räume und deren Ausstattung eine Rolle spielen könnten; nun erhoffen sie sich weiteren Aufschluß davon, daß sie systematisch beobachten, bei welchen Anlässen die aggresssiven Situationen entstehen.

Beispiel 2: An eine Kindergartenleiterin wird von einem Zentrum für körperbehinderte Kinder der Wunsch herangetragen, zwei behinderte Jungen im Alter von 5;7 (Rollstuhlfahrer) und 6;2 (Halbseitenlähmung) für mindestens ein Jahr aufzunehmen. Beide Kinder sind in ihrer kognitiven Entwicklung kaum beeinträchtigt, der Umgang mit gesunden Kindern soll ihnen den bevorstehenden Eintritt in eine Grundschule erleichtern. Die Kindergartenleiterin hat in ihrem Mitarbeiterkreis auch eine Erzieherin, die diesem Plan sehr aufgeschlossen gegenübersteht. In der betreffenden Gruppe arbeitet eine Vorpraktikantin als Helferin.

Nachdem die Erzieherin erläutert hat, welche Vorstellungen sie bewegen, die beiden Jungen in ihre Gruppe aufzunehmen, berät man in der Mitarbeiterkonferenz die neue Aufgabe: Welche Maßnahmen sind vor Aufnahme der Kinder zu treffen? Im Hinblick auf die Gruppe? Im Hinblick auf die Eltern? Welche Rollenverteilung zwischen Erzieherin und Vorpraktikantin wäre sinnvoll? Welche besonderen Aufgaben, welche Schwierigkeiten könnten sich im Laufe des Jahres ergeben? Wie könnte man ihnen begegnen?

Beispiel 3: Ein Sozialpädagoge in einem Jugendfreizeitheim will in einer clubähnlichen Gruppe von 11- bis 15jährigen Jungen und Mädchen zu einer kritischen Auseinandersetzung mit „Bravo“ anregen. Er kennt die Jugendlichen gut und hat schon längere Zeit mitgelesen, was die Jugendlichen an Zeitschriften lesen. Wie kann er es erreichen, daß die Jugendlichen „Bravo“ nicht als ein vom Himmel gefallenes Traumbilderbuch benutzen, sondern als ein von Menschen bewußt kalkuliertes Wirtschaftsprodukt, d.h. als Ware? Wie kann er sie empfindlicher machen für ihre eigenen Bedürfnisse und für deren Interpretation und Manipulation durch „Bravo“ und andere Massenmedien? Wie kann er eine gewisse Distanz (eine Haltung der Nicht-Identifikation) zu den Stars der Musikszene fördern?

In all diesen Fällen handelt es sich um didaktische Praxis, um didaktische Überlegungen zu irgendwelchen Lern- und Erziehungsproblemen in sozialpädagogischen Einrichtungen.

Überlegungen solcher Art sind keineswegs neu. Was sich gegenüber der sozialpädagogischen Arbeit früherer Jahrzehnte geändert hat, ist zum einen die Gründlichkeit und strengere Methodik des didaktischen Nachdenkens und zum anderen die Ausweitung der Problembereiche, in denen heute didaktische Überlegungen eine Rolle spielen.

Durch diese Veränderungen fühlt sich ein Teil der Sozialpädagogen* seit einiger Zeit verunsichert. Sie hören, daß sich der Ton in beruflichen Gesprächen verändert hat: daß vieles von dem, was gestern noch klar und überschaubar schien, heute so kompliziert und schwierig geworden ist. Manchmal wird befürchtet, daß mit der Hinwendung zur Wissenschaft irgendwie auch ein Verlust an Einfühlungsvermögen und eine kaltherzige Haltung gegenüber dem einzelnen Menschen und seinem Schicksal verbunden sei. Angesichts solcher Unsicherheit und teilweise auch Abwehr gegenüber den didaktischen Aufgaben scheint es mir notwendig, den folgenden Überlegungen zur sozialpädagogischen Didaktik einige Bemerkungen über die Bedeutung dieser Sache vorauszuschicken:

1. Didaktische Aufgaben sind nicht etwas Zusätzliches zur Praxis, ein Anhängsel, ein Luxus gleichsam, sondern sie sind ein wesentlicher Bestandteil der praktischen Arbeit.

Bei didaktischen Überlegungen geht es nicht um eine neuerwachte Vorliebe für „Theoretisches“, sondern um eine Aufgabe, die mehr oder weniger immer schon geleistet wurde: Es geht darum, vorliegende erziehe-

---

* Wenn hier und im folgenden einfach von „Sozialpädagogen“ gesprochen wird, sind damit alle Gruppen der sozialpädagogischen Berufe gemeint, d.h. alle, die als „sozialpädagogische Fachkraft“ bezeichnet werden. Nur wo eine bestimmte Berufsgruppe gemeint ist, wird die konkrete Berufsbezeichnung (z.B. „Erzieherin“) verwendet.

rische Aufgaben und ihre Lösungen übersichtlich darzustellen, zu klären, vorbereitend zu planen und nachträglich zu kritisieren. D.h. letzten Endes geht es darum, im Hinblick auf vorgefundene Situationen gute Entscheidungen zu treffen.

Man kann sicher oft genug darüber streiten, ob irgendwelche Handlungsvollzüge denn nun gut geplant und entsprechende Entscheidungen richtig getroffen waren. Über diesen Streit entscheidet letzten Endes die Praxis. Doch der Streit um das praktische Resultat kann noch kein Einwand sein gegen didaktische Überlegungen überhaupt. Sozialpädagogisches Handeln muß auch dann kritisch geplant, geprüft und vorbereitet werden, wenn es kein Verfahren gibt, das richtige Lösungen garantieren könnte.

2. In diesem Zusammenhang hat auch der Hinweis auf die Erfolge von Laienerziehern nur wenig Gewicht. Sicher kann eine phantasievolle Mutter, eine selbstlose Ordensschwester oder sonst ein pädagogischer Laie in einzelnen Situationen unter Umständen sogar eine bessere Lösung finden als ein methodisch reflektierender Erzieher. Der Laie fühlt möglicherweise überhaupt keine Schwierigkeiten, die sich seinem Handeln entgegenstellen und seine Entscheidung unsicher machen könnten.

Doch der Berufserzieher hat innerhalb einer Institution eine Aufgabe übernommen, die er begründen und rechtfertigen muß. **Er muß sich seiner beruflichen Aufgabe methodisch-planvoll und kritisch stellen und seine Arbeit in einen weiteren gesellschaftlich-politischen Rahmen einordnen.**

Seine didaktischen Überlegungen haben gerade den Zweck, die besonderen Schwierigkeiten und Widerstände zu erfassen und bewußtzumachen, die seinem erzieherischen Handeln entgegenstehen. Nur so kann er sich realistisch auf alle Umstände seines Arbeitsfeldes einstellen und Ansätze für notwendige Veränderungen finden.

3. **Didaktische Aufgaben sind keine Spezialität für eine bestimmte Gruppe sozialpädagogischer Berufe.**

Im Vergleich zur universitären Ausbildung vermitteln Fachhochschulen und Fachschulen bzw. Fachakademien nicht so sehr eine niedrigere Stufe als vielmehr eine andere Qualität der Ausbildung: Sie haben nicht den Wissenschaftler zum Ziel, sondern den sozialpädagogischen Mitarbeiter, der in der Praxis hier und jetzt planvoll und reflektiert handeln kann. Die Betonung dieser Fähigkeiten kennzeichnet zwar eine spezifische Qualität der Ausbildung, doch sie besagt keineswegs, daß die sozialpädagogische Ausbildung an Fachschulen und Fachhochschulen unwissenschaftlich sei. Die Befähigung zum praktischen Handeln schließt die Auseinandersetzung mit den wissenschaftlichen Erkenntnissen über das Leben des einzelnen im sozialen Zusammenhang und in gesellschaftlichen Konfliktsituationen durchaus ein. (Und sie schließt auch nicht aus, daß gerade im Hinblick auf diese Befähigung die Ausbildung an den genannten Schulen häufig unzureichend bleibt.)

4. Es hat sich nicht irgend jemand aus Langeweile diese neuen Aufgaben der Didaktik gesucht, sondern **es wird den Theoretikern (in der Forschung wie in der Ausbildung) jetzt erst Schritt für Schritt der ganze Umfang dessen deutlich, was didaktisch erfaßt und reflektiert werden muß.** In dem gleichen Maße aber, wie das theoretische Bewußtsein für die Probleme der komplexen Erziehungssituation geschärft wird, wird eine naive Haltung der Erziehenden fragwürdig. Man kann nicht einfach so tun, als seien die Aufgaben und Methoden didaktischer Arbeit nicht bekannt.

Didaktische Überlegungen sind also nicht nur möglich, sondern auch geboten und notwendig. Denn was in der Erziehung nicht didaktisch reflektiert wird, kann auch nicht sachgemäß kritisiert werden. Wer vorgibt, in der Praxis ohne Theorie und Planung spontan und unbefangen zu verfahren, der verschleiert damit bewußt oder unbewußt nur, daß er sich in unkritischer Weise von dogmatischen Grundsätzen, hausbackenen Rezepten oder Vorurteilen leiten läßt. So mancher Praktiker, der „Theorie“ für überflüssig hält, verwendet dennoch Theorien – nur solche, die vor dreißig Jahren als richtig galten!

5. Als im Jahre 1970 die ersten Bundesländer in ihren Fachschulen für Sozialpädagogik das Fach „Didaktik der sozialpädagogischen Arbeit“ (oder: „Didaktik und Methodik ...“) einführten und auch die Fachhochschulen entsprechende Ausbildungsangebote machten, war vielfach die Verlegenheit groß, was denn nun unter „Didaktik“ zu verstehen sei. **Bis heute scheint diese Klärung der Fachinhalte und der spezifischen Arbeitsweisen noch nicht abgeschlossen zu sein.**

Nach meiner Auffassung kommen vor allem *fünf Anknüpfungspunkte und Bausteine* für die sozialpädagogische Didaktik in Betracht. Sie werden im folgenden Kapitel erläutert.

2. Aus der Vorgeschichte der sozialpädagogischen Didaktik

2.1 Das sozialpädagogische Handwerkszeug der Wiederaufbauphase: Die Methodenlehre

Nach dem 2. Weltkrieg und dem Zusammenbruch der Nazi-Herrschaft erhielt die deutsche Sozialpädagogik zunächst wichtige Impulse von außen: Zwischen 1948 und 1960 wurden durch internationale Austauschprogramme, durch Besuche von Experten und Fortbildungsveranstaltungen Arbeitsformen der nordamerikanischen, englischen und niederländischen Sozialen Arbeit in der Bundesrepublik bekannt gemacht. Dazu schreibt Carl Wolfgang Müller: „Viele von uns waren fasziniert von einer neuen, menschlicheren Art und Weise, mit Armen und Schwachen, mit Kindern und hilflosen Erwachsenen umzugehen. Die Zeit des Wiederaufbaus der Sozialen Arbeit in der Bundesrepublik Deutschland war die Zeit der *Rezeption von Methoden:* Einzelfallhilfe *(social case work),* Gruppenpädagogik *(social group work)* und – einige Zeit später – Gemeinwesenarbeit *(community organization)"* (Müller 1987, S. 37).

Unter diesen „Methoden" hat man sich umfassendere Konzepte vorzustellen, die schon mehr enthalten als nur die Beschreibung einer bestimmten Vorgehensweise. Es handelt sich um „Praxistheorien" für bestimmte Arbeitsbereiche, die zugleich auch eine bestimmte Wertorientierung einschließen. Was Murray G. Ross für die Gemeinwesenarbeit formulierte, gilt ebenso für die Einzelfallhilfe und die Gruppenpädagogik: Sie enthalten „den Glauben an Wert und Würde des Individuums, die Überzeugung, daß jeder Mensch die Möglichkeiten und Fähigkeiten hat, sein eigenes Leben zu führen, die Freiheit, seine eigene Individualität zum Ausdruck zu bringen, die allen sozialen Wesen innewohnende Fähigkeit zu wachsen und sich zu entfalten und das Recht jedes Individuums auf Erfüllung der grundlegenden physischen Bedürfnisse" (Ross 1968, S. 91).

Im folgenden stelle ich die drei klassischen „Methoden“ einzeln vor; ich beschränke mich dabei auf die wesentlichen Grundsätze.

Einzelfallhilfe
Beratung, social case work

Die Einzelfallhilfe (Beratung, social case work) wurde als erste der professionellen sozialpädagogischen „Methoden“ in den USA entwickelt. In ihr verbinden sich tiefenpsychologische Vorstellungen über die menschliche Persönlichkeit und über Konflikte im menschlichen Leben mit Erfahrungen der Sozialarbeiter aus ihrer Beratungspraxis. Die Einzelfallhilfe unterscheidet sich von der bis dahin üblichen individuellen Beratung durch ihr methodisches Vorgehen und durch ihre veränderte Auslegung der helfenden Beziehung zum Klienten.

Die Beziehung erhält stärker therapeutische Züge. Merkmale, die zunächst für das Verhalten von Psychotherapeuten gefordert wurden, werden nun auch bei helfenden, beratenden Gesprächen im weiteren Sinne gefordert. Besonders wichtig wurde der Ansatz der nichtdirektiven (nicht-lenkenden) Gesprächsführung von Carl Rogers (1977) mit seinen Merkmalen: positive Wertschätzung des Klienten, einfühlendes Verstehen und Echtheit des Beraters.

Einzelfallhilfe soll den Betroffenen nicht entmündigen, sondern in seiner Selbstverantwortlichkeit und Persönlichkeit (Ich-Identität) stärken, so daß er möglichst bald von der Beratung und Hilfeleistung unabhängig wird. „Hilfe zur Selbsthilfe“ heißt ein vielzitierter Grundsatz.

Der Weg des Helfens umfaßt mehrere Schritte:

1. Zunächst geht es darum, den Betroffenen in seiner aktuellen Lebenssituation anzunehmen und zu verstehen;
2. dann müssen in einem gemeinsamen Prozeß die Konflikte und Belastungen aufgedeckt und bewußtgemacht werden;
3. es folgt das Training konfliktlösender Verhaltensweisen und Haltungen, bis schließlich
4. ein individuell-sozialer Gleichgewichtszustand erreicht wird, in welchem Probleme vom Klienten weitgehend selbständig verarbeitet werden können.

Der zweite Schritt wird in einigen Lehrbüchern auch mit den Aufgaben der „Anamnese“ und „Diagnose“ gekennzeichnet, der dritte mit dem Begriff der „Behandlung“. Das wesentliche Mittel der Diagnose wie der Behandlung ist die Gesprächsführung. Das Gespräch gilt als das entscheidende Mittel, um eine besondere, vertrauensvolle Beziehung herzustellen, um den Klienten zu stärken und zu eigener Aktivität zu ermuntern.

Bei den Problemen, mit denen sich der Klient an den Sozialarbeiter oder Sozialpädagogen wendet, wird es sich in der Regel um Schwierigkeiten in der Realität des Alltags und in der Gegenwart handeln. Dementsprechend ist die Arbeit mit dem Klienten auch an die Gegenwart gebunden; das unterscheidet sie von der tieferdringenden Behandlung der Psychotherapie.

Bei der Einzelfallhilfe handelt es sich um eine Methode, die zwar nicht in jedem einzelnen Fürsorgefall oder in jedem Fall der Elternarbeit angewendet werden kann, die aber doch im Prinzip geeignet ist, die persönliche Hilfe für Klienten mit seelischen und sozialen Konflikten auf eine methodische Grundlage zu stellen.

Seit den 80er Jahren neigen viele Jugendämter dazu, für besondere Problemfamilien das inzwischen neu entwickelte Instrument der „Familienhilfe“ einzusetzen.

Gruppenpädagogik
Social group work

Einige Merkmale hat die Gruppenpädagogik mit der Einzelfallhilfe gemeinsam: In beiden Fällen gilt ein schrittweises Vorgehen; bei beiden Konzepten überschneiden sich die „Diagnose“ (Entwicklung der Arbeitsgrundlage) und die Behandlung selbst; und beide Male wird besonders die Fähigkeit betont, Gespräche gezielt führen zu können. Darüberhinaus ist es in der Gruppenpädagogik erforderlich, Gruppenabläufe strukturieren zu können. Dafür werden folgende *Grundsätze* aufgestellt:

- Anfangen, wo die Gruppe steht, und sich mit ihr in Bewegung setzen;
- den aktuellen Stand verdeutlichen;
- mit den Stärken arbeiten, d.h. die starken Seiten der Gruppenmitglieder betonen;
- individualisieren, auf den einzelnen persönlich eingehen;
- Zusammenarbeit mehr pflegen als Einzelwettbewerb;
- Raum für Entscheidungen der Gruppe geben;
- erzieherisch notwendige Grenzen setzen, d.h. bestehende Normen und Regeln beachten;
- sich als Gruppenleiter entbehrlich machen, damit die Gruppe selbständig wird.

Die *Programminhalte,* die Aktivitäten der Gruppe werden immer als Bestandteil eines Lernprozesses oder eines Behandlungsplanes gesehen, nie als Selbstzweck. Sie sollen in erster Linie Gelegenheiten schaffen, sich mit anderen Menschen zu identifizieren und im gemeinsamen Tun Erfolgserlebnisse zu haben. Die Programmgestaltung wird deshalb insbesondere unter folgenden Gesichtspunkten beurteilt:

– Wie sind die Gruppenmitglieder beteiligt?
– Welche Fähigkeiten setzt die Teilnahme voraus?
– Inwiefern fördert das Programm den Austausch zwischen den Teilnehmern?
– Welche Art von Erfolgserlebnissen ist möglich?

Für den Lernprozeß einer Gruppe kommt es vor allem auf die Beziehungen zwischen den Gruppenmitgliedern und zwischen der Gruppe und dem Gruppenleiter an. Dem Gruppenpädagogen stehen einige *methodische Hilfsmittel* zur Verfügung, um diese Beziehungen zu erfassen und zu beeinflussen:

– soziometrische Verfahren zur Ermittlung der unterschiedlichen Beziehungen innerhalb einer Gruppe (Soziogramm, Auto-Soziogramm, Gesprächsbild usw.)
– Methoden der Gesprächsführung in der Gruppe (Brainstorming, Kleingruppenarbeit, Debatte, Diskussion usw.)
– gezielt einsetzbare Spiele (z.B. die umfangreiche „Schwalbacher Spielkartei" als erste Sammlung von vielen ähnlichen)
– Flanell- und Magnettafeln zur sichtbaren Darstellung von Meinungen, Positionen und Einstellungen
– formalisierte Gruppenberichte (Berichtschemata) zur gezielten Auswertung von Gruppentreffen.

In allen Lehrbüchern wird vom Gruppenpädagogen „partnerschaftliches Verhalten" erwartet, und es wird die Überzeugung geäußert, daß durch gruppenpädagogische Arbeit Mißverständnisse, Vorurteile und Aggressionen abgebaut werden können. Im gesellschaftlichen Rahmen würden dadurch, so glauben die Vertreter der Gruppenpädagogik, Harmonie und Frieden gefördert.

Doch diese Ansprüche und Hoffnungen der Gruppenpädagogik wurden bald schon erschüttert. Als gegen Ende der sechziger Jahre die lange Zeit verdrängten gesellschaftlichen Konflikte deutlicher ins Bewußtsein der Öffentlichkeit traten (z.B. die fehlende Demokratie im Wirtschaftsbereich, die ungleichen Lebens- und Bildungschancen, die Unterdrückung von Minderheiten, autoritäre Strukturen in der öffentlichen Erziehung), da erwies sich das Konzept der Gruppenpädagogik als zu optimistisch und naiv gegenüber den wirklichen Verhältnissen in der Gesellschaft und gegenüber dem, was sich tatsächlich in sozialpädagogischen Gruppen abspielt. In der Folge wurden dann in den Ausbildungsstätten mehr und mehr Fragen diskutiert, die auf zunächst „vergessene“ Aspekte der Gruppenpädagogik zielten:

- Welche Bedeutung hat die bisherige Sozialisation der Gruppenmitglieder?
- Wie spielt sich der Prozeß der Normenbildung in der Gruppe ab?
- Welche äußeren (gesellschaftlichen) Herrschaftsverhältnisse spiegeln sich in der Gruppe wider?
- Welche Beziehungen bestehen zwischen Kleingruppen und größeren gesellschaftlichen Gruppen?
- Inwiefern enthält das Konzept der Gruppenpädagogik ein zu naives Verständnis von Demokratie?
- Inwiefern werden durch das gruppenpädagogische Konzept gesellschaftliche Interessenwidersprüche verschleiert?

Die Diskussion dieser und ähnlicher Fragen hat zu einer gewissen Modernisierung der Gruppenpädagogik geführt. Ihre Ziele und Inhalte werden jetzt stärker reflektiert und ihre gesellschaftskritischen Möglichkeiten werden realistischer eingeschätzt.

Eine andere Modernisierungstendenz entwickelte sich von der Gruppendynamik her. Die Gruppendynamik läßt sich in gewisser Weise als eine modernisierte, verfeinerte und teilweise raffiniertere Form der Gruppenpädagogik ansehen, der es darum geht, das menschliche Verhalten auf einer psychologisch tieferen Ebene zu erfassen und zu beeinflussen.

Gemeinwesenarbeit
Community organization

„Wir behandeln Situationen, nicht Personen“ – : In diesem Satz ist der Grundgedanke aller Gemeinwesenarbeit treffend formuliert. Der Satz stammt von Marianne Meinhold, die ihn als Titel eines Aufsatzes verwendet, der für mich zugleich auch eine gute Einführung in die Probleme der Gemeinwesenarbeit darstellt (Meinhold 1982).

Die Gemeinwesenarbeit unterscheidet sich also von den anderen „Methoden“ der Sozialen Arbeit dadurch, daß der Klient weder eine Einzelperson oder eine Familie noch eine Kleingruppe (wie in der Gruppenpädagogik) ist, sondern daß es um Situationen in einem Wohnquartier geht. In den meisten Fällen beschäftigt sich die Gemeinwesenarbeit mit innerstädtischen Sanierungsgebieten, mit Neubaugebieten ohne ausreichende soziale Einrichtungen oder mit Obdachlosenvierteln („Sozialen Brennpunkten“).

Soziale Probleme sollen nach diesem Konzept aus weitergehenden Zusammenhängen heraus gelöst werden. Es kommen Bereiche und Zusammenhänge ins Blickfeld, die bisher von der Sozialarbeit übersehen wurden (z.B. Kommunikationsstrukturen im Quartier, Rivalitäten zwischen einzelnen Bewohnergruppen, fehlende Arbeitsmöglichkeiten usw.).

Der Gemeinwesenarbeiter leitet gemeinsam mit Bewohnern des Viertels einen Prozeß ein, in dessen Verlauf

– das „Gemeinwesen seine Bedürfnisse und Ziele feststellt, sie ordnet oder in eine Rangfolge bringt,

– Vertrauen und den Willen entwickelt, etwas dafür zu tun, innere und äußere Quellen mobilisiert, um die Bedürfnisse zu befriedigen . . .

– und dadurch die Haltungen von Kooperation und Zusammenarbeit . . . fördert“.

Diese Zusammenfassung stammt aus dem amerikanischen Lehrbuch von Murray G. Ross (1968, S. 58). In diesem Lehrbuch wird Gemeinwesenarbeit unter zwei Hauptaspekten gesehen: Planung und Integration. Bei der *Planung* geht es darum, Bedürfnisse zu formulieren und in Initiativen oder Kampagnen umzusetzen, Probleme zu untersuchen, die durch Gemeinwesenarbeit gelöst werden sollen, über alternative Lösungen zu entscheiden und schließlich die gewählte Lösung durchzuführen. Der Begriff der *Integration* enthält die eigentliche sozialpädagogische Zielbestimmung: Die Planung soll zugleich auch dazu führen, die verschiedenen, pluralistisch verstandenen Interessen und Bedürfnisse in dem Quartier zusammenzufassen und zu integrieren. Beide Aspekte sind schließlich auf ein doppeltes Ziel ausgerichtet: die Qualität des Wohnquartiers als Lebensraum zu verbessern und die in ihm lebenden Menschen zu befähigen, sich zur Selbsthilfe zu organisieren.

Als das Lehrbuch von Ross und ähnliche Konzepte aus den USA und aus Holland in der Bundesrepublik bekannt wurden, war die Entwicklung in den USA schon weitergegangen. In der Praxis hatte sich das idealistische Konzept einer *reformerischen, integrativen* Gemeinwesenarbeit keineswegs bewährt.

Es hatte sich die Gefahr gezeigt, daß die tiefergehenden Konflikte und die Interessen von Minderheiten durch Gemeinwesenarbeit oft eher verschleiert als gelöst werden. Schon Anfang der sechziger Jahre wurde in den USA das Konzept einer *aggressiven, konfliktorientierten* Gemeinwesenarbeit entwickelt. Dabei kam es darauf an, durch den solidarischen Zusammenschluß von Minderheiten auch Kräfte-Verhältnisse und Macht-Strukturen innerhalb eines Quartiers zu beeinflussen. Unter dem Einfluß der Studentenbewegung von 1968, der gesellschaftlichen Reformbestrebungen Anfang der siebziger Jahre und unter dem Druck der Berufsverbote wurden die Konzepte der Gemeinwesenarbeit auch in der Bundesrepublik kritisch auf ihre Wirkungen und ihre politische Bedeutung hin untersucht:

– Wessen Interessen dient diese bestimmte Form von Gemeinwesenarbeit bzw. dieses konkrete Projekt in diesem Quartier?
– Welchen Interessen zu dienen gibt sie vor?
– Welche realisierbare Zielvorstellung existiert?
– Welchen Handlungsspielraum hat der beruflich tätige Gemeinwesenarbeiter?
– Wie kann der Handlungsspielraum der betroffenen Bewohner so erweitert werden, daß sie Einfluß auf ihre Lebensbedingungen nehmen können?

Zusammenfassende Einschätzung

Die kritische Beschäftigung mit den Methoden der Sozialen Arbeit hat zu wichtigen Klärungen geführt: zur Berücksichtigung ihrer Entstehungsumstände, ihrer ursprünglichen Absicht und einer realistischeren Einschätzung ihrer – sehr begrenzten – Wirkungen. In diesem Zusammenhang entstand in den 70er Jahren eine Reihe neuer, ergänzender Konzepte (Soziale Aktion, Streetwork, Bürgerinitiative, Gemeindepsychiatrie, sozialpädagogische Familienhilfe, Aktionsforschung usw.).

Insgesamt kann die Methodenlehre als Vorläuferin der sozialpädagogischen Didaktik angesehen werden (die auch bis weit in die 70er Jahre – und in einzelnen Fällen bis in die 80er Jahre – den zentralen Inhalt der sozialpädagogischen Ausbildung darstellte).

Inzwischen erscheint es angemessener, im Hinblick auf die Methoden von *didaktischer* Arbeit zu sprechen. Denn alle sozialpädagogischen Berufe können sich als „Lernhelfer" verstehen.

Im Rahmen der sozialpädagogischen Didaktik haben die einzelnen „Methoden" jetzt nur noch eine eingeschränkte Bedeutung: Sie werden als *„didaktische Arrangements"* (C.W. Müller 1982, S. 13) oder als *„Arbeitsprinzipien"* (Boulet u.a. 1980) verstanden. Sie bieten eine vorläufige Orientierung im Arbeitsfeld, können jedoch keineswegs zu konkreten Handlungsanweisungen verhelfen. Es bleibt vielmehr ein großer Spielraum zwischen den Arbeitsprinzipien und dem tatsächlichen Verhalten des Sozialpädagogen. Dieser Spielraum kann und sollte kreativ und phantasievoll ausgefüllt werden. Dabei werden die Prinzipien jeweils weiterentwickelt und ausgestaltet als konkrete methodische Planung im einzelnen. Die notwendige Grundlage für diese Planung bildet die konkret erfaßte Ausgangslage („Situationsanalyse") der sozialpädagogischen Arbeit.

Literatur zur Entwicklung und Anwendung der Methoden:

- MÜLLER, C. Wolfgang: Wie Helfen zum Beruf wurde. Eine Methodengeschichte der Sozialarbeit, Bd. 2. 1945–1985. Weinheim und Basel 1988

Empfehlenswerte Darstellungen der einzelnen Methoden:

- WENDT, W.R. (Hrsg.): Unterstützung fallweise. Case Management in der Sozialarbeit. Freiburg/Br., 2. Aufl., 1996
- MÜLLER, C. Wolfgang (Hrsg.): Gruppenpädagogik. Auswahl aus Schriften und Dokumenten. Weinheim 1970 (Neudruck 1987)
- BOULET, J. Jaak, u.a.: Gemeinwesenarbeit als Arbeitsprinzip. Eine Grundlegung. Bielefeld 1980
- HINTE, Wolfgang/KARAS, Fritz: Studienbuch Gruppen- und Gemeinwesenarbeit. Neuwied 1989

Zur Weiterentwicklung des methodischen Handelns:

- HEINER, Maja u.a.: Methodisches Handeln in der Sozialen Arbeit. Freiburg/Br., 2. Aufl. 1995

2.2 Arbeitsfelder erklären, die Soziale Arbeit verbessern: Arbeitsfeldanalysen

Einen völlig neuen Ansatz enthalten die „Arbeitsfeldanalysen“ der Sozialen Arbeit, wie sie seit Beginn der 70er Jahre durchgeführt wurden. (Ein erstes Konzept dazu formulierten Jürgen Friedrichs und Fritz Haag 1968.)

Während die traditionellen Methoden die Absichten, Grundsätze und das *Handeln* der sozialpädagogischen Mitarbeiter ins Zentrum stellten, geht es bei den Arbeitsfeldanalysen darum, die *Wirklichkeit* des jeweiligen sozialpädagogischen Arbeitsbereiches insgesamt zu erfassen. Gerade auch die materiellen, räumlichen, personellen und zeitlichen Gegebenheiten sollen dabei bedacht werden. Und man will wissen, was die Soziale Arbeit für wen denn wirklich bringt. Es wird beobachtet, beschrieben, gefragt und mit Betroffenen und Mitarbeitern diskutiert, bis ein möglichst vollständiges und realistisches Bild gezeichnet werden kann.

Der Begriff „Feld“ meint in diesem Zusammenhang einen gedachten Ausschnitt aus der sozial bedeutsamen Umwelt einer Person oder einer Gruppe. Das Verhalten aller Personen in dem jeweiligen Feld folgt bestimmten Regeln und bildet einen Zusammenhang, der sich als Struktur beschreiben läßt. Der Feldbegriff wird von Sozialpädagogen inzwischen häufig verwendet. So sprechen sie nicht nur von ihrem jeweiligen „Arbeitsfeld“, sondern auch vom „Erlebnisfeld“ der Gruppe, vom „Feld der Elternarbeit“ oder von anderen Feldern.

Kurt Lewin (1963) nannte das Feld den „Lebensraum“ der jeweils in ihm handelnden Personen. Wo der Begriff in diesem Sinne gebraucht wird, soll man sich einen sozialen Bereich gewissermaßen als ein Kraftfeld vorstellen, in dem einzelne Personen, die Gruppe, die äußere Umwelt zusammenwirken. Dieses soziale Kraftfeld ist nicht unveränderbar, kein Zwangssystem (wie das berechenbare Kraftfeld der Physik); es ist vielmehr durchaus Veränderungen unterworfen, es hat eine Geschichte. Wesentlich ist außerdem, daß die Randlinie das Feld nicht scharf begrenzt; sie ist vielmehr durchlässig für den sozialen Austausch mit dem weiteren gesellschaftlichen Umfeld.

Arbeitsfelder sind also Orte, die als Kraftfelder gesehen werden – Orte, die Vorgänge und soziale Aktionen auslösen und auf die sich bestimmte Anstrengungen konzentrieren.

Mit den Arbeitsfeldanalysen ist von Anfang an das Interesse verknüpft, das bestehende System der sozialen Arbeit kritisch zu analysieren und zum Nutzen der gesellschaftlich benachteiligten Gruppen zu verändern. Die Arbeitsfeldanalyse soll beschreiben, was die Soziale Arbeit in einem bestimmten Feld bewirkt. Sie soll auch eventuell vorhandene strukturelle Mängel, die Einseitigkeit der angewandten Methoden, die Zersplitterung der Kräfte in unnötig getrennten Einrichtungen oder die zu geringen Mittel überhaupt erfassen und in Frage stellen.

Gesichtspunkte einer Arbeitsfeldanalyse (im weiteren Sinne)

I. – Welche gesellschaftlichen Probleme und Konflikte liegen der Sozialen Arbeit in diesem Arbeitsfeld zugrunde? Wie entstehen diese Probleme und Konflikte?

– Welcher Personenkreis ist im weiteren Sinne von diesen Problemen und Konflikten betroffen?

– Welche Hilfsinstitutionen der Sozialpädagogik/Sozialarbeit stehen in diesem Arbeitsfeld zur Verfügung?

– Wie wird im *engeren* Arbeitsfeld einer Einrichtung (z.B. eines Freizeitheimes, eines Kindergartens) gearbeitet?

– Welche Struktur hat das Gesamtsystem der Maßnahmen zur Lösung oder Regelung der Probleme und Konflikte? Was bewirken die Maßnahmen insgesamt?

II. – Welche übergreifenden Zielvorstellungen (Sachziele, politische Ziele, Lernziele) sollten in diesem Arbeitsfeld verfolgt werden?

– Wie ist die Ausgangssituation der Mitarbeiter in den einzelnen Einrichtungen beschaffen? Wie sehen die organisatorischen, räumlichen und materiellen Rahmenbedingungen aus?

– Entwickeln und verfolgen die Mitarbeiter eine bestimmte Strategie? Welche Methoden/Arbeitsformen verwenden sie?

– Wie läßt sich der Einsatz der Einzelnen, Gruppen und Institutionen koordinieren?

III. – Was wird als Erfolg der Sozialen Arbeit in diesem Feld angesehen? Welche Bedingungen des Feldes werden durch die erzielten Ergebnisse berührt? Bei wem sind Veränderungen (Lernwirkungen) zu beobachten?

In der ersten Zeit bezogen sich die Arbeitsfeldanalysen vorwiegend auf ganze Wohnquartiere oder sogar größere Regionen. Teilweise entwikkeln sie sich im Zusammenhang mit Projekten der Gemeinwesenarbeit. Sie setzen nicht bei der Arbeit etwa des Kindergartens oder der Familienfürsorge an, sondern gleichsam *vor* der Aufteilung und Festlegung der Aufgaben für einzelne Institutionen.

Ab Mitte der 70er Jahre machen sich dann Arbeitsgruppen auch daran, die Ergebnisse von Arbeitsfeldanalysen zu vergleichen und zu verallgemeinern. So kommen sie zu *Modellen* für bestimmte Arbeitsfelder: zur Beschreibung der typischen Rahmenbedingungen und Konflikte sowie zu Vorschlägen für das sozialpädagogische Handeln bei typischen Aufgaben und Situationen. Meistens handelt es sich dabei um Modelle für sozialpädagogische Institutionen (besonders für Kindergärten, Tagesstätten und Heime).

Solche Arbeitsfeldmodelle sind wichtige Hilfsmittel, wenn es darum geht, für eine konkrete Kindertagesstätte, einen Hort oder ein bestimmtes Heim ein didaktisches Konzept zu entwickeln (vgl. 5.2.5).

Insgesamt hat das Konzept der Arbeitsfeldanalyse zur Entwicklung der sozialpädagogischen Didaktik folgende Beiträge geleistet:

- Es hat zu einer kritischen Einstellung gegenüber der bestehenden Praxis der Sozialen Arbeit und ihrer Institutionen beigetragen;
- es leitet die Sozialpädagogin oder den Sozialpädagogen zur dynamischen Betrachtung ihres Arbeitsbereiches an;
- es erweitert die Zahl der Gesichtspunkte in der didaktischen Analyse außerordentlich und
- macht die Verallgemeinerung und Strukturierung von typischen Modellen für bestimmte Arbeitsfelder möglich.

Literatur zur Veranschaulichung und Vertiefung:

- SCHWEITZER, H. u.a.: Über die Schwierigkeit, soziale Institutionen zu verändern. Entwicklungsarbeit im sozialpädagogischen Feld I. Frankfurt 1976
- OTTO, Hans-Uwe/KARSTEN, Maria-Eleonora (Hrg.): Sozialberichterstattung. Lebensräume gestalten als neue Strategie kommunaler Sozialpolitik. Weinheim, München 1990

Als „klassische" Darstellung der sozialwissenschaftlichen Feldtheorie:

- LEWIN, Kurt: Feldtheorie in den Sozialwissenschaften. Bern 1963 (New York 1951)

2.3 Eine vielseitige Betrachtungsweise für Lernsituationen: Das Strukturmodell der lerntheoretischen Didaktik

Bei genauerer Betrachtung lassen sich gewisse Gemeinsamkeiten zwischen der Arbeitsfeldanalyse und einer bestimmten Richtung der schulischen Didaktik feststellen: nämlich dem lerntheoretischen Ansatz des „Berliner Arbeitskreises Didaktik".

Die erste Gemeinsamkeit besteht in dem sozialwissenschaftlichen *Feld*-Begriff: In beiden Fällen wird der Arbeitsbereich als Feld mit einer besonderen Struktur beschrieben. Der Begriff *„Struktur"* bezeichnet dabei die innere Ordnung des Feldes, das Muster, das die abgrenzbaren Elemente (die Mitarbeiter, die Gruppe, die Inhalte und die Kommunikationswege) in ihm bilden.

Dieses Ordnungsschema wird zwar aus dem zu betrachtenden Feld abgeleitet und begründet; doch letzten Endes wird es vom Betrachter entworfen. Insofern kann man eine Struktur auch als eine „Betrachtungsweise" bezeichnen. Mit ihrer Hilfe macht der beobachtende oder planende Pädagoge sich ein übersichtliches Bild von seinen pädagogischen Problemen und von den Entscheidungen, die er zu treffen hat. Er versucht, die Gesamtstruktur des Lerngeschehens zu erfassen. Dabei werden zunächst bestimmte Größen (Faktorengruppen) als Teile der Struktur festgelegt und unterschieden. Die eigentliche Struktur ergibt sich jedoch erst dann, wenn die Beziehungen zwischen den verschiedenen Größen betrachtet werden.

Eine weitere Gemeinsamkeit besteht darin, wie die Struktur des Lernfeldes aufgefaßt wird: Im Gegensatz zu der älteren bildungstheoretischen Didaktik, in der alle Überlegungen bei den Inhalten mit ihren bildenden Wirkungen ansetzten, wird in der lerntheoretichen Didaktik eine *wechselseitige Abhängigkeit* (Interdependenz) zwischen allen Größen angenommen, über die zu entscheiden ist. Jede „inhaltliche" Entscheidung enthält auch schon methodische Vorentscheidungen, ebenso grenzt jede Entscheidung für ein bestimmtes technisches Medium die Kommunikationsmöglichkeiten ein, und jede Entscheidung für ein bestimmtes methodisches Vorgehen hat inhaltliche Konsequenzen.

Als dritte Gemeinsamkeit: Im Mittelpunkt der didaktischen Überlegungen stehen *Lernprozesse.* „Bildung" ist nach dieser Auffassung nicht mehr garantiert durch bestimmte bildende Inhalte; sie kommt vielmehr zustande durch kritische Aneignung und Überprüfung vorhandener gesellschaftlicher Wirklichkeitsbereiche. Der lerntheoretische Didaktiker sieht seine Hauptaufgabe darin, Lernsituationen auf ihre Strukturmomente, auf ihre prägenden Faktoren und Beziehungen hin zu untersuchen. Jeder Erziehende muß wechselseitig voneinander abhängige Entscheidungen treffen hinsichtlich der

- Ziele (Absichten)
- Inhalte (Themen)
- Methode
- Medien (Mittel).

Diese Bereiche werden als „Entscheidungsfelder" bezeichnet. Sie hängen mit zwei anderen Strukturmomenten zusammen, die der Pädagoge bei seinen Entscheidungen zu berücksichtigen hat, nämlich zwei „Bedingungsfeldern":

- der Ausgangslage (den persönlichen Voraussetzungen) der Lehrenden und der Lernenden und
- die Situation der Menschen in dieser Gesellschaft (den sozial-kulturellen Voraussetzungen).

Struktur des Lernfeldes in der lerntheoretischen Didaktik

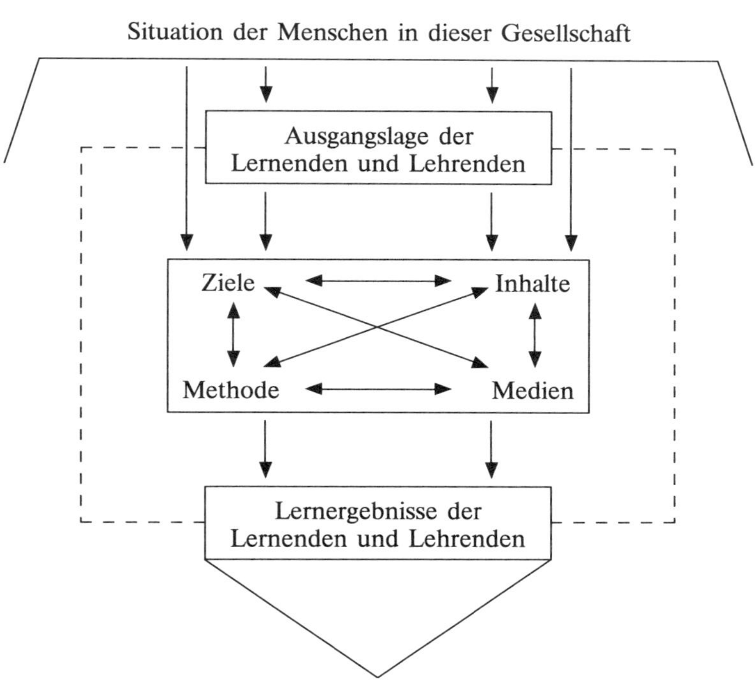

Dieses lerntheoretische Modell ist sehr variabel und zur Beschreibung und Analyse von Lernproblemen in verschiedensten Institutionen und Arbeitsfeldern geeignet. Es wurde schon auf die Planung der sozialpädagogischen Arbeit im Kindergarten, auf Probleme der Freizeiterziehung, auf die politische Bildung in der Jugendarbeit oder auch auf die Pädagogik des Jugendreisens angewandt.

Die in ihm verwendeten Begriffe und Grundsätze decken sich vielfach mit den Untersuchungsbegriffen von Arbeitsfeldanalysen. In vielen Fällen können die Strukturbegriffe dieses Modells auch Gesichtspunkte für die didaktische Analyse in sozialpädagogischen Institutionen liefern. Im Hinblick auf die vielerlei Voraussetzungen und Rahmenbedingungen der sozialpädagogischen Arbeit allerdings (Lebenslagen, Sozialisationsbedingungen, Entwicklungsstand, gruppendynamische Voraussetzungen der Zielgruppe, organisatorische und räumliche Vorbedingungen der sozialpädagogischen Einrichtung usw.), die es zu erfassen gilt, erscheint jedoch die Anknüpfung an die hier viel differenzierteren Arbeitsfeldanalysen sachgerechter.

Ein wesentlicher Unterschied zwischen sozialpädagogischer und schulischer Didaktik muß allerdings betont werden: Sozialpädagogische Planung muß generell einen anderen Schwerpunkt haben als die didaktische Planung in der Schule. Die schulische Unterrichtsplanung geht von einem durchschnittlichen Entwicklungsstand der Schüler eines Jahrgangs bzw. einer Klasse aus und vernachlässigt weitgehend die besonderen Lebenssituationen und die Erfahrungswelt der Schüler. Ins Zentrum ihrer Überlegungen stellt sie die (in „Richtlinien“ festgelegten) Ziele und Inhalte, die es den Schülern zu vermitteln gilt. Abweichungen von den durchschnittlichen entwicklungsmäßigen und sozialen Voraussetzungen werden als störende Randbedingungen erfaßt, die unter Umständen besondere Maßnahmen erforderlich machen. Demgegenüber rückt die sozialpädagogische Planung gerade die schulischen „Randbedingungen“ in den Mittelpunkt: vor allem die *Lebenssituationen* der Gruppenmitglieder mit ihren besonderen Problemen und Konflikten und den Zusammenhang der individuellen Lebensgeschichte.

Literatur zur Vertiefung:

- HEIMANN, Paul u.a. (Hrg.): Unterricht – Analyse und Planung. Hannover 1965
- SCHILLING, Johannes: Didaktik/Methodik der Sozialpädagogik. Neuwied 1993

2.4 Situationen als Inhalte: Der Situationsansatz

Beim Situationsansatz handelt es sich um einen spezifisch sozialpädagogischen Denkansatz. Er wurde im Zuge der Bemühungen um die Reform der Vorschulerziehung in der Bundesrepublik in den 70er Jahren entwickelt. Die Arbeitsgruppe Vorschulerziehung des Deutschen Jugendinstituts wollte zunächst einen Beitrag zur Auswahl und Begründung von spezifischen Inhalten und Lernzielen für die Arbeit in Vorschuleinrichtungen leisten. Tatsächlich hat sich dann die Idee des Situationsansatzes auch auf andere sozialpädagogische Arbeitsbereiche (besonders die Jugendarbeit) und auf die schulische Didaktik fruchtbar ausgewirkt.

In diesem Ansatz wird das System der schulischen Fächer vollkommen beiseite gelassen. Sein Grundsatz lautet: Die Inhalte der sozialpädagogischen Arbeit müssen an die Bedingungen dieser Arbeit selbst anknüpfen. Diese Bedingungen werden vorrangig als Lebenssituationen der Zielgruppe begriffen, und dementsprechend werden in der didaktischen Planung besondere Lebenssituationen der Gruppe zu Lernsituationen gemacht.

Als Ausgangspunkt für didaktische Planungen kommen in erster Linie solche Situationen infrage, in denen die Handlungsmöglichkeiten der Gruppenmitglieder eingeschränkt sind – aus äußeren oder inneren Gründen: aus Angst, aus Unwissenheit, wegen mangelnder Geschicklichkeit oder aus anderen Gründen. Es kann sich sowohl um noch nicht verarbeitete vergangene Situationen handeln als auch um aktuelle oder erst zukünftig zu bewältigende. Solche Situationen finden sich in allen möglichen Feldern des alltäglichen Lebens, in der Familie, im Kindergarten, in der Schule, in Jugendgruppen, in Freundschaften, in der Ausbildung oder anderswo.

Der Situationsansatz bietet nicht nur einen neuen Maßstab für die Auswahl der Inhalte und Lernziele (die sich aus den Situationen ergeben), er schafft darüberhinaus auch die Möglichkeit, bei der Gestaltung der Lernsituationen in der Praxis ganzheitlich vorzugehen. (Auf den Begriff der „Situation“ wird in den Kapiteln 5.1 und 5.2 noch näher eingegangen, die Curriculumplanung nach dem Situationsansatz wird im Kapitel 5.4 ausführlich dargestellt.)

Die besondere Bedeutung des Situationsansatzes im Rahmen der sozialpädagogischen Didaktik besteht also darin, daß er ein spezifisch sozialpädagogisches Verständnis von pädagogischen Inhalten vermittelt: indem er *Lebenssituationen als Inhalte* behandelt.

Noch eine abschließende Bemerkung: Es muß nicht alles eine pädagogische Funktion bekommen. Sicher gibt es auch schöne, erholsame oder spannende Spiele, die keiner besonderen erzieherischen Absicht unterzuordnen sind. Das ist keine Frage. Allerdings steckt in vielen Aktionen von Gruppen, die, oberflächlich betrachtet, zweckfrei erscheinen, bei näherem Zusehen dann doch ein Bezug zur Alltagserfahrung und Lebenssituation der Gruppenmitglieder – es kommt nur darauf an, diesen Bezug zu finden.

Literatur zur Vertiefung des Situationsansatzes:

– ZIMMER, Jürgen (Hrg.): Curriculumentwicklung im Vorschulbereich. Texte. Bd. I. München 1973

– GEULEN, Dieter: Probleme vorschulischer Curriculumentwicklung für den Bereich der sozialen Handlungsfähigkeit, in: Baumgartner/Geulen (Hrg.): Vorschulische Erziehung, Bd. II. Weinheim 1975, S. 13-73

2.5 Erziehung und Lernen als kommunikatives Handeln: Kommunikative Didaktik

Aus der Sicht der kommunikativen Didaktik sind alle früheren didaktischen Konzepte (z.B. die bildungstheoretische Didaktik, die Curriculum-Theorie oder auch die lerntheoretische Didaktik) durch einen schwerwiegenden Mangel gekennzeichnet: Sie beschränken sich weitgehend darauf, Lerninhalte beizubringen und zu erklären, wie der Lehrer seine Entscheidungen und Vorbereitungen zu treffen hat; sie vernachlässigen aber *die Beziehungsseite* (die Gefühlsebene) der erzieherischen Kommunikation und damit die Eigengesetzlichkeiten der Klasse oder Lerngruppe, die ja auch eine Art „Kommunikationsgemeinschaft" darstellt.

Der Begriff „Kommunikation" meint hier weit mehr als nur das Reden. Wir kommunizieren schon durch das, was wir sind und wie wir sind, nicht erst durch das, was wir sagen oder tun. Das Sprechen über Inhalte ist gleichsam nur die Spitze eines Eisberges, der darunter aus verschiedenen Schichten grundlegender (konstitutiver) Kommunikation besteht. Zu dieser grundlegenden Kommunikation gehören zum einen alle Ausdruckserscheinungen (Stimme, Mimik, Gestik), zum anderen die zwischenmenschlichen Gefühlsbeziehungen sowie die sozialen Positionen mit ihren Rollenerwartungen. All diese Formen grundlegender Kommunikation prägen unsere erkennbaren sozialen Beziehungen.

Die kommunikative Didaktik geht davon aus, daß erzieherisches Handeln in erster Linie und im wesentlichen kommunikatives Handeln ist. Es hat seinen Zweck nicht in irgendwelchen abfragbaren Ergebnissen, sondern es ist darauf ausgerichtet, Spontaneität zu wecken und Verständigung über menschliche Bedürfnisse anzubahnen. Letztlich hat es seinen Zweck nur in den beteiligten Subjekten selbst. An die Lehrenden und Erziehenden wird der Anspruch gestellt, das kommunikative Handeln intensiv zu reflektieren, Sensibilität für Beziehungsprobleme bei sich selbst wie in der Kommunikationsgemeinschaft zu entwickeln und die Auseinandersetzung mit Störungen, Barrieren und starren Gruppenzwängen in Gang zu bringen.

Wo Erziehung in dieser Weise als kommunikatives Handeln verstanden wird, kann jedem pädagogischen Feld – unabhängig von irgendwelchen „bildenden" oder „wertvollen" Inhalten – eine erzieherische Wirkung zugesprochen werden. Erziehungswissenschaftler begründen diese These gern mit der sinn-stiftenden, sinn-erschließenden oder sinn-überliefernden Qualität der Kommunikation, mit der Erweiterung der sozialen Kompetenz der Lernenden oder mit der Bildung der persönlichen Identität. Jugendliche würden das etwas anschaulicher aus-

Stichworte zur Vorgehensweise der kommunikativen Didaktik

- Weitgehende Offenheit der vorbereitenden Planung für spontane Entwicklungen
- gemeinsame Planung als Bestandteil des Gruppenprogramms
- die Lebenswelt und die bisherige Sozialisation des Lernenden berücksichtigen, stärker die Prozesse des Lernens beachten als die Ergebnisse
- gemeinsames Handeln statt konkurrierender Einzelleistungen
- aktuelle Kommunikationsprobleme zum Thema machen und bearbeiten.

drücken: „Es bringt etwas", weil „du den Durchblick kriegst", weil „du merkst, was so läuft", weil infrage gestellt werden kann, „was die Alten sagen".

Die Kommunikation in der Gruppe der gemeinsam Lernenden vollzieht sich immer als eine Art von Antworten. Mit meinem Antwortverhalten reagiere ich auf einen Partner, der selbst anspricht – sei es, daß er fragt, wünscht, wertet, fordert, befiehlt usw. Wo diese Dynamik des Antwortens sich mit einer gewissen Eigengesetzlichkeit entfalten kann, da kann die Lerngruppe für den Einzelnen zu einem wichtigen Experimentierfeld für soziale Erfahrungen und Selbstfindung werden. Dieses Verständnis von Erziehung scheint gerade für weite Bereiche der sozialpädagogischen Arbeit sehr angemessen zu sein.

Literatur zur Vertiefung:

- FRITZ, Jürgen: Interaktionspädagogik. München 1975
- MOLLENHAUER, Klaus: Theorien zum Erziehungsprozeß. München 1972
- SCHULZ VON THUN, Friedemann: Miteinander reden: Störungen und Klärungen. Reinbek 1981

3. Umrisse der sozialpädagogischen Didaktik

Die im vorigen Kapitel skizzierten Ansätze und Tendenzen haben die bisherige Entwicklung der sozialpädagogischen Didaktik geprägt; sie haben bisher jedoch keineswegs zu einem einheitlichen Konzept geführt. Weder gibt es in der Praxis eine einheitliche Vorgehensweise, noch existiert eine allgemein anerkannte Theorie der sozialpädagogischen Didaktik.

Da ich also nicht einfach mit unumstritten feststehenden Inhalten und Grundbegriffen beginnen kann, versuche ich, in drei Schritten in die sozialpädagogische Didaktik einzuführen:

- Zunächst werden einige Strukturmerkmale der sozialpädagogischen Praxis betont, die für die sozialpädagogische Didaktik wichtige Bedingungen darstellen (= Kap. 3).
- Im zweiten Schritt wird beschrieben, wie sich die didaktische Arbeit vollzieht: Hier wird die sozialpädagogische Didaktik also durch ihre Vorgehensweise charakterisiert (= Kap. 4).
- Anschließend werden dann fünf typische Planungsaufgaben genauer beschrieben (= Kap. 5).

3.1 Funktionen der Sozialpädagogik für die Gesellschaft

Wer im sozialpädagogischen Bereich tätig ist – ob als Erzieherin, Sozialpädagoge, Sozialarbeiter oder mit einer anderen beruflichen Qualifikation – arbeitet an einer letzten Endes unlösbaren Aufgabe: Er soll ungleiche Bildungs- und Lebenschancen ausgleichen, soll störend-abweichendes Verhalten, Kommunikationsbarrieren und die materielle Not benachteiligter Gruppen lindern, ohne in die soziale Struktur, die Machtverteilung und die bestehenden ökonomischen und politischen Verhältnisse der Gesellschaft direkt eingreifen zu können. Er soll kontrollieren und sich helfend solidarisieren. Er soll nach Gesetzen, Haushaltsplänen und Verwaltungsvorschriften verfahren, die soziale Ungleichheit festschreiben oder sogar verstärken.

Politische Instanzen weisen dem Sozialpädagogen seine Aufgaben zu (wie z.B. die neuen Aufgaben der sozialpädagogischen und berufsbildenden Maßnahmen für arbeitslose Jugendliche oder des multikulturellen Lernens) – doch er verfügt nicht über die Möglichkeit, die Ursachen der Hilfsbedürftigkeit bei seinen Klienten entscheidend zu beeinflussen. Sowohl die Lebensbedingungen und besonderen Problemlagen seiner Zielgruppen als auch die Rahmenbedingungen seiner eigenen Arbeit sind durch die herrschende Sozialpolitik bestimmt (Böhnisch, 1982). Der Sozialpädagoge ist vor die Aufgabe gestellt, politisch-gesellschaftlich entstandene Probleme und Konflikte *mit pädagogischen Mitteln* zu bearbeiten.

Die Möglichkeiten und Grenzen der sozialpädagogischen Arbeit sind in den einzelnen Arbeitsfeldern unterschiedlich; sie hängen von den widerstreitenden gesellschaftlichen Interessen (der politischen Parteien, Verbände, Träger, Eltern usw.), von der Wirtschaftskonjunktur wie von der sozialpolitischen Lage ab. Doch der Ansatzpunkt für die praktische Arbeit ist in allen Arbeitsfeldern der gleiche: Überall setzt die Arbeit bei problematischen, konflikthaften Lebenslagen oder Sozialisationssituationen an. Unter diesem Gesichtspunkt lassen sich vier Praxisbereiche abgrenzen, die jeweils auf einen wesentlichen Problembereich des gesellschaftlichen Lebens bezogen sind:

1. Auf das Problem, eine den historischen Umständen angemessene Erziehung und Ausbildung zu sichern, reagiert die Gesellschaft (neben der Familie und Schule) mit besonderen sozialpädagogischen Institutionen zur Kindererziehung (= Praxisfeld „Vorschulerziehung/Horterziehung“).

2. Auf das Problem, die Integration der Jugendlichen in die Gesellschaft und ihre politisch-soziale Zuverlässigkeit zu sichern, reagiert die Gesell-

schaft mit besonderen Sozialisationsangeboten im Freizeitbereich (= Praxisfeld „Jugendarbeit/außerschulische Jugendbildung/Freizeiterziehung").

3. Wenn Kinder oder Jugendliche ein von den herrschenden Normen abweichendes Verhalten zeigen oder sich in einer besonders problembeladenen Lebenssituation befinden und eine ihrem Wohl entsprechende Erziehung nicht gewährleistet ist, wird ihnen und ihren Eltern erzieherische Hilfe angeboten. Diese Hilfen reichen von einer betreuten Wohnsituation außerhalb der Familie über gruppenorientierte Heimerziehung bis zu therapeutischen Angeboten (= Praxisfeld „Heimerziehung/Beratung/Therapie").

4. Auf das Problem der Erhaltung und Wiederherstellung der menschlichen Arbeitskraft in einer zuträglichen sozialen und räumlichen Umwelt reagiert die Gesellschaft mit Maßnahmen zur Erholung, Gesundheits-, Umwelt- und Versorgungshilfe (=Praxisfeld „Familienhilfe/Gemeinwesenarbeit/Sozialplanung").

Diese Beschreibung der gesellschaftlichen Funktionen der Sozialpädagogik macht allerdings noch nicht genügend deutlich, was sich denn nun in sozialpädagogischen Einrichtungen abspielt und was dort gelernt wird. Um diese Fragen geht es in den beiden folgenden Abschnitten.

3.2 Sozialpädagogisches Handeln

Wie unterscheidet sich das berufliche Handeln des Sozialpädagogen von anderen Formen pädagogischen Handelns? Im Vergleich zur Schule und zur Ausbildung läßt sich das pädagogische Handeln in den sozialpädagogischen Erziehungsfeldern durch folgende Momente charakterisieren:

1. Nicht eine gesellschaftlich festgelegte Leistungsforderung, sondern ein *Konflikt* stellt den Anlaß aller Maßnahmen dar. Es fehlt etwas, damit das Leben im Alltag gelingt. Die Sozialpädagogik bietet Lernhilfen für die Fälle an, in denen Kinder oder Jugendliche den in bestimmten Lebenssituationen gestellten Lernaufgaben nicht gewachsen sind.

2. Nicht ein in Richtlinien oder Ausbildungsplänen festgelegtes Wissen, sondern die *individuelle Erfahrungs- und Problemlage* eines einzelnen oder einer problembelasteten Gruppe bildet den Inhalt der Erziehungstätigkeit. Es geht um erzieherische Hilfe zur Lebensbewältigung (Böhnisch, 1991).

3. Das Erziehungsgeschehen hat nicht die Form des gemeinschaftlichen Unterrichts, sondern es kann jede beliebige Form annehmen. Diese *Vielfalt* und der methodisch eingesetzte *Kombinationsreichtum* kennzeichnen das Handeln des Sozialpädagogen. Vorzugsweise ist das sozialpädagogische Handeln allerdings durch die Struktur der *Beratung* geprägt.

4. Sozialpädagogische Arbeit enthält immer ein mehr oder weniger deutlich hervortretendes Moment der *Planung*. Wo bei einzelnen oder in Gruppen besondere Probleme und Konflikte auftreten, müssen die Voraussetzungen, die Ausgangslage für das sozialpädagogische Handeln erfaßt, das angemessene Vorgehen geplant und die Hilfsmöglichkeiten anderer Institutionen (innerhalb oder außerhalb der Jugendhilfe) erschlossen werden. Von diesem Moment der Planung hängt die Wirksamkeit der sozialpädagogischen Arbeit entscheidend ab.

5. Das sozialpädagogische Handeln wird durch eine zunehmende *Professionalisierung* (Verberuflichung) geprägt, die in ihren Auswirkungen problematisch ist.

Die Sozialpädagogik ist ein gesellschaftlicher Bereich, der weniger als andere Bereiche (wie z.B. die Medizin, Rechtswissenschaft oder Technik) im üblichen Sinne professionell zu gestalten ist. Zu wesentlichen Merkmalen des sozialpädagogischen Handelns gehören das Zusammenleben im Alltag, das Versorgen oder das Entwickeln von Angeboten, die freiwillig angenommen werden. Im Hinblick auf diese Aufgaben bringt die Betonung von überprüfbaren Methoden und wissenschaftlichen Arbeitsgrundsätzen Gefahren mit sich: Sie bilden zugleich mit dem methodisch festgelegten Handeln und der wissenschaftlichen Fachsprache auch eine größere Distanz zu den Betroffenen aus. Und die Folge ist nicht selten, daß die Lebensprobleme der Betroffenen für die Methoden und Techniken des Sozialpädagogen „passend" gemacht und entfremdet werden. Eine sachgemäße Lösung der jeweiligen sozialpädagogischen Aufgabe kann auch verfehlt werden durch vorurteilhafte Einstellungen oder neurotische Verdrängungen.

6. Eine sachgemäße, den objektiven Bedingungen angemessene Einstellung der sozialpädagogisch Tätigen ergibt sich nicht von selbst, sondern nur durch ein bewußtes, absichtliches Bemühen. Es geht dabei nicht um eine allgemeine „Liebe zu den Kindern" oder um die christliche „Nächstenliebe", durch die vielfach berufliche Konflikte gerade verdrängt werden. Gefordert wird ein spezifisches *Berufsethos* mit einem Grundrahmen von Regeln und Wertmaßstäben für das berufliche Handeln. Im einzelnen werden z. B. folgende Grundsätze betont:

> Respektiere die zu erziehenden Kinder und Jugendlichen (und eventuell ihre unterstützungsbedürftigen Eltern) in ihrer menschlichen Würde und Integrität und behandle sie als Träger von Rechten!
>
> Reflektiere deine Gefühle, Urteile und Machtansprüche und reguliere dein Handeln in Achtung vor der persönlichen Identität deiner Handlungspartner!
>
> Achte auf deine fachlichen Definitionen und Bewertungen, die du vornimmst! Prüfe die Auswirkungen deiner Fachbegriffe und theoretischen Ansätze!
>
> Stelle eine „Hilfsbedürftigkeit" nur in Übereinstimmung mit den Betroffenen fest! (Behandlungsbedürftigkeit weder aufschwatzen noch verharmlosen!)
>
> Berücksichtige die sozialen Bedingungen, denen die Zielgruppe unterworfen ist! (Es gibt immer einen größeren Zusammenhang!) Nicht nur Personen behandeln, sondern die Lebensbedingungen verbessern!
>
> Setze bei den Stärken der Kinder oder Jugendlichen an! Ermögliche die Beurteilung einer sozialpädagogischen Maßnahme durch die angesprochenen Kinder und Jugendlichen („Nutzerkontrolle")!

Ein entscheidendes Qualitätsmerkmal des sozialpädagogischen Handelns wird in der „gekonnten Selbstbegrenzung" gesehen: Sozialpädagogische Mitarbeiter sollen ihre vorübergehenden und deshalb provisorischen Beziehungen zu den Kindern und Jugendlichen richtig einschätzen, sollen nicht in anmaßender Weise in das Leben der Unterstützungsbedürftigen eingreifen und sich bewußt sein, daß sie niemals Eltern (weder leibliche noch Pflegeeltern) ersetzen können. (Vgl. Müller, 1991, Müller/Thiersch, 1990, Rauschenbach/Thiersch, 1987!)

3.3 Lernen im sozialpädagogischen Feld

Was wird in sozialpädagogischen Einrichtungen gelernt? Um was für Inhalte und Erfahrungen geht es in den Lernprozessen, die in sozialpädagogischen Einrichtungen beabsichtigt, geplant und mehr oder weniger verwirklicht werden?

In den sozialpädagogischen Einrichtungen stehen wir alltäglichen Situationen mit alltäglichen Aufgaben gegenüber: In beratenden Gesprächen im Jugendzentrum, in sozialpädagogischen Wohngruppen, in der politischen Bildungsarbeit, in der Bürgerinitiative eines Wohnviertels oder im gemeinsamen Leben des Kindergartens oder Hortes müssen Probleme des Alltags bewältigt werden.

Diese Probleme aus der gegebenen Lebenswirklichkeit der betroffenen Menschen sind vielfältig und komplex. Die Aufgaben können z.B. darin bestehen, Informationen zu klären, zu sammeln, zu erweitern, Arbeitstechniken, zweckmäßige Vorgehensweisen zu vermitteln, Fragestellungen zu strukturieren, gefühlsmäßige Hemmungen, Ängste und Barrieren durchzuarbeiten, soziale Bezüge, Spannungen und Konflikte durchsichtig zu machen, zu verändern oder aushaltbar zu machen. „In der Wohngemeinschaft, der Wohngruppe, im Heim geht es zum Beispiel darum, sich über das Spülen und Aufräumen zu verständigen, aber auch über das Einkaufen und über das Mit-dem-Geld-Umgehen, über Musik-Hören und die Lautstärken dabei, über die Reparatur von Mofas, über Trinkgewohnheiten usw. In solchen zunächst ja banal scheinenden, eher lebenspraktischen Aufgaben stecken oft weitreichende, sehr komplexe und anstrengende Probleme; so etwa Fragen der Abgrenzung, der Rivalität, der Auseinandersetzung in der Gruppe; Fragen der Selbstdarstellung (etwa der geschlechtsspezifisch männlichen oder weiblichen Identität), Fragen des Umgangs mit sich selbst, mit der eigenen Langeweile, den eigenen Enttäuschungen, Frustrationen, Aggressionen und Hoffnungen, Fragen vor allem auch des Selbstvertrauens, also des Mutes, sich etwas sagen oder helfen zu lassen, stabile Beziehungen zu anderen einzugehen, langfristige Interessen zu entwickeln und im Kontext der gegebenen Möglichkeiten und Unmöglichkeiten zu behaupten und – schließlich – in den eigenen Möglichkeiten und Gegebenheiten Alternativen zu riskieren und durchzusetzen“ (Thiersch, 1979, S. 462 f.).

Das Lernen im sozialpädagogischen Feld zeichnet sich durch folgende Momente aus:

- Es ist weitgehend an Alltagsproblemen orientiert;
- in seinen institutionellen und organisatorischen Rahmenbedingungen wie in seinen methodischen Möglichkeiten ist es relativ offen;

– es bietet gute Chancen, Probleme „ganzheitlich" anzugehen und
– ein aneignendes, erfahrungsbezogenes Vorgehen zu verwirklichen.

Das heißt: Das Lernen besteht vorwiegend in der produktiven, tätigen Aneignung der eigenen Lebensräume und Erfahrungen durch die Lernenden, und es bezieht sich auf reale Situationen des eigenen Lebenslaufs. Es wird als „ganzheitlich" bezeichnet, weil es kognitive, emotionale und soziale Erfahrungen zugleich umfaßt, die in ein und derselben Lernsituation angeeignet werden.

Die Sozialpädagogik kann sich als relativ offenes Arbeitsfeld darstellen, weil sie gleichsam im Windschatten der modernen Arbeitswelt liegt. Die Entwicklung der Arbeitswelt ist durch die Tendenzen zu Rationalisierung, Effektivitätskontrolle und einschneidender, spezialisierender Arbeitsteilung charakterisiert. Im Vergleich zu diesen Tendenzen hat die Sozialpädagogik weithin geradezu „rückständige" Züge. Und in dieser Rückständigkeit (bzw. Randständigkeit) liegen ihre pädagogischen Vorteile (im Sinne der offenen, ganzheitlichen Arbeitsmöglichkeiten) begründet.

Doch Alltagsnähe, Rückständigkeit und Offenheit sind keine unproblematischen Merkmale des sozialpädagogischen Lernfeldes. Die angemessene Einstellung zum alltagsorientierten Lernen kann in zwei Richtungen verfehlt werden.

Einerseits ergibt sich eine Gefahr daraus, daß die Tendenz zu Alltagsnähe und Offenheit nicht unumstritten ist. Da sie im Widerspruch steht zu den allgemeinen gesellschaftlichen Trends zu Effektivität, Erfolgserwartung und methodisch begründetem professionellem Handeln, wird sie vielfach beanstandet und abgewertet. Von anderen gesellschaftlichen Bereichen her wird das sozialpädagogische Handeln nicht selten als „Wurstelei" oder als blinde, überfordernde Hetze bezeichnet. Viele Sozialpädagogen kommen schlecht mit dieser Situation zurecht, keine Arbeitsergebnisse vorweisen zu können, die auch andere überzeugen. Sie lassen sich deshalb von scheinbar „effektiveren", moderneren Arbeitskonzepten imponieren: Sie greifen Arbeitsformen und methodische Konzepte auf, die gut planbar, überschaubar und kontrollierbar sind und konzentrieren sich damit auf eingegrenzte Aufgaben, Themen oder Angebote, die in den einzelnen Schritten der Motivation, Bekräftigung, Korrektur und Anwendung festgelegt sind. (Dazu sind z.B. weitgehend die Trainingsmappen in der vorschulischen Sprachförderung zu rechnen oder die lehrgangsförmigen Konzepte in der politischen Bildungsarbeit sowie die Methoden der Gesprächs- oder Verhaltenstherapie in der Beratungsarbeit.) Wenn Lernprozesse so aber vorwiegend vom Ende, von den zu erwerbenden und überprüfbaren Leistungen her bestimmt sind, dann stellen sie im Grunde „kurzsichtige", verkürzte Lernkonzepte dar. Die Aneignung und Verarbeitung eigener Erfahrungen wird in ihnen übersprungen zugunsten einer vom Alltag abgehobenen, scheinbar „professionellen" Vorgehensweise.

Andererseits wäre die Alltagsorientierung des sozialpädagogischen Lernens mißverstanden, wenn der Sozialpädagoge die Aktivitäten und Erfahrungsprozesse in der Gruppe einfach so ablaufen ließe, wie sie ohnehin, gleichsam naturwüchsig laufen. Ohne Anstrengung und Einflußnahme ergeben sich selten Lern- und Veränderungsprozesse, in denen Erfahrungen angeeignet werden. „Erfahrungen und Aufgaben gelingen nicht von selbst; Erfahrungen können unverstanden und damit ungenutzt bleiben, Aufgaben können schlecht, unzulänglich, ungeschickt, ja gefährlich und schädlich für alle Beteiligten gelöst werden." – „Es kommt darauf an, die im Alltag sich zeigenden Aufgaben zu verstehen als Chancen zu einem emanzipierteren Lernen, in ihnen also Erfahrungs- und Lernprozesse, die zu nützlichen und emanzipativen Verhaltens- und Lebensstrategien führen, zu entdecken und so zu einer wirklichen Aneignung eigener Erfahrung und damit zur Veränderung von Wirklichkeit zu kommen" (Thiersch, 1979, S. 463).

Solche nützlichen Lernprozesse gelingen aber nur mit überlegten, gezielten Herausforderungen und Hilfen beim Lernen. Damit stellt sich die Frage nach der sozialpädagogischen Didaktik, die diese Lernhilfen und Herausforderungen angemessen plant und reflektiert.

3.4 Die Sozialpädagogik und ihre Didaktik

Lange Zeit wurden die schulische und die sozialpädagogische Erziehungsarbeit als so unterschiedlich angesehen, daß es keine gemeinsamen Planungsgrundsätze zu geben schien. Die traditionelle Unterrichtsdidaktik wurde einseitig als Schul- und Lehrerangelegenheit verstanden, die der Sozialpädagogik nichts zu bieten habe. Erst seit den sechziger Jahren ist die Zeit der strikten Abgrenzung vorbei. Inzwischen ist ein gewisser Austausch mit wechselseitigen Anregungen für die Schule wie für die Sozialpädagogik in Gang gekommen.

Allmählich breitet sich die Auffassung aus, daß die Kommunikation und das Lerngeschehen in sozialpädagogischen Einrichtungen in einer didaktischen Form reflektiert werden müssen. Didaktik wird dabei allerdings nicht mehr als „Bildungslehre" verstanden, sondern als umfassende und kritische Betrachtung der Arbeitsfelder, in denen Lernprozesse beabsichtigt sind.

Das gilt bei gründlicher Betrachtung sogar noch für eine Situation wie das Freispiel im Kindergarten. Weil diese Situation Lernmöglichkeiten bietet und Momente eines planbaren erzieherischen Handelns enthält, sind auch hier didaktische Überlegungen möglich und erforderlich. Die Freispielsituation muß gerade deshalb vorausgehend überlegt und geplant werden, damit der Sozialpädagoge dann in der konkreten Situation weitgehend zurücktreten kann, ohne daß das Spiel der Kinder zerfällt. Ein intensives Spiel wird aber nur zustande kommen, wenn ganz bestimmte Faktoren, die das Spiel bestimmen, in der Vorbereitung der Spielumwelt beachtet wurden.

Von den besonderen Bedingungen der sozialpädagogischen Arbeit her (mit ihren vorhandenen Institutionen, gesellschaftlichen Funktionen und der Alltagsorientierung des Lernens) läßt sich begründen, daß die didaktische Arbeit sogar ein besonders wichtiger Bestandteil sozialpädagogischer Praxis ist:

– Die Vielfalt der Arbeitsfelder mit ihren verschiedenen Trägern, Zielsetzungen, Traditionen und sonstigen Rahmenbedingungen macht es nötig, diese unterschiedlichen Vorbedingungen sozialpädagogischer Arbeit jeweils gründlich zu analysieren und einzuschätzen. Denn von ihnen hängt es ab, welchen Spielraum für das Handeln des Sozialpädagogen die Einrichtung bietet und was für einen Erfahrungsraum sie für die Gruppenmitglieder darstellt.

– Die Sozialpädagogik steht aufgrund ihrer geschichtlichen Entwicklung in der Spannung zwischen repressiven, kontrollierenden oder verdrängenden Eingriffen einerseits und unterstützenden oder allgemeinen Erziehungsleistungen andererseits (= „doppeltes Mandat"). Wegen dieses Zwiespalts, dieses Doppelgesichts des sozialpädagogischen Handelns muß der Sozialpädagoge seine Arbeit kritisch und selbstkritisch daraufhin prüfen, was sie für die Betroffenen bewirkt.

– Da eine zusammenhängende Theorie der Sozialpädagogik noch weitgehend fehlt, ist der Sozialpädagoge zu seiner eigenen Orientierung umso mehr auf die konkrete didaktische Reflexion seines Arbeitsfeldes angewiesen.

– Die Konzepte des Lernens, der Methode und die Arbeitskonzepte insgesamt enthalten mehr oder weniger ideologische Züge und für die Betroffenen fragwürdige oder sogar gefährliche Momente. Deshalb muß der Sozialpädagoge den neuen, wissenschaftlich-professionellen wie den traditionellen Konzepten kritisch begegnen.

– „Sozialpädagogik ist immer auch situationsgebundene Erziehungsplanung, in der sogenannten Erziehungsfürsorge wie in jeder Form von Jugendhilfe. Es unterscheidet gerade die Sozialpädagogik wesentlich von der Schulpädagogik, daß sie für besondere Erziehungsnotstände pädagogische Planungsmöglichkeiten bereitstellt, die jeweils den Individuen, Gruppen oder Orten angemessen sind" (Mollenhauer, 1964, S. 99). Didaktische Planung trägt dazu bei, die verschiedenen Hilfsmöglichkeiten der vorhandenen Einrichtungen zu erschließen und zu koordinieren.

– Nur wenn der Sozialpädagoge sich seine Zielsetzung und sein Arbeitskonzept bewußtmacht und formuliert, wird es ihm selbst, den anderen Mitgliedern seines Teams wie den Mitgliedern seiner Gruppe möglich, sich damit auseinanderzusetzen und sich an der Planung zu beteiligen.

Der Sozialpädagoge braucht eine Didaktik mit folgenden Schwerpunkten:

1. Die sozialpädagogische Didaktik beschäftigt sich in weit stärkerem Maße als die schulische Didaktik mit den jeweils unterschiedlichen *Rahmenbedingungen* (den organisatorischen und räumlichen Vorbedingungen) der sozialpädagogischen Arbeit, denn diese Vorbedingungen prägen in unterschiedlicher Weise den Erfahrungsraum für das Lernen der jeweiligen Zielgruppe.

2. Im sozialpädagogischen Feld werden die didaktischen Überlegungen stärker auf *individuelle Situationen und Bedürfnisse,* auf Probleme des Lebenslaufs und des Alltags, auf Lernhemmungen und Konflikte im Prozeß der Sozialisation ausgerichtet sein als in der Unterrichtsdidaktik des Lehrers.

3. Da dem Sozialpädagogen die eigenen Erfahrungen der Lernenden besonders wichtig sind, kommt es ihm darauf an, Situationen zu schaffen

Didaktik der sozialpädagogischen Arbeit

= Überlegungen

zur *zielgerichteten Gestaltung von Lernprozessen*

im Rahmen der Arbeit mit *Gruppen*
in *sozialpädagogischen Einrichtungen*
(= Kindergärten, Heimen usw.)

als

Analyse und Planung,

die in der Regel

durch die *sozialpädagogischen Mitarbeiter selbst*
(= Erziehungsdienst, Gruppendienst)

vollzogen werden
und die

– *Begründung,*
– *Kritik* und
– *Verbesserung* der sozialpädagogischen Praxis

zum *Ziel* haben.

und zu gestalten, die zum Lernen einladen oder provozieren: Spiele, Projekte, Erkundungen und andere Unternehmungen, die einerseits den Reiz des Spannenden, eventuell sogar des Abenteuerlichen haben, andererseits aber als Situationen des alltäglichen Lebens auch Verbindlichkeit fordern. Das heißt: Die sozialpädagogische Didaktik hat es vielfach mit Lernsituationen zu tun, in denen das Erziehen und Lernen in *indirekter* Form geschieht.

4. Der Vorrang des indirekten Lernens bedeutet, daß das Handeln des Sozialpädagogen vor allem auch als *Umgang* gesehen werden muß. Dieser Umgang ist nicht in erster Linie von Vorgaben, Forderungen, vom Lehren und Erziehen (im üblichen Sinn) her bestimmt, sondern dadurch, daß man miteinander lebt, sich mit dem gemeinsamen Alltag auseinandersetzt und sich in gemeinsamen Unternehmungen und Erfahrungen braucht.

5. Ein wesentliches Moment des Lernens in der Sozialpädagogik besteht darin, sich mit Erwartungen, Zumutungen und Provokationen der gleichaltrigen Gruppenmitglieder wie der erziehenden Erwachsenen auseinanderzusetzen. Die Vorgaben und Maßnahmen des Sozialpädagogen können vorwiegend als *Begleitung, Stützung, Beratung oder Stabilisierung* in alltagsbezogenen Lernprozessen verstanden werden.

6. Die didaktische Reflexion in der Praxis soll sich *sachgemäß* vollziehen. Dieser Grundsatz kann durch egozentrische, vorurteilshafte Einstellungen, durch neurotische Abwehrmechanismen, falsche Machtansprüche oder aggressive Handlungen verfehlt werden. Dagegen helfen wissenschaftliche Kenntnisse wenig. Solchen Gefahren, die Sachgemäßheit zu verfehlen, kann nur auf dem Wege einer *sozialpädagogischen Ethik* entgegengetreten werden. Didaktische Überlegungen und Entscheidungen müssen am Maßstab berufsethischer Grundsätze (vgl. 3.2.) kontrolliert werden. Diese Kontrolle soll dazu beitragen, angemessene Wahrnehmungen zu ermöglichen, den Bereich der eigenen Aufmerksamkeit und Sensibilität auszuweiten und störende „Übertragungen" oder Verdrängungen zu erfassen und aufzulösen. Dabei bekommt auch das psychologische Interesse an sich selbst für den didaktisch Reflektierenden berufsethische Bedeutung, und Teamarbeit und Supervision können wichtige Hilfsmittel auf dem Wege zu sachgemäßer didaktischer Reflexion sein (vgl. 6.2. u. 6.3.).

Zusammengefaßt: Sozialpädagogische Mitarbeiterinnen und Mitarbeiter sollen nicht nur nach Schwierigkeiten fragen, die jemand „macht", sondern auch nach denen, die jemand „hat" (denn damit erfassen sie den Zusammenhang der sozialen Bedingungen). Und möglicherweise lernen sie dann auch, den Kindern und Jugendlichen, mit denen sie umgehen, zu signalisieren, daß auch sie selbst welche „haben".

Das wesentliche Merkmal der sozialpädagogischen Didaktik ist das vielseitige Reflektieren. Sie umfaßt alle Tätigkeiten, mit denen Bedingungen, Ereignisse und Strukturen in sozialpädagogischen Arbeitsfeldern in einen systematischen Zusammenhang gebracht werden.

3.5 Vom Nutzen der Didaktik für den Sozialpädagogen

Vom Hauptzweck der didaktischen Arbeit, nämlich zusammenhängende, planvolle und kritisch reflektierte sozialpädagogische Handlungsvollzüge zu gewährleisten, war nun schon häufiger die Rede. Doch dient die didaktische Arbeit des Sozialpädagogen keineswegs nur diesem Zweck allein. In der konkreten Alltagspraxis kann sie vielmehr eine Vielzahl verschiedener Funktionen erfüllen: Didaktische Arbeit

– kann Angst und Unsicherheit gegenüber der bedrohlich erscheinenden Praxis verringern,

– kann dem Sozialpädagogen Überblick und Sicherheit gegenüber den Anforderungen der Praxis verschaffen, indem sie ihn von dem Druck befreit, sich mit einer Vielzahl verwickelter und zunächst häufig auch verwirrender Probleme herumschlagen zu müssen,

– bietet dem Sozialpädagogen die Chance, sich nicht mehr von Problemen hypnotisieren zu lassen, die er nicht lösen kann,

– eröffnet ihm Wege, das, was er im Alltag tut, zu beschreiben, auszuweisen und zu begründen,

– hilft ihm, sich selbst und die übrige Wirklichkeit seines Arbeitsfeldes genauer und vollständiger wahrzunehmen,

– hilft ihm, den Zusammenhang von Lebenssituationen, Lernaufgaben und Lernprozessen in der sozialpädagogischen Arbeit zu erfassen,

– typische Abläufe und Handlungsmuster in seinem Arbeitsfeld zu erkennen,

– versetzt ihn in den Stand, ausgehend von einer kritischen Analyse des jeweiligen Erziehungsfeldes, mögliche Verbesserungen der Praxis zu prüfen,

– verhilft dem Sozialpädagogen dazu, die Anwendung bewährter Praktiken des Erziehungsalltags und die Verwirklichung besonderer, zielgerichteter Planungen zu unterscheiden,

– bietet ihm die Chance, undurchschaute Gewohnheiten und den Panzer der Alltagsroutine zu durchbrechen,

– sichert die konsequente Orientierung an den eigentlich gewollten Lern- und Erziehungszielen,

– hilft dabei, die Frage nach den Ursachen bestimmter Probleme, Konflikte oder Verhaltensweisen in seinem Arbeitsfeld so weit zu verfolgen, daß der Anteil der gesellschaftlichen Bedingungen an diesen Ursachen deutlich wird,

– verbessert die Möglichkeiten, Fragen des Arbeitskonzeptes sowie einzelne Entscheidungen mit Kollegen wie mit der Zielgruppe zu diskutieren,

– schafft Grundlagen für die Teamarbeit der sozialpädagogischen Mitarbeiter einer Einrichtung,

– sichert die praktische Vorbereitung der sozialpädagogischen Arbeit, indem sie erkennen läßt, welche Materialien und Medien für ein geplantes Vorhaben gebraucht und eventuell erst beschafft werden müssen,

– ermöglicht es dem Sozialpädagogen, seine pädagogische Arbeit gegenüber Kritikern zu rechtfertigen.

Literatur zur Vertiefung:

– BÖHNISCH, Lothar: Sozialpädagogik des Kindes- und Jugendalters. Weinheim, München 1992

– BRENNER, Gerd/HAFENEGER, Benno (Hrsg.): Pädagogik mit Jugendlichen. Weinheim, München 1996

– MÜLLER, Burkhard: Die Last der großen Hoffnungen. Methodisches Handeln und Selbstkontrolle in sozialen Berufen. Weinheim, München, Neuausgabe 1991

– MÜLLER, Burkhard/THIERSCH, Hans (Hrsg.): Gerechtigkeit und Selbstverwirklichung. Moralprobleme im sozialpädagogischen Handeln. Freiburg/Brg. 1990

– RAUSCHENBACH, Thomas/THIERSCH, Hans (Hrsg.): Die herausgeforderte Moral. Lebensbewältigung in Erziehung und sozialer Arbeit. Bielefeld 1987

4. Verfahrensweise und Geltungsbereich der sozialpädagogischen Didaktik

In diesem Kapitel geht es um die Frage: Wie sieht didaktische Arbeit in der Praxis aus? Wie kann man vorgehen, wenn man sozialpädagogische Aufgaben didaktisch planen und reflektieren will?

Zunächst wird begründet, warum zwei scheinbar einfachere Wege, die Anwendung von Rezepten und von Theorien, nicht zu guten Ergebnissen führen können. Dann wird der Prozeß der didaktischen Arbeit insgesamt und in seinen einzelnen Schritten erläutert. Daran schließt sich die Behandlung von Einzelproblemen an: das Beschreiben und Erklären (im Rahmen der didaktischen Situationsanalyse) und die Frage nach zweckmäßigen Arbeitstechniken und Kommunikationsmedien. Schließlich wird der Geltungsbereich der sozialpädagogischen Didaktik abgegrenzt, und am Schluß steht eine zusammenfassende Aufzählung der Merkmale, die einen guten didaktischen Plan ausmachen.

4.1 Vom Umgang mit Rezepten

Beispielsammlung und Beurteilung von Rezepten

Die Praxis der sozialpädagogischen Arbeit wird keineswegs lückenlos durch didaktische Planungen bestimmt. Oft werden nicht einmal wichtige oder besonders schwierige Situationen didaktisch reflektiert. Der Grund dafür liegt manchmal darin, daß es den Mitarbeitern an entsprechenden Kenntnissen und Fähigkeiten mangelt, manchmal auch darin, daß nicht genügend Zeit zur Verfügung steht oder daß andere organisatorische Vorbedingungen in der Einrichtung fehlen. In solchen Fällen werden Probleme nicht selten durch die Anwendung von Rezepten gelöst. Insbesondere Berufsanfängern bleibt vielfach nichts anderes übrig, als auf Ratschläge zu hören oder sich Rezepte zu besorgen. Denn sie können ja nicht zu jedem neu auftauchenden Problem erst ein Buch lesen, bevor sie etwas tun.

Pädagogische Rezepte sind in jeder sozialpädagogischen Einrichtung vorhanden – mal deutlich bewußt und durchdacht, mal eher schamhaft verleugnet oder verdrängt. In den meisten Fällen werden dem Anfänger aber bereitwillig die Rezepte weitergegeben oder sogar aufgedrängt.

Beispiel: Zwei befreundete Erzieherinnen treffen sich nach der ersten Woche ihres Berufspraktikums, das sie in zwei verschiedenen Kindergärten ableisten und tauschen Erfahrungen aus.

Andrea: „Kannst du dir vorstellen, daß meine Leiterin doch tatsächlich gleich am ersten Tag mit dem Spruch kam: ‚Und was Sie da in der Fachschule an Theorien gelernt haben, das sollten Sie erstmal vergessen. Hier in der Praxis ist sowieso alles ganz anders!‘ Na ja – und wie die ‚Schule der Praxis‘ so funktioniert, habe ich dann bald gemerkt. Am dritten Tag war ich z.B. fast den ganzen Vormittag allein in der Gruppe, und da kriegte ich zu hören: ‚Immer schön locker bleiben! Nicht toben, wenn die Kinder toben!‘ Aber noch schlimmer fand ich, als eine Kollegin aus der Nachbargruppe kam und anfing: ‚Also, es geht mich ja eigentlich nichts an. Aber ich komme hier gerade vorbei, weil ich in der Küche war. Ich will Ihnen was sagen, wenn Sie Ihre Gruppe wieder ruhig kriegen wollen: Nehmen Sie sich mal den Björn und den Denis vor und lassen Sie die beiden nicht aus den Augen. Das wirkt Wunder!‘ Ich war vor allem geplättet, weil ich den Lärm gar nicht so schlimm fand.“

Heike: „Ich kann mir denken, wie dich das genervt hat. Bei mir war's zwar nicht ganz so schlimm, aber ich hab' auch schon so alle möglichen Ratschläge bekommen. Allerdings einen davon fand ich sogar ganz gut. Als sich zwei Kinder einen übriggebliebenen Pudding teilen sollten und dabei zu streiten anfingen, hieß es: ‚Niko teilt, und Sandra darf als erste nehmen!‘ Hat tadellos geklappt. . . .“

Wer selbst schon in verschiedenen sozialpädagogischen Einrichtungen gearbeitet hat oder viel mit Praktikern zu tun hat, kann meistens gleich einen ganzen Sack voller Rezepte vorweisen, die sich dabei angesammelt haben. Eine Auswahl der mir bekannt gewordenen Rezepte sieht folgendermaßen aus:

(1) Die Zügel am Anfang straff halten, damit man sie später lockerer lassen kann!

(2) Immer die ganze Gruppe im Auge behalten!

(3) Wenn die Gruppe zu unruhig ist, selbst schweigen oder leiser reden!

(4) Jedes Kind muß das Gefühl haben, ständig von der Gruppenleiterin beobachtet zu werden!

(5) Zusammen spielende Störenfriede trennen und auseinanderhalten!

(6) In einer neuen Gruppe muß man zunächst „härter" rangehen, sonst bekommt man kein Bein auf die Erde!

(7) Einen auffälligen Störer soll man gar nicht beachten!

(8) Der Gruppe möglichst nie den Rücken zukehren!

(9) Vertrauen ist gut, Kontrolle ist besser!

(10) Laß dir bei der Übernahme einer neuen Gruppe die schwierigsten Kinder nennen und verschaffe dir gleich Respekt bei ihnen!

(11) Immer so im Gruppenraum sitzen, daß man das Fensterlicht im Rücken hat!

(12) Wenn die Erzieherin in einer Ecke des Raumes sitzt, hat sie den besten Überblick über den ganzen Raum!

(13) Es ist besser, sich auf den Tisch als auf den Erzieherstuhl zu setzen, da man dann die Gruppe besser im Auge hat!

(14) Gut ist es, wenn man eine laute Stimme hat und ziemlich groß ist!

(15) Nach durchsumpfter Nacht sind Arbeitsmappen, freies Malen oder Puzzle-Spiele für die Kinder empfehlenswert!

(16) Immer schön locker bleiben!

(17) Der Erzieher muß selbstsicher wirken!

(18) Ab und zu mal einen dummen Spruch klopfen!

(19) Flexibel bleiben!

(20) Der Erzieher muß immer einen Gag in der Hinterhand haben!

(21) Eigene Schwächen ruhig einmal eingestehen (sich „echt" verhalten)!

(22) Zaubertricks lernen – damit macht man immer Eindruck!

(23) Bei Gruppengesprächen eine übersichtliche Sitzordnung herstellen (Kreisform)!

(24) Gestellte Fragen möglichst nicht selbst beantworten!

(25) Nicht mehrere Fragen auf einmal stellen!

(26) Lob und Tadel nicht auf die ganze Person beziehen, sondern nur auf einzelne Verhaltensweisen!

(27) In Konfliktsituationen sollte der Sozialpädagoge vor allem „Ich-Botschaften" senden (seine eigenen Gefühle ausdrücken)!

(28) Immer mitspielen, was die Kinder spielen!

(29) Bei zu großer Unruhe im Raum nicht alle Kinder gemeinsam ermahnen, sondern einzelne Schreihälse beim Namen nennen!

(30) Einem auffälligen Kind soll man eine Möglichkeit zur positiven Bestätigung geben, z.B. durch ehrenvolle Sonderaufgaben („Amt", „Fachmann" für bestimmte Dinge usw.)!

(31) An jedem Vormittag mindestens einmal kräftig lachen!

(32) Die Kinder auf der sozial-emotionalen Ebene annehmen und sich dort als Erzieher ausleben!

(33) Der Erzieher sollte zum einzelnen Kind der Gruppe kein näheres emotionales Verhältnis aufbauen!

(34) Nicht zu viele Vorhaben und Spiele in einen Vormittag packen!

(35) Einzelne Kinder nicht vor der Gruppe bloßstellen!

(36) Anfangen, wo die Gruppe steht!

(37) Die Gruppe bei allen Entscheidungen mit einbeziehen!

(38) Mit den Stärken der Gruppenmitglieder arbeiten!

(39) Bei jüngeren Kindern tut der Gruppenleiter gut daran, die meisten Entscheidungen selber zu treffen!

(40) Aktivitäten sollten dann enden, wenn sie gut laufen und solange die Kinder noch Freude daran haben!

Ich vermute, daß jeder Leser in dieser Sammlung einige „alte Bekannte" entdeckt hat. Wahrscheinlich haben die einzelnen Rezepte unterschiedliche Reaktionen ausgelöst: Einige klingen interessant, andere recht hausbacken und altmodisch oder sogar komisch, einige wohl auch unsympathisch oder unverantwortlich.

Definition: Was sind Rezepte?

Alle Rezepte haben ein gemeinsames Merkmal, das sie einerseits für den Berufsanfänger gerade so brauchbar und nützlich macht, andererseits aber auch so fragwürdig und gefährlich: Das ist ihre Allgemeingültigkeit. Genauer gesagt: Sie erheben den Anspruch, eindeutige, immer und überall gültige Anweisungen für das pädagogische Handeln zu bieten. In ihren unterschiedlichen sprachlichen Formen steckt immer die gleiche logische Struktur. Ihre Satzformen lassen sich auf ein Wenn-Dann-Muster zurückführen:

„*Immer wenn* die Situation/der Zustand x gegeben ist, *dann* mußt Du y tun!"

Fragen und Anregungen zur Diskussion

1. Versuche, die vorgegebenen Rezepte folgenden Gruppen zuzuordnen:
   1.1 Regeln zur Sicherung der Disziplin („Dompteurregeln")
   1.2 Regeln zur Raumregie (Ausnutzen und Beherrschen des Raumes, richtiges Sehenkönnen und Gesehenwerden, Sitzordnung der Gruppe usw.)
   1.3 Regeln zur Image-Pflege des Sozialpädagogen
   1.4 Gesprächstechniken
   1.5 Bezug zum einzelnen Kind und zur Gruppe
   1.6 . . .
2. Welche Rezepte würdest Du am ehesten akzeptieren können (unter dem Vorbehalt, daß es für jede Regel eine Ausnahme gibt)?
3. Welche Rezepte lehnst Du auf jeden Fall ab?
4. Nach welchem Kriterium würdest Du eventuell annehmbare von pädagogisch unverantwortlichen Rezepten unterscheiden?
5. Wie findest Du die Liste: lächerlich – amüsant – deprimierend – spannend . . . ?
6. Stell Dir vor, die Rezept-Sammlung würde dazu benutzt, ein Seminar für Berufspraktikantinnen zu planen.

   Was für ein Bild des sozialpädagogischen Alltags spiegeln die Rezepte wider?

   Mit welchen Problemen (bei deren Bewältigung die Rezepte ja helfen wollen) schlagen sich sozialpädagogische Berufsanfänger herum?

   Wie könnte eine Liste typischer Anfängerschwierigkeiten aussehen?

Z.B. Rezept (1) „Die Zügel am Anfang straff halten . . . " läßt sich entsprechend umformen zu: „(Immer) am Anfang, wenn du eine neue Gruppe übernimmst, dann mußt du die Zügel straff halten, damit du sie später lockerer lassen kannst!" – Oder aus dem Gespräch der beiden Berufspraktikantinnen: Das Beispiel „Nicht toben, wenn Kinder toben!" enthält ebenso unverkennbar die typische Struktur: „Immer wenn Kinder toben, dann darfst du nicht (innerlich oder mit Worten) toben, sondern mußt dann ruhig und überlegen bleiben!"

Rezepte sagen, *was* man tun soll. Warum und zu welchem Zweck man es tun soll, bleibt entweder ganz und gar offen oder schemenhaft ange deutet.

Ihre vorgebliche Allgemeingültigkeit erreichen die Rezepte nur dadurch, daß sie sich um die Ausgangssituation nicht kümmern. Man erfährt bei ihnen weder etwas über die Voraussetzungen und Rahmenbedingungen des sozialpädagogischen Handelns noch über Erfolgsaussichten oder unerwünschte Nebenfolgen.

Rezepte sind nicht nur von konkreten Erziehungssituationen abgehoben und lassen die praktisch wirksamen Zusammenhänge unberücksichtigt; sie sind meistens auch ohne theoretische (didaktische) Begründung und ohne erfahrungswissenschaftliche Überprüfung formuliert. Die Wechselwirkung von Ziel-, Inhalts- und Methodenentscheidungen kommt nie in den Blick.

Der Anspruch auf allgemeine Gültigkeit eines Rezeptes kann also logisch und theoretisch nicht begründet werden. Die Verfasser und Anbieter von Rezepten rechtfertigen ihre Rezepte stattdessen mit dem Hinweis auf die erfolgreiche Anwendung und auf eigene oder „allgemeine" Erfahrungen.

Funktion von Rezepten

Pädagogische Rezepte erfüllen eine didaktische Hilfs- und Ersatzfunktion: Sie bieten Berufsanfängern Ratschläge und Regeln zur Bewältigung von konkreten Schwierigkeiten des pädagogischen Alltags. Damit hängt es zusammen, daß ein sehr nüchternes, über weite Strecken sogar pessimistisches Bild von sozialpädagogischer Arbeit entsteht, wenn man sie in größerer Zahl betrachtet. Während etwa in Projektdarstellungen, Programmbeschreibungen oder didaktischen Konzepten nicht selten die heile Welt befriedigender Kommunikation zwischen Kindern/Jugendlichen und Sozialpädagogen gezeichnet wird, erscheinen sozialpädagogische Einrichtungen hier eher als Kontroll- und Zwangsanstalten (und zwar der Kindergarten ebenso wie das Erziehungsheim). In einer großen Zahl von Rezepten ist von „auffälligem Verhalten", „Störung", „Konflikt", von Techniken der „Kontrolle" und „Übersicht" die Rede. Es entsteht der Eindruck, als ginge es hier um einen heimtückischen, streßbeladenen Grabenkrieg oder um Dressurkunststücke mit hohem Risiko.

Rezepte spiegeln zwar durchaus realistisch typische Alltagsschwierigkeiten von Berufsanfängern wider, doch liefern sie deshalb noch längst nicht realistische und pädagogisch sinnvolle Lösungen für diese Probleme. Ein großer Teil der Rezepte enthält von vornherein eine schiefe und einseitige Perspektive: In ihnen wird das erzieherische Handeln lediglich unter dem Gesichtspunkt der Disziplin gesehen. Diese Rezepte beziehen sich darauf, für den Unerfahrenen die gefährdete Machtbalance zwischen dem Sozialpädagogen und den Kindern/Jugendlichen zu sichern. Sie enthalten gleichsam Verkehrsregeln für den disziplinierten Umgang zwischen Sozialpädagogen und Gruppenmitgliedern. In vielen Fällen vermitteln die angebotenen Rezepte zugleich auch etwas vom „heimlichen Lehrplan“ der Einrichtung, d.h. von den organisatorischen Vorbedingungen, die den Erfahrungsraum und die erwünschten Verhaltensmuster in der Einrichtung bestimmen.

Die Rezeptsammlung enthält allerdings auch noch eine zweite Klasse von Rezepten, die durchaus positiv zu bewerten ist. Diese Rezepte bieten pädagogisch sinnvolle, aus langer Erfahrung heraus begründete Ratschläge, wie sich Anfängerfehler vermeiden lassen (z.B. die Rezepte Nr. (21), (24), (25), (34), (35), (36)). Solche Rezepte können dazu beitragen, die Qualität sozialpädagogischer Erziehungsarbeit zu verbessern und den betroffenen Kindern/Jugendlichen die Teilnahme an einer offenen, gleichberechtigten Kommunikation zu ermöglichen.

Bisher war nur von Rezepten die Rede, die als eindeutig gemeinte, vorgeblich allgemeingültige, abgehobene und theoretisch nicht begründete Handlungsanweisungen definiert wurden. Außer diesen traditionellen Rezepten ist gerade im sozialpädagogischen Bereich noch ein anderer Typ anzutreffen: das *reflektierte* Rezept. Damit sind Regeln gemeint, die ausführlich erläutert und zumindest teilweise auch theoretisch begründet sind und die keinen absoluten Geltungsanspruch stellen.

Beispiel: Hierzu möchte ich nur auf ein gelungenes und praktisch nützliches Buch hinweisen: „Eine kleine Heilpädagogik“ (1982) von Andreas Mehringer. Der Verfasser war lange Jahre Leiter des Münchner Waisenhauses. Er wendet sich mit seinem Rezeptbuch an sozialpädagogische Mitarbeiter und Berufsanfänger sowie an Ersatzeltern, insgesamt an heilpädagogische Laien, die mit der Erziehung schwieriger Kinder zu tun haben, ohne durch eine Fachausbildung darauf vorbereitet zu sein.

Das Buch besteht aus folgenden sieben Regeln, die einzeln erläutert, begründet und durch Fallbeispiele veranschaulicht werden:

1. Das Kind in seiner Eigenart annehmen und es so akzeptieren, wie es ist
2. Ausverwahrlosen lassen
3. Dafür sorgen, daß das Kind auch in seiner Gruppe angenommen wird
4. Die Lebensperspektive für das Kind suchen
5. Keine Heilpädagogik ohne den musisch-künstlerischen Bereich
6. Keine Heilpädagogik ohne religiöse Bindung

7. Unter den heilpädagogischen Faktoren auch sich selbst bedenken.

Mehringer versteht seine Rezept-Zusammenstellung als „praktische Ratgebung (. . .), die noch nicht einer ausgeläuterten, theoriefeindlichen ‚Liebe zum Kind' das Wort redet" (S. 6).

Die sozialpädagogische Praxis-Literatur enthält in vielen Büchern und Aufsätzen Rezepte dieses Typs. Das gilt in ganz besonderem Maße für die Bücher über Methodenfragen. Eine weitere Fundgrube solcher Rezepte sind die Elternbücher („Elternratgeber") zu Erziehungsfragen (z.B. Ginott, 1969; Adler, 1979; Lempp, 1981). Was in dieser Literatur die Verfasser der Rezepte leisten, nämlich eine gewisse Reflexion ihrer Rezepte im Hinblick auf die Anwendung, das ist auch von jedem Benutzer von Rezepten gefordert, der sich berufsmäßige Erziehungsarbeit unter fachlichen Maßstäben vorgenommen hat.

Reflektierter Umgang mit Rezepten

Rezepte sind nun mal vorhanden und für den Unerfahrenen auch notwendig. Denn sie ersetzen ihm die noch nicht vorhandene Routine. Doch sie sollten als das angesehen werden, was sie sind: als Notlösungen. Wo ein Praktikant oder ein Berufsanfänger einer Situation unsicher gegenübersteht oder überfordert ist, da ist es verständlich, wenn er dankbar nach Rezepten greift. Und im übrigen ist ein von Rezepten völlig unbeeinflußtes erzieherisches Handeln nicht vorstellbar, da wir alle in unserer eigenen Sozialisation eine mehr oder weniger große Zahl von Rezepten verinnerlicht haben.

Doch problematisch sind Rezepte in jedem Fall. Für ihre erfolgreiche Anwendung müssen mindestens zwei Bedingungen erfüllt sein:

1. Das Rezept muß gut (pädagogisch vertretbar) sein, und
2. der Rezept-Benutzer muß gelernt haben, sinnvoll mit Rezepten umzugehen.

Selbst gute Rezepte können ihre Aufgabe, fehlende Routine zu ersetzen, nur dann erfüllen, wenn der Benutzer mit ihnen schon in einem ge wissen Maße flexibel umgehen kann. Diese Kompetenz wiederum erwächst nur aus der eigenen pädagogischen Erfahrung, soweit sie reflek tiert verarbeitet wird. Es kommt also darauf an, daß dem Berufsanfänger in seinen verschiedenen Praktika mit Hilfe seiner Praxisanleiter bzw. -berater diese kritisch und selbstkritisch reflektierte Routinebildung ermöglicht wird.

Der reflektierte Umgang mit Rezepten kann z.B. mit folgenden Fragen beginnen: Von wem stammt das Rezept? Wie sieht dessen eigenes praktisches Handeln aus? Stimmt es mit seinen Rezepten überein? Wie vermittelt er seine Rezepte? Wessen Interessen dienen sie?

Rezepte können sich als Sackgassen erweisen, wenn jemand bei ihnen stehenbleibt und sich mit ihnen bequem einrichtet. Sie können aber auch Durchgangsstationen zu neuen, differenzierteren Einsichten sein, wenn jemand bewußt und kritisch mit ihnen umgeht. Indem ein Benutzer die Brauchbarkeit eines Rezeptes für eine neue Situation abzuschätzen und zu durchdenken versucht, weist er damit zugleich den falschen Anspruch auf Allgemeingültigkeit zurück. Für ihn wird der reflektierte Umgang mit Rezepten zur Vorstufe didaktischer Reflexion.

In der sozialpädagogischen Literatur hat sich noch niemand genauer mit Rezepten beschäftigt. Ich kann deshalb nur verweisen auf:

- MAYER, Hilbert: Leitfaden zur Unterrichtsvorbereitung. Frankfurt 1984[6], Kap. 2
- GRELL, Jochen und Monika: Unterrichtsrezepte. München 1979

4.2 Vom begrenzten Nutzen der Theorie

Nicht selten setzen Sozialpädagogen ihre Hoffnung auf „die Theorie", wenn ihnen die Lösung didaktischer Probleme Schwierigkeiten bereitet. Diese Hoffnung ist zwar letzten Endes trügerisch, doch ist sie nicht völlig abwegig. Denn die Theorie bzw. bestimmte wissenschaftliche Theorien stellen zumindest ein wichtiges Hilfsmittel bei der didaktischen Arbeit dar. Um anschließend den Nutzen dieses Hilfsmittels einleuchtender bestimmen zu können, möchte ich zunächst das Wesen von Theorien ganz allgemein beschreiben.

Wenn z.B. ein Sozialpädagoge aus einem Jugendzentrum im Kollegenkreis erzählt, daß er sich über einen Jugendlichen furchtbar geärgert habe, so ist das erst einmal eine Information über seine Stimmung bei der Arbeit. Er erzählt etwas, das für ihn als einzelnen gilt. Erläutert der Sozialpädagoge sein Erlebnis aber so, daß sich auch andere in seinen Konflikt, in seine pädagogisch-pychologische Lage hineinversetzen können, so wird mehr daraus: Die anderen verstehen dank der Erfahrung, die der Betroffene gemacht hat, gewissermaßen nachfühlend auch ihre eigenen Probleme mit anderen Jugendlichen tiefer. Vielleicht „entleihen" sie aus dem Bericht ein Muster dafür, wie sie sich ihrer Gruppe gegenüber verhalten können. Wenn so die allgemeinen Züge des Erlebnisses betont werden, wird aus der individuellen Mitteilung bereits ein verallgemeinertes Wissen, das über den ursprünglichen Zusammenhang hinaus Bedeutung hat. Es stellt schon einen ersten Schritt auf dem Wege zum Wissen der Theorie dar.

Die allgemeine Aufgabe der Theorie ist es, eine Sache, die nicht gleich offen zutage liegt, anschaulich und verständlich zu machen. Zu diesem Zweck enthalten wissenschaftliche Theorien (wie z.B. die Entwicklungspsychologie, die Psychoanalyse oder die Lerntheorie, die soziologische Rollentheorie, Theorien der sozialen Schichtung, der Dissozialität usw.) zum einen eine Menge Fachbegriffe, um Situationen und Verhaltensweisen zu *beschreiben.* Zum anderen kann der wissenschaftlich Informierte aus seiner Kenntnis der theoretischen Zusammenhänge heraus *Erklärungen* für ein Verhalten anbieten. Dabei erweist sich sein Wissen als übertragbar auf neue Situationen.

In unserem Beispiel könnte dem verärgerten Sozialpädagogen vielleicht der Gedanke an eine „Übertragung" (anderswo erlebter Gefühle) kommen oder an einen „Rollenkonflikt" (mit unvereinbaren Erwartungen an sein berufliches Handeln) oder an „Gruppenzwang", an aggressive „Männlichkeitsstereotype", geringe „Frustrationstoleranz" bei dem Jugendlichen, an „subkulturelle Normen", die Bedeutung „nichtverbaler Kommunikation" usw. Womöglich erkennt der Sozialpädagoge anhand dieser nach und nach zum Vorschein kommenden Situationsmerkmale nun auch, wo die Ursachen des Konflikts lagen. Vielleicht wird ihm auch klar, wie er sich zumindest im weiteren *nicht* verhalten sollte. Unter Umständen sieht er auch, in welchen Punkten sein berufliches Handeln von Vorgängen abhängig ist, die im gesellschaftlichen Bereich außerhalb des Jugendzentrums ihre Ursache haben.

Im Hinblick auf die Verwendung bei der didaktischen Arbeit liegt in den Theorien allerdings ein großes Problem: Alle Theorien sind mehr oder weniger abstrakt. Das ist kein Mangel, der ihnen vorzuwerfen wäre, sondern ihr Wesen. Sie abstrahieren von konkreten Situationen, sie ziehen aus Einzelsituationen das Typische heraus und versuchen, es übersichtlich darzustellen und zu erklären. Eine konkrete Praxissituation jedoch enthält immer eine Vielzahl von Elementen oder typischen Teilsituationen. Deshalb ist keine noch so gute Theorie geeignet, dem Sozialpädagogen zu sagen, wie er in einer bestimmten Situation handeln soll. Wo jemand versuchen würde, eine Theorie direkt „anzuwenden", dort würde er die Wirklichkeit in jedem Falle verfehlen oder verzerren.

Dennoch ist es durchaus sinnvoll, wenn ein Sozialpädagoge, der sein bisheriges Handeln als unzulänglich empfindet oder einer neuen Situation gegenübersteht, auf das übertragbare Wissen der Theorie zurückgreift. Die theoretischen Überlegungen ermöglichen es ihm, sein alltägliches Handeln unter bestimmten Gesichtspunkten tiefergehend zu analysieren.

Theorie kann also dazu beitragen, die Fertigkeit des Analysierens zu verbessern. Und entsprechendes gilt auch bei der Formulierung von Zielen und bei der Planung: Nimmt ein Sozialpädagoge seine Unzufriedenheit oder ein Scheitern in der Praxis zum Anlaß, seine Praxis zu „theoretisieren", d.h. sie mit der Theorie als Schlüssel aufzuschließen, so eröffnet er sich damit zugleich eine Perspektive für eine bessere Praxis. Indem er die Unzulänglichkeit seines bisherigen Handelns versteht und sich von seiner derzeitigen Praxis absetzt, gewinnt er Ansatzpunkte für neue Möglichkeiten, für bessere Lösungen.

Doch dieser positive Nutzen der Theorie ist an eine bestimmte *Bedingung* geknüpft. Die theoretische Beschäftigung z.B. mit den Bedürfnissen und der Lebenswelt der Jugendlichen seiner Gruppe kann dem Sozialpädagogen nur relativ abstrakte Erkenntnisse (allgemeine Tendenzen) vermitteln. Diese allgemeinen Erkenntnisse können dann in Gesprächen oder im gemeinsamen Handeln mit den Gruppenmitgliedern selbst konkret und anschaulich werden. Dafür ist allerdings eine Voraussetzung, daß der Sozialpädagoge in seiner Ausbildung die Fähigkeit erworben hat, sich auf Menschen und Situationen einzulassen und Erfahrungen zu machen. Es kommt nicht darauf an, möglichst viel theoretisches Wissen anzuhäufen, sondern das Wissen produktiv anzuwenden.

Man trifft ja auch in sozialpädagogischen Einrichtungen immer wieder Mitarbeiter, die sich eine Vielzahl von Daten, Fachbegriffen und Regeln angeeignet haben, aber nichts damit anzufangen wissen, sobald es darum geht, sie auf andersartige Fragen, auf Beispiele und Problemfälle anzuwenden. Die konkrete Analyse und Planung einzelner Situationen bedeutet in jedem Falle mehr als bloß theoretisches Wissen. Es kommt vielmehr darauf an, daß der analysierende oder planende Sozialpädagoge die ihm verfügbaren Theorien als Hilfsmittel, als Werkzeuge zu verwenden versteht. Wem das gelingt, dem können Theorien in mehrfacher Weise nützen:

- Sie können dem Sozialpädagogen Hinweise und Hilfestellung geben, sein eigenes Verhalten genauer wahrzunehmen und besser zu verstehen;
- sie können zur Erklärung von Verhaltensweisen beitragen, die den Gruppenmitgliedern nicht mehr – oder noch nicht – selbst verstehbar sind (z.B. unbewußte Motive, Rollenzwänge, Rituale usw.);
- sie können Wege zeigen, wie ein Prozeß des wechselseitigen Verstehens möglich werden kann;
- sie können dabei helfen, gemeinsam gefundene Ergebnisse als Arbeitsgrundlage (Ausgangssituation) für die sozialpädagogische Arbeit auszuwerten.

Welche der vielen Theorien, die einem Sozialpädagogen in seiner Ausbildung und Fortbildung angeboten werden, nun zur Lösung eines praktischen Problems angemessen und brauchbar sind, läßt sich nicht allgemein angeben. Doch gleichgültig ist es keineswegs, in welcher „Kiste“ man sein Werkzeug sucht und wie es aussieht. Wer nur einen Hammer kennt, glaubt womöglich, alle Dinge ließen sich mit diesem Werkzeug bearbeiten.

Tatsächlich sind verschiedene Theorien in sehr unterschiedlicher Weise nützlich und brauchbar, wenn es darum geht, bestimmte Probleme und Zusammenhänge zu erklären. Theorien sind auch mehr oder weniger deutlich mit bestimmten gesellschaftlichen Interessen verknüpft; sie können der Erhaltung bestehender schlechter Zustände oder fortschrittlichen Veränderungen dienen.

Welche theoretischen Gesichtspunkte ich bei der Analyse oder Planung betone, hängt sicher in erster Linie von der Praxissituation und von der Art der zu lösenden Probleme ab. Doch daneben spielt es bei der Auswahl auch eine Rolle, welche praktischen Erfahrungen der Sozialpädagoge gemacht und wie er seine theoretischen Kenntnisse verarbeitet hat. Sogar für ein und dieselbe Person kann eine Theorie heute unbrauchbar erscheinen und nach einigen Wochen – nach neuen Erfahrungen, bei neuen Aufgaben – zu einem nützlichen Werkzeug werden.

Im Gegensatz zu den Wissenschaften hat die didaktische Reflexion immer einen ganzheitlichen und integrierenden Aspekt. In ihr geht es um die Aufgabe, Elemente verschiedener Wissenschaften und Methoden zu integrieren und dabei isolierte Aspekte zu verknüpfen. Sie erfaßt den Menschen nicht als Bündel von Merkmalen, Symptomen oder sozialwissenschaftlichen Daten, dem wiederum mit einem Bündel von Methoden und Techniken der Behandlung zu Leibe gerückt wird, sondern sie sieht ihn als Ganzheit einer Person in ihrer Lebenswelt. Gerade darin besteht ihre Vorbereitung des praktischen Handelns: Die didaktische Reflexion ermöglicht Praxis ohne sichere Erkenntnis darüber, ob ihr jeweiliges Wissen im ganzen denn nun wirklich mit der allgemeinen, wissenschaftlichen Einsicht in die gesellschaftliche Wirklichkeit übereinstimmt. Ihr Wissen steht in der Mitte zwischen bloßem unreflektiertem Vorwissen (Vor-Urteil) und dem wissenschaftlich begründeten Theoriewissen. Das bedeutet nun aber keineswegs einen Mangelzustand: Es handelt sich vielmehr um die spezifische Form, wie sozialpädagogisches Handeln sachgemäß vorbereitet und reflektiert werden kann.

Weiterführende Literatur:

- MARTIN, E.: Sozialpädagogische Didaktik. Der Versuch eines Überblicks. In: Sozialmagazin, H. 3, 1989, S. 38–45
- RAUSCHENBACH, Th.: Theoriegeleitetes Handeln in sozialpädagogischen Arbeitsfeldern. In: Sozialpädagogik 1984, S. 24-32

4.3 Der Prozeß der didaktischen Reflexion

Die scheinbar einfachen Lösungen haben sich also als fragwürdig erwiesen: Rezepte kommen allenfalls als Notlösungen in Betracht; und die Theorie verbessert zwar unser Beobachten und Planen, doch richtige Entscheidungen und fertige Pläne für den Einzelfall kann sie nicht liefern. Deshalb bleibt kein anderer Weg: Wer seine sozialpädagogische Arbeit begründen, vorbereiten oder kritisch prüfen und verbessern will, der muß die Mühe der didaktischen Reflexion auf sich nehmen. Eine Abkürzung gibt es nicht.

Im folgenden gebe ich zunächst einen groben Überblick über diese Tätigkeit. (Auf Einzelprobleme gehe ich in den folgenden Abschnitten noch genauer ein, vgl. 4.4–4.7.) Der Gesamtprozeß läßt sich in vier Schritte gliedern:

1. Analysieren (mit den Teilschritten „Beschreiben“ und „Erklären“)
2. Planen („Entscheiden“ und „Vorbereiten“)
3. Handeln (praktisches Umsetzen der Planung)
4. Auswerten (Kontrollieren, das in die erneute Analyse einmündet).

Analysieren

Die didaktische Arbeit beginnt mit der *Analyse der Ausgangssituation* (öfter auch kurz *„Situationsanalyse“* genannt). Diese Analyse orientiert sich an den laufenden Beobachtungen und Erfahrungen, die die Sozialpädagogen und die Gruppenmitglieder machen. Sie beginnt mit dem, was ich tagtäglich sehe und höre. Eventuell können darüber hinaus geplante Beobachtungen angestellt, bestimmte Situationen beschrieben und Erinnerungen an früher Erlebtes aufgenommen werden. Die Aufmerksamkeit sollte sich auch auf die Umwelt der Zielgruppe richten sowie auf die Rahmenbedingungen der sozialpädagogischen Arbeit. Die Auswertung all dieser Informationen liefert Antworten auf die Fragen der Situationsanalyse:

- Wo stehe ich als Sozialpädagoge? Wie setze ich mich mit meinem Arbeitsfeld auseinander?
- Wo steht das einzelne Kind/ der einzelne Jugendliche?
- Wo steht die Gruppe?
- Welchen Spielraum habe ich für mich und für die Zielgruppe in meinem Arbeitsfeld?

Anregungen zur Durchführung der Situationsanalyse enthalten die einzelnen Abschnitte des „Gegliederten Fragebogens . . . “ in Exkurs 1.

Ohne Schwierigkeiten lassen sich in jedem Bereich (Strukturmoment) noch weitere Aspekte und Fragen finden; andererseits genügt vielfach ein einfacheres Handwerkszeug, um die Situationsanalyse durchzuführen. Das kann der Benutzer des Fragebogens entscheiden. Wie seine Entscheidung ausfällt, hängt außer von seinen Kenntnissen und von der zur Verfügung stehenden Vorbereitungszeit von den unterschiedlichen Zwecken einer Situationsanalyse ab. Es sollten nur diejenigen Probleme in der Situationsanalyse aufgegriffen werden, aus denen dann auch Konsequenzen für die Planung gezogen werden können. Auf einige besondere Probleme der Beobachtung, Beschreibung und Erklärung gehe ich im folgenden Abschnitt (= 4.4) ein. Die wichtigsten verschiedenen Planungstypen bilden das Thema des Kapitels 5. Weitere Kriterien zur Beschreibung der Situation einzelner Kinder oder Jugendlicher werden im Abschnitt 5.2.3 angeboten.

Planen

Im ersten Teilschritt der Planung geht es darum, die Zielrichtung und den Weg zu bestimmen oder genauer: die Ziele, die Inhalte und die vorgesehenen Medien im Rahmen einer bestimmten Vorgehensweise festzulegen.

Wie gut eine Situationsanalyse ist, zeigt sich daran, ob sie Folgerungen für die Planung zuläßt, ob sie die Grundlage für vernünftige Entscheidungen über diese Strukturmomente bietet. Damit ist nicht gemeint, daß die Situationsanalyse schon eindeutige Handlungsanweisungen für das sozialpädagogische Handeln liefert: Aus der Sammlung und Erklärung von Fakten (in der Situationsanalyse) kann ich nicht „logisch" schließen, was getan werden soll! Trotzdem schafft eine gute Situationsanalyse aber wichtige „Grundlagen" für die zu treffenden Entscheidungen: Zum einen sensibilisiert sie die Planenden für wahrscheinlich auftretende Probleme; zum anderen liefert sie triftige Gründe für oder gegen eine bestimmte Entscheidung.

Für das weitere Vorgehen hängt viel davon ab, wer die Planung leisten soll: Sollen die Gruppenmitglieder selbst planen oder sich zumindest an der Planung beteiligen, oder planen nur die sozialpädagogischen Mitarbeiter *für* die Gruppe? Eine Planungsgruppe von Jugendlichen z.B. wird meistens bei den Inhalten oder den möglichen Aktivitäten beginnen. Ein Sozialpädagoge wird vielleicht eher mit Überlegungen zu Lernzielen beginnen oder aber auch mit der Anwendung einer bestimmten Methode, die er für wertvoll hält. Diese Frage, wo das didaktische Nachdenken beginnt, ist allerdings von untergeordneter Bedeutung. Denn es geht bei den Entscheidungen, die zu treffen sind, nicht um eine bestimmte Abfolge: z.B. von den Zielen über die Inhalte und die Methode zu den Medien. Die wesentliche Frage lautet vielmehr: Wie ist das *Verhältnis* der einzelnen Faktoren und Strukturmomente zueinander? Die didaktischen Überlegungen haben *strategischen* Charakter. Es werden

Möglichkeiten untersucht und Hypothesen formuliert: Welche Erfahrungen bietet dieser Inhalt den Mitgliedern in ihrer jetzigen Situation? Welche Möglichkeiten bietet diese Methode zur Vermittlung dieses bestimmten Inhalts unter dieser übergeordneten Zielsetzung? Welche technischen Mittel und welche Aufgaben dazu muß ich einsetzen, wenn ich das Ziel verfolge, bei den Gruppenmitgliedern bestimmte Fähigkeiten zu entwickeln? Mit welchem Bilderbuch z.B. oder welcher Geschichte und welcher Form der Vermittlung kann ich einem Kind helfen, sich in der Familiensituation nach der Scheidung der Eltern etwas besser zurechtzufinden?

Wenn die notwendigen Entscheidungen getroffen und die Vorgehensweisen festgelegt sind, beginnt die zweite Hälfte der Planung: die praktische *Vorbereitung*. Das kann bedeuten, daß Termine und Räume abgesprochen werden müssen; es kann Information oder Öffentlichkeitsarbeit bedeuten; es kann sich aber auch darin erschöpfen, ein paar Stühle rauszuwerfen oder einen Raum umzuräumen; es kann darin bestehen einzukaufen, Medien zu besorgen oder Helfer, Experten oder Mitspieler zu suchen; unter Umständen müssen sich Mitarbeiter oder Gruppenmitglieder zunächst Kenntnisse oder Fertigkeiten erwerben, bevor es losgehen kann. Von diesen Vorbereitungen hängt es vielfach in erheblichem Maße ab, wie sich ein Plan verwirklichen läßt.

Handeln

Das praktische Handeln bedeutet ein Umsetzen der didaktischen Planung. (Dabei geht es sowohl um das Handeln der sozialpädagogischen Mitarbeiter als auch um das der Gruppe.) Streng genommen, gehört das Handeln nicht in die Verlaufsbeschreibung der didaktischen Arbeit hinein. Ich erwähne es trotzdem, um nicht den falschen Eindruck entstehen zu lassen: Wo das praktische Handeln beginnt, ist die didaktische Arbeit an ihrem Endpunkt angelangt. Das praktische Handeln hat immer auch experimentellen Charakter. Es ist ein Umschlagplatz im doppelten Sinne: Einerseits wird die Planung umgesetzt. Dabei erweist sich, wie weit sie realisierbar ist, ob sie paßt und was dabei herauskommt. Andererseits bietet der Verlauf des pädagogischen Geschehens die Möglichkeit zu erneuter Beobachtung und Erfahrung und zur Veränderung des geplanten Vorgehens. In ihm steckt die Möglichkeit, die Situationsanalyse fortzuschreiben und zu reflektieren.

Auswerten

Hier schließt sich der Kreis: Die Ergebnisse der Auswertung von heute fließen ein in die Situationsanalyse für morgen. Situationsanalyse, Planung, Durchführung (praktisches Handeln) und Auswertung stellen ei-

nen Regelkreis dar. Wenn ich diesen Kreislauf bewußt vollziehe und reflektiere, ergeben sich daraus Möglichkeiten, die sozialpädagogische Arbeit ständig zu verbessern und weiterzuentwickeln.
Dabei ist allerdings vorauszusetzen, daß die Auswertung nicht darauf beschränkt wird, die Leistung und den Erfolg des Sozialpädagogen zu beurteilen. Nur eine vielseitige Auswertung des sozialpädagogischen Handelns verbessert die Situationsanalyse. Dazu ist zu fordern, daß die Auswertung von den Gruppenmitgliedern und den sozialpädagogischen Mitarbeitern, soweit wie es sinnvoll ist, gemeinsam geleistet wird. Das gilt auch für die Fälle, in denen der Sozialpädagoge allein *für* die Gruppe geplant hat. Es sind nur wenige Situationen denkbar, in denen das nicht möglich ist.

Auswertung beginnt schon, wenn Erzieherinnen beim Kaffeetrinken die Ereignisse ihres Kindergartenalltags besprechen, aber ebenso, wenn die Gruppenmitglieder beim Frühstück oder Mittagessen erzählen, was sie „blöd" fanden oder noch einmal machen möchten. Zur Auswertung gehören die Bilder, die Kindergartenkinder von einem Ausflug oder zu einer Geschichte malen und die dann gemeinsam betrachtet und besprochen werden. Auch andere Formen der Dokumentation: Fotos, Filme oder Kassettenaufnahmen, können Medium der Auswertung werden. Natürlich sind und bleiben sie trotzdem Inhalte von Projekten.

Wenn eine Gruppe von Jugendlichen mit dem Ergebnis einer Erkundung, einer Diskussion oder eines sonstigen Vorhabens an die Öffentlichkeit tritt (Brief, Zeitungsbericht, Flugblatt, Aufführung, Ausstellung usw.), so trägt das beabsichtigte Ergebnis selbst Züge der Auswertung. Wobei dann zusätzlich noch der Prozeß der Arbeit, der Informationsgewinnung ausgewertet werden kann. Das kann z.B. in einem kurzen Rundgespräch („Blitzlicht"), einer Wandzeitung oder in einer ausführlichen Gruppendiskussion geschehen.

So wie in diesem Fall beziehen die Planenden oft die spätere Auswertung schon in ihre Planung mit ein. Sie wird dann nicht als etwas Zusätzliches an das durchgeführte Projekt drangehängt, sondern ist ein integrierter Bestandteil desselben. Auswertung braucht also nicht eine punktuelle Tätigkeit zu sein; sie kann als Prozeß die gesamte Praxis durchziehen. Gruppenmitglieder und Sozialpädagogen versuchen in diesem Prozeß, ihre gemeinsamen Erfahrungen im Rahmen der sozialpädagogischen Praxis darzustellen und zu besprechen. Dieser Versuch zielt darauf ab, Folgerungen für die weitere Praxis zu ziehen.

Auswertung kann nicht nur auf unterschiedliche Art und Weise, sondern auch in jeder Phase eines Vorhabens, eines Unternehmens, einer Maßnahme stattfinden: nach Abschluß der Vorarbeiten für die eigentliche Praxisphase, nach der Materialbeschaffung, nach dem ersten Schritt des Projekts, am Ende eines Tages, eines Spieles, einer Teilarbeit, einer Übungszeit oder als Rückblick nach dem Abschluß des ganzen. Es gibt

Verlaufsmodell der didaktischen Arbeit

Beschreiben	– Beobachten, Protokollieren, Beschreiben von Verhalten und Situationen – Sammeln von Daten, Informationen über die Zielgruppe und einzelne Gruppenmitglieder – Beschreiben des Spielraums für sozialpädagogische Arbeit	Analyse
Erklären	– der Beobachtungsdaten durch Einordnen, Vergleichen, Deuten, Interpretieren – Einschätzen realisierbarer Veränderungen/Entwicklungen	
Entscheiden	über – Lernziele/Erziehungsziele – Inhalte/Themen/Situationen – Methode – Medien – Gestaltung der räumlichen und organisatorischen Vorbedingungen	Planung
Vorbereiten	– Informieren, Werben – Vorbedingungen gestalten – Medien, Materialien beschaffen – evtl. Ausprobieren, Training, Fortbildung	
	praktisches Handeln mit – Einzelnen – Gruppen, Teilgruppen – evtl. Eltern – evtl. anderen Gruppen/Institutionen	Handeln
Kontrollieren	– der beschriebenen Voraussetzungen – eingeschätzten Rahmenbedingungen – der Entscheidungen – der Vorbereitungen – des praktischen Verlaufs – des ausgenutzten Spielraums – der Konsequenzen für neue Planung	Auswertung

auch fest institutionalisierte Formen der Auswertung: die Gruppenstunde, die Konferenz, die Mitarbeiterbesprechung, die Fallbesprechung, die Supervision usw. Zumindest von den sozialpädagogischen Mitarbeitern sollten auch die folgenden Fragen nicht übergangen werden: Wieweit habe ich meinen Handlungsspielraum ausgenutzt? Habe ich die Rahmenbedingungen meines Arbeitsfeldes richtig eingeschätzt? Hat meine Vorstellung von sozialpädagogischer Arbeit sich verändert? Welche Konsequenzen für die weitere Praxis haben sich ergeben?

Das beigefügte Verlaufsmodell betont noch einmal den beschriebenen Zusammenhang. Das Schema beginnt links mit den verschiedenen didaktischen Tätigkeiten („Beschreiben", „Erklären" usw.). Ganz rechts sind noch einmal die größeren Schritte gekennzeichnet; in der Mitte sind die Inhalte angegeben, auf die sich diese Tätigkeiten beziehen. Die Pfeile deuten an, daß es sich um einen ständig von neuem sich vollziehenden Kreisprozeß handelt.

Planen als Erfinden neuer Möglichkeiten

Es bleibt noch auf ein wichtiges Problem hinzuweisen: Ich habe bisher den Eindruck entstehen lassen, als könnten bei der Planung neuer Praxisvorhaben und bei der Situationsanalyse (einschließlich der Auswertung abgeschlossener Vorhaben) die gleichen Kriterien verwendet werden. Das ist jedoch nicht richtig. Ich wollte nur zunächst die Darstellung übersichtlicher halten. Von der Sache her betrachtet, ist es sogar gefährlich, nur immer die gleichen Fragen zu stellen und die bekannten Gesichtspunkte zu verfolgen. Denn allzu leicht passiert dann in der Praxis auch nur noch immer das gleiche: Die Konzepte erstarren, die wesentlichen Planungsentscheidungen ändern sich kaum noch.

Die Auswertung und die Situationsanalyse müssen sich zwar wohl oder übel auf die vorfindbare, alltägliche Praxis beziehen. Denn die Situation von heute begründet und motiviert die Planung für morgen. Deshalb müssen auch dazu passende Fragen und Begriffe verwendet werden. Anders kann ich das Typische dieser Praxis nicht erfassen. Aber niemand zwingt mich, dann auch bei der *Planung* mit diesen Fragen weiterzumachen und nur in dieser Richtung weiterzudenken. Die Planung bedeutet einen Entwurf in eine offene Zukunft hinein. Wo z.B. bisher die ganze Planung vom Gruppenleiter allein entschieden wurde, muß doch mal gefragt werden: Wie können sich die Gruppenmitglieder daran beteiligen? Wie können erste Schritte zu selbstbestimmten Entscheidungen der Gruppe aussehen? Was muß sich dafür ändern?

Um es noch einmal zu betonen: Ich halte es für wichtig, daß durch die didaktische Reflexion das Gewohnte kritisch betrachtet wird und Alter nativen entdeckt werden. Statt bekannter Muster und fester Regeln, die

Suche nach neuen, besseren Möglichkeiten. In diesem Sinne ist Didaktik ein kritisches „Möglichkeitsdenken“, das für die ständige Erneuerung der Praxis sorgt und für die immer erneute Ausrichtung des sozialpädagogischen Handelns auf die sich wandelnde Ausgangssituation.

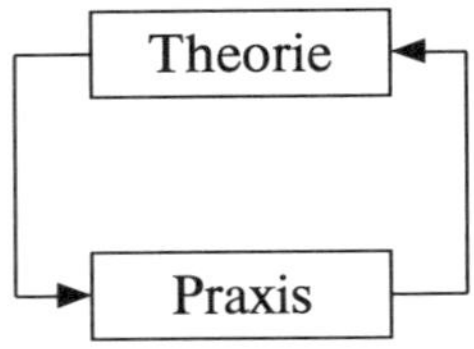

Damit die sozialpädagogische Praxis nicht in routinierten Gewohnheiten und Vorurteilen erstarrt („Das machen wir doch immer so!“ - „Das geht nicht anders.“), brauchen die Mitarbeiterinnen und Mitarbeiter immer wieder die Unterbrechung des tagtäglichen Betriebes, das Innehalten, die kritische Vergewisserung und die Selbstkritik, die dann zu bewußterer Praxis führt. Das ist der Sinn der kreisenden Bewegung von der Praxis zur theoretischen Reflexion und wieder hin zur veränderten Praxis. Nur so kann die Praxis lebendig bleiben.

Literatur zur didaktischen Planung und Auswertung:

- HEINER, Maja (Hrsg.): Selbstevaluation in der sozialen Arbeit. Freiburg 1988
- PAUSEWANG, Freya: Ziele suchen – Wege finden. Berlin 1994 (mit Schwerpunkt Kindertagesstätten)
- SCHILLING, Johannes: Didaktik/Methodik der Sozialpädagogik. Neuwied 1993 (mit Schwerpunkt Bildungsarbeit)

Exkurs 1: Gegliederter Fragebogen zur gesamtdidaktischen Analyse

Der strukturierte Fragebogen soll in didaktische Überlegungen einführen. Er enthält *Suchbereiche, Fragestellungen* und *Untersuchungsbegriffe,* die dabei helfen können, für spezielle Praxissituationen dann die tatsächlich wichtigen Gesichtspunkte zu finden. Es handelt sich nicht um eine Planungsanweisung zur Lösung konkreter Probleme. (Fünf typische Formen sozialpädagogischer Planung werden im 5. Kapitel beschrieben.)

Es kommt nicht darauf an, bei jeder Planungsaufgabe auf alle erwähnten (und noch weitere mögliche) Faktoren des Arbeitsfeldes einzugehen. Jede Praxissituation wirft *eigene Probleme* auf und verlangt in der Planung andere Schwerpunkte. Die Auswertung einer Freispielsituation etwa erfordert ein anderes Vorgehen als das Aufstellen eines Jahresplanes für eine Kindergartengruppe oder der Erziehungsplan für ein Kind in einem heilpädagogischen Heim. Nicht die Planung ist am besten gelungen, welche die meisten Gesichtspunkte – oder womöglich alle hier erwähnten – berücksichtigt, sondern diejenige, welche die für den einzelnen Fall tatsächlich wichtigen herausarbeitet.

1. Aspekte der Zielgruppe

a) Die Lebenswelt der Gruppenmitglieder und der Erfahrungsraum ihrer Gruppe

b) Die Gruppensituation (die Gruppe als soziales Gebilde)

c) Einfluß der Gruppe auf die Persönlichkeit der Mitglieder

d) Bezugsgruppen der Mitglieder

- Wie sehen die Wohn- und Arbeitsverhältnisse im Einzugsgebiet der betreffenden sozialpädagogischen Einrichtung aus? Welche Kultur- und Freizeitangebote sind vorhanden?
- Was weiß ich über die Mitglieder meiner Gruppe? Alter, Geschlecht, Dauer der Zugehörigkeit?
- In welchen Verhältnissen leben die Gruppenmitglieder in ihren Herkunftsfamilien (Pflegefamilien/sonstige Wohnsituationen)?
- Welche gemeinsamen Probleme, Konfliktlagen gibt es in den Familien meiner Gruppe/der Einrichtung?
- Welche Fragen, Probleme, Unsicherheiten oder Ängste äußern die Kinder/Jugendlichen von sich aus?

- Welche Zukunftserwartungen äußern/haben die Gruppenmitglieder?
- Welche Lebenschancen sehe ich/sehen die anderen Mitarbeiter für sie? Durch welche typischen Aktivitäten ist die Gruppe charakterisiert?
- Welchen Anteil hat evtl. ein Leiter/Berater am Gruppengeschehen? Nach welchen Grundsätzen arbeitet er/sie?
- Welche Phasen sind in der bisherigen Entwicklung der Gruppe zu erkennen? Welche Umstände, Ereignisse, Personen beeinflußten die Entwicklung?
- Welche typischen Verhaltensweisen werden in der Gruppe erwartet (als konformes Verhalten)? Wie werden dabei von wem welche Normen durchgesetzt?
- Wie äußert sich das Wir-Bewußtsein in der Gruppe? – Hat die Gruppe gemeinsame Interessen? Sind diese bewußt?
- Wie sind die Beziehungen der Gruppenmitglieder untereinander? (Wer spricht, spielt, arbeitet, streitet sich mit wem wie oft?)
- Wer nimmt in welchen Bereichen an der Führung der Gruppe teil? Wer macht Vorschläge? Wie werden diese behandelt? Wie werden Entscheidungen gefällt?
- Zu welchen anderen Gruppen oder Institutionen bestehen Beziehungen welcher Art (Intergruppen-Beziehungen)?
- In welchem Maße identifizieren sich die Mitglieder mit der Gruppe?
- Wer hat welche anderen Bezugsgruppen?
- Welche Gruppenmitglieder/Teilgruppen befinden sich in einer Marginalposition (d.h. am Rande oder „zwischen den Stühlen")?
- Worin besteht dabei die Krise, der Konflikt?
- Wie reagieren die beteiligten Personen/Gruppen/Teilgruppen in der problematischen Situation?
- Wie erleben die beteiligten Personen/Gruppen/Teilgruppen die problematische Situation?

Persönlichkeitsaspekte des Sozialpädagogen

a) Fähigkeiten für den pädagogischen Umgang im Alltag („Primärbetreuung")

b) Fähigkeiten für die Gruppenarbeit im Alltag

c) Kompetenzen für Programm-Aktivitäten

d) Kompetenzen in der Elternarbeit

e) Berufliches Selbstverständnis des Sozialpädagogen

- Welche Gruppenmitglieder sind dem Sozialpädagogen sympathisch, bei welchen fällt es ihm schwerer, sich ihnen zuzuwenden? Auf welche Mitglieder ist vorzugsweise seine Aufmerksamkeit gerichtet?
- Wieweit hat er Verständnis für eine Subkultur, der er selbst nicht angehört (z.B. Obdachlose, Ausländer, Punker, Angehörige der Drogenszene)? Wieweit kann er sich in abweichendes Verhalten einfühlen?
- Welche „Übertragungen“ sind ihm bewußt? Was tut er, um störende Übertragungen zu verringern?
- In welchen musischen, sportlichen oder technisch-handwerklichen Medienbereichen hat er umfangreichere eigene Erfahrungen und eigenes Interesse? Wieweit kann er diese Gebiete auch der Gruppe erschließen und ihr Anleitung zu selbständigem Tun geben?
- Wie geschickt ist er beim Organisieren besonderer Unternehmungen (z.B. Feste, Fahrten, Ferienprogramme)?
- Ist er ein guter Zuhörer? In welchem Maße hat er ein „Ohr“ für die Beziehungsseite oder für die Selbstoffenbarung in Gesprächen?
- Für welche Mitglieder seiner Gruppe ist er ein wichtiger Gesprächspartner (keines – einzelne – alle)?
- Bei welchen Altersstufen, Gruppen bzw. bei welchen einzelnen Mitgliedern seiner Gruppe gelingt es ihm gut, Kontakt herzustellen und Beziehungen zu entwickeln? Bei welchen weniger? Welche Barrieren sind dafür erkennbar?
- Wie gut kann er jüngeren Kindern komplizierte Sachverhalte (z.B. auch Gefühle und zwischenmenschliche Probleme) verständlich machen?
- Kann er die Mitglieder seiner Gruppe mit Problemen konfrontieren, sie kritisieren bzw. ihr Verhalten mißbilligen, ohne sie als Person herabzusetzen oder zu beleidigen?
- Welche Auswirkungen hat sein Verhalten auf die Atmosphäre und das Verhalten der Gruppe und auf einzelne Gruppenmitglieder?
- Wie groß ist seine Motivation, „neugierig“ zu sein, Probleme aufzugreifen, scheinbar selbstverständliche Regelungen infrage zu stellen?
- Wieweit ist er geübt, pädagogisch bedeutsame Situationen zu beobachten, angemessen zu beschreiben und im Hinblick auf didaktische Planungen auszuwerten?

- Mit welcher Einstellung und welchem Ergebnis arbeitet er mit den anderen Mitarbeitern zusammen?
- Wie gut kann er mit Eltern umgehen und sie für eine Zusammenarbeit gewinnen?
- Wie gut kann er mit dem Träger, der Leitung, Verwaltung, mit Geldgebern verhandeln und die Interessen der Einrichtung bzw. seiner Gruppe vertreten?
- Welche berufliche Orientierung (Selbstverständnis) bestimmt seine Arbeit? Wie versteht er sein Arbeitsfeld in gesellschaftlichen Zusammenhängen?
- Wie groß ist sein Engagement, die Praxis in seiner Einrichtung zu verbessern?

3. Institutionelle und organisatorische Aspekte

a) Gesellschaftliche Rahmenbedingungen der Einrichtung (= institutionelle Vorbedingungen der sozialpädagogischen Arbeit)

b) Die offizielle, formale Organisationsstruktur

c) Die Kommunikation der Mitglieder

d) Die Einrichtung als sozialer Erfahrungsraum

- Wer war der Gründer der Einrichtung? Welchen Anlaß gab es für die Gründung? Welche Erwartungen und Zielvorstellungen verbanden sich mit der Gründung?
- Welche gesellschaftliche Funktion hat die Einrichtung heute? Wird die Einrichtung als Teil der Strategie und Praxis einer politischen Organisation oder Gruppe begriffen?
- Wer ist der Träger der Einrichtung? Welche Interessen verfolgt der Träger (weltanschaulich, politisch, kulturell)? Wie wirkt sich das aus?
- Wie sieht der Haushaltsplan der Einrichtung aus? Welchen Anteil an der Finanzierung haben Mitgliederbeiträge, Elternbeiträge und Zuschüsse?
- Wie stellt sich die Einrichtung in der Öffentlichkeit dar? Von wem wird sie politisch, finanziell oder fachlich (Beirat, Beratung, Fortbildung) unterstützt?
- Welche wesentlichen Rechtsvorschriften (z.B. Kinder- und Jugendhilfegesetz, Ländergesetze, Verordnungen und Erlasse von Ministerien wie etwa die Heimrichtlinien) sind bindend für die Organisationsstruktur?

- Wie werden Gesetze und Richtlinien für die betreffende Einrichtung ausgelegt und angewandt? Wer kontrolliert auf welche Weise die sozialpädagogische Arbeit (Fachaufsicht)?
- Wie ist das Verhältnis zum Jugendamt (Kooperation, Unterstützung, Konflikte)?
- Wieviel Kinder/Jugendliche sind Bewohner/Besucher/Mitglieder der Einrichtung? Nach welchen Kriterien werden Gruppenmitglieder aufgenommen/eingewiesen? Nach wessen Entscheidung sind die Gruppen wie zusammengesetzt?
- Wie ist die gesamte Zielgruppe in Kleingruppen eingeteilt (Wohngruppen, Interessengruppen usw.)? Wodurch sind die einzelnen Gruppen voneinander abgegrenzt? Was haben sie an Gemeinsamkeiten?
- Wie groß ist die Fluktuation und ihre Auswirkung auf die Gruppensituation?
- Worin besteht die pädagogische Zielsetzung der Einrichtung? Was wird von der Leitung oder von den Mitarbeitern als pädagogischer Erfolg angesehen?
- Welche Mitarbeiter mit welcher Ausbildung und Erfahrung arbeiten in welchen Funktionen? Wie lange schon?
- Wie ist ihre Dienstzeit geregelt?
- Welche Instanzen und Gremien mit welchen Aufgaben und Entscheidungsbefugnissen gibt es in der Einrichtung?
- Stellung der Mitarbeiter zum Träger (Abhängigkeit, relative Selbständigkeit, Rollenkonflikte, Supervision)?
- Gibt es eine Satzung für die Einrichtung? Wer kann die Hausordnung festsetzen und verändern? Wer kann die Dienstanweisung für die Mitarbeiter festsetzen und verändern?
- Hat die Einrichtung einen theoretischen Orientierungsrahmen in Form einer Erziehungskonzeption, von der her das gruppenpädagogische und das einzelpädagogische Handeln bestimmt und organisiert werden?
- Auf welchen Wegen wird Zusammenarbeit planmäßig angestrebt (Teambesprechungen, Konferenzen, Programmplanung usw.)?
- Welche Bedeutung haben die Bedürfnisse der Gruppen und der Mitarbeiter, wenn es um die Gestaltung der Kommunikation geht?
- Welche Konflikte belasten die Arbeit und den Umgang der Mitarbeiter oder der Gruppenmitglieder oder beider? Welche Ursachen haben diese Konflikte? Wie groß ist die Zufriedenheit und die gefühls mäßige Verbundenheit mit der Einrichtung bei den Mitgliedern?

- In welchem Umfang erlaubt die Kommunikationsstruktur (Hierarchie) Diskussionen der Mitglieder über die Zielsetzung der Einrichtung und deren organisatorische Vorbedingungen?
- Bei welchen Fragen haben die Kinder/Jugendlichen oder Eltern die Möglichkeit, mit zu entscheiden und mit zu planen? Bei welchen nicht?
- Welche Erfahrungen machen die Mitglieder in der Einrichtung (mit gleichen, mit Mitarbeitern, mit anderen Organisationen)? Wie wirken sich diese Erfahrungen auf ihr Selbstbewußtsein, ihre Identität und ihre Kommunikationsfähigkeit aus?

4. Räumliche Aspekte

a) Standort der sozialpädagogischen Einrichtung

b) Vorhandene Räume und Flächen

c) Zusammenhang und Nutzungsmöglichkeiten (Funktionsschema) der Räume

d) Einrichtung der Räume und Freiflächen

- Welche Vor- und Nachteile bietet der Standort der Einrichtung?
- Welche Kontakte bestehen zur Nachbarschaft und zum weiteren Umfeld? Wie könnten notwendige Kontakte evtl. verbessert werden?
- Welche Wege müssen die Besucher zurücklegen, um die Einrichtung zu erreichen?
- Welche Räume sind in der Einrichtung vorhanden (Wohn- und Gemeinschaftsbereich)? Größe, Art der Räume, Ausstattung? Wer darf/soll welche Räume wofür benutzen?
- Welche Zusammenhänge bestehen zwischen den Räumen (Zentralität, Verbindung)? Wo werden soziale Zusammenhänge durch räumliche Gegebenheiten beeinträchtigt? Wie könnten evtl. durch Veränderungen in den Funktionen/ durch Umgestaltungen/ durch Umbauten die Nutzungsmöglichkeiten und die Kommunikation verbessert werden?
- Welche Funktionsbereiche bietet das Freigelände (Lage, Größe, Gestaltung)?
- Welche Sicherheitsprobleme bestehen auf dem Freigelände, am Gebäude, in den Räumen, bei der Einrichtung? Wie sind sie bisher gelöst?
- Falls es mehrere abgegrenzte Gruppen gibt: Für welche Aktivitäten bietet der Gruppenbereich gute Voraussetzungen? Welche an sich

wünschenswerten Möglichkeiten fehlen? Wie wirken die Räume auf das Verhalten der Gruppenmitglieder (gefühlsmäßige Resonanz, Anregungscharakter, Ausmaß an Selbsttätigkeit, Wahlfreiheit, Erfahrung)?

- Wie könnten die Räume des Gruppenbereichs für die aktuelle Gruppensituation/ für geplante Aktivitäten der nächsten Zeit zweckmäßig genutzt und evtl. umgestaltet werden?
- In welchen Bereichen/Räumen ist die Einrichtung nach der Entscheidung der Mitglieder/ unter ihrer Mitwirkung/ Mithilfe/ in Eigenleistung gestaltet worden? Welche weiteren Möglichkeiten einer Gestaltung nach den Vorstellungen der Mitglieder bietet sich an?
- Welche aktuellen räumlichen Probleme in der Einrichtung bieten Anlässe, um den Mitgliedern eigene Bedürfnisse, Raumwirkungen und alternative Möglichkeiten der Raumgestaltung bewußtzumachen.

5. *Zielaspekte*

a) Normen und Erwartungen aus dem sozialen Umfeld an die sozialpädagogische Arbeit

b) Wer ist an der Formulierung von Lernzielen/Erziehungszielen beteiligt?

c) Zuordnung der Ziele zu unterschiedlichen Zielbereichen (z.B.: Sachkompetenz — Selbst-Kompetenz — Sozialkompetenz)

- Wie sind die vorliegenden Ziele zustande gekommen, wer hat darüber entschieden?
- In welcher Weise waren die Betroffenen (alle Mitarbeiter und Mitglieder der Gruppe) an der Festlegung der Ziele beteiligt?
- Sind die Ziele erreichbar? Berücksichtigen sie in angemessener Weise die Ausgangssituation?
- Sind die Ziele mit bestehenden umfassenderen Planungen vereinbar? Wessen Interessen entsprechen die Ziele?
- Nützen die zu lernenden Handlungsweisen den Gruppenmitgliedern auch außerhalb der Einrichtung? Welche Konflikte sind in welchen Lebensbereichen außerhalb der Einrichtung denkbar?
- Sind die Ziele als kleine, möglichst überschaubare Schritte formuliert?
- Sind die Zielsetzungen in positiver Form ausgedrückt?

– Welcher Ebene sind die formulierten Ziele zuzuordnen: den Lernzielen/Erziehungszielen oder den Handlungszielen?

– Ist bei den Zielsetzungen der letzten Zeit (z.B. des letzten Jahres) ein Schwerpunkt in bestimmten Dimensionen erkennbar? Ist dieser Schwerpunkt beabsichtigt und berechtigt?

6. Aspekte des Inhalts

a) Bedeutung des Inhalts (Themas/Programms) in der Einrichtung und im gesellschaftlichen Leben außerhalb

b) Notwendige Voraussetzungen der Gruppe (Fertigkeiten, Motivation, Selbstkontrolle)

c) Methodische Möglichkeiten zur Verwirklichung

d) Räumliche, organisatorische, materielle und persönliche Vorbedingungen und Vorbereitungen

– Inwiefern kann das Thema zu den ausgewählten (aktuellen) Lernzielen für die Gruppe/für einzelne Mitglieder beitragen?

– Welche Bedeutung hat der Inhalt für das Leben der Teilnehmer? Welcher Dimension läßt er sich zuordnen (begleitend, korrigierend, aktuell, solidarisierend, vorbereitend)?

– In welchem sachlichen Zusammenhang steht das Thema? An welche Erfahrungen der Teilnehmer kann ich anknüpfen? Wie läßt sich das Thema weiterführen?

– Wo kann ich genauere Informationen über das gewählte Thema bekommen? Wo kann ich mir Material besorgen?

– Wie schätze ich die Motivation der Gruppe im Hinblick auf das Thema ein (Interesse, Vorerfahrungen, Entwicklungsituation)?

– Welche Gruppenmitglieder will ich vorwiegend ansprechen?

– Läßt sich das Thema mit altersgemäßen, pädagogisch wünschenswerten Methoden verwirklichen?

– Welche Art der Interaktion unter den Gruppenmitgliedern und zwischen den Gruppenmitgliedern und den Mitarbeitern fordert/fördert oder ermöglicht die Aktivität?

– Bei welchen Schritten und in welcher Form können die Gruppenmitglieder dabei selbständig tätig sein?

– Welcher Art können die Erfolgserlebnisse für die Teilnehmer sein?

– Welche Anforderungen stellt das Thema an die Teilnehmer? Welche besonderen Schwierigkeiten enthält es?

- Welche Anweisungen, Informationen, Anregungen (Lernhilfen) sind nötig?
- Welchen Bewegungsraum brauchen die Teilnehmer?
- Welcher Raum (Räume, Freigelände) steht zur Verfügung? Wie muß er umgestaltet werden (Aufteilung, Einrichtung verändern, Verdunklung)?
- Wovon hängt der zeitliche Umfang ab? Läßt er sich vorher mit der Gruppe festlegen?
- Welche Absprachen mit Mitarbeitern oder Eltern sind zu treffen?

7. Aspekte des methodischen Handelns (der Methode)

a) Voraussetzungen bei der Gruppe für die gewählte Vorgehensweise

b) Gliederung des gesamten Handlungszusammenhanges in eine Ab folge von einzelnen Situationen

c) Spielraum, Alternativen und Offenheit der Planung

d) Beteiligung und Selbständigkeit der Gruppenmitglieder

- Entspricht die methodische Vorgehensweise der Struktur des Inhalts und der gewählten Zielsetzung?
- An welche Erfahrungen und Fähigkeiten der Gruppenmitglieder knüpft das methodische Vorgehen an?
- In welcher Weise sind andere bestehende Voraussetzungen und Vorbedingungen in den methodischen Überlegungen berücksichtigt?
- Ist die Vorgehensweise an einem festen methodischen Modell orientiert? Falls ja: an welchem, aus welchen Gründen?
- Wie läßt sich die Sache, um die es geht (= die Situation, die Aufgabe, der Inhalt, das Thema), überschaubar machen und vereinfachen, evtl. in Teilstücke zerlegen?
- Regt die geplante Vorgehensweise die Gruppenmitglieder zur Teilnahme und zu eigenem Handeln an? In welchem Umfang ermöglicht/erfordert sie selbständiges Handeln?
- An welchen Stellen sind die Gruppenmitglieder wie an methodischen Entscheidungen beteiligt?
- Sollen die Gruppenmitglieder die Methode (= die hier gewählte Vorgehensweise) selbst lernen, um sie später selbständig anwenden zu können?

8. Aspekte der Medien (Materialien, Mittel)

a) Pädagogische Funktion der Medien

b) Medien als Bestandteile des methodischen Handelns

c) Weitere Kriterien der Medienwahl

- Welchen Zweck sollen die Medien in der vorgesehenen Lernsituation (Spielaktion, didaktischen Einheit, Vorhaben) erfüllen?
- Welche Medien sind in der Einrichtung vorhanden? Wo können sie sonst beschafft werden?
- Welchen Gebrauch der Medien/Spielmaterialien haben die Hersteller vorgesehen? Wie gehen die Kinder/Jugendlichen mit ihnen um?
- Welche technischen oder sachlich-strukturellen Merkmale und Schwierigkeiten kennzeichnen die Medien? Wie können die Gruppenmitglieder sie selbst aktiv benutzen?
- Wie attraktiv sind die Medien für die Gruppenmitglieder?
- Welche Bedeutung hat das Medium/Spielobjekt für die kindliche Entwicklung? Welche Bedürfnisse kann es erfüllen?
- Welche Erfahrungen haben die Benutzer/Konsumenten (=Gruppenmitglieder und Sozialpädagoge) mit den Medien schon früher gemacht? Wie können sie damit umgehen? Was wissen sie darüber? Falls notwendig: Wer kann das Medium einführen?
- Welche Interessen, ideologischen Vorstellungen oder pädagogischen Absichten der Hersteller sind bei den Medien spürbar?
- In welcher Weise kann das Medium eingesetzt und pädagogisch nutzbar gemacht werden?
- Welchen übergeordneten Lernzielen läßt sich die gewählte Medienverwendung zuordnen (unter welchen Bedingungen)?
- Wo können die Gruppenmitglieder die Medien auch außerhalb der Einrichtung benutzen?
- Welche Kriterien muß ich außerdem berücksichtigen (z.B. Preis, Haltbarkeit, Unfallgefahr, Lärm, Ästhetik)?

4.4 Probleme der Beschreibung und Erklärung

4.4.1 Einführung

Daran besteht kein Zweifel: Nur durch gezielte und kontrollierte Beschreibungen und Erklärungen wird die Effektivität des sozialpädagogischen Handelns sichergestellt. Nur auf dem Wege der Beschreibung und Erklärung kann der Sozialpädagoge ein möglichst vollständiges und objektives Bild vom einzelnen Kind oder Jugendlichen, von den Beziehungen der Gruppenmitglieder wie von der Gruppe insgesamt bekommen. Voreilige Beurteilungen z.B. bergen die Gefahr in sich, daß ein Kind auf einen zufälligen oder ungenauen Eindruck hin auf ein bestimmtes Bild festgelegt wird. Und womöglich erhält das Kind dann keine Gelegenheit mehr, dieses voreilig gewonnene Persönlichkeitsbild zu differenzieren oder zu verändern. Überall, wo Sozialpädagogen sich darum bemühen, Kinder oder Jugendliche in individueller, der Entwicklungs- und Lebenssituation angemessener Weise zu unterstützen, zu beraten und zu fördern, gehört das Beschreiben der Ausgangssituation dazu. Es ist wohl nicht übertrieben zu sagen: Durch Beschreiben und Erklären verschaffen wir dem erzieherischen Handeln seinen Sinn. Denn durch diese Tätigkeiten erfassen wir die Voraussetzungen, Ziele und Perspektiven des Handelns und geben ihm eine konkrete Richtung.

Wenn ein Sozialpädagoge in einer Fallbesprechung oder in einem Entwicklungsbericht die Persönlichkeit eines Gruppenmitgliedes beschreibt, so sagt solch eine Beschreibung allerdings manchmal mehr über den Schreiber aus als über die beschriebene Person. Das hängt dann meistens damit zusammen, daß der Schreiber die verschiedenen Arten des Informationsmaterials nicht genügend unterscheidet. Dadurch fließen dann leicht unkontrollierte Einstellungen und Urteile in die Beschreibung ein.

Grundsätzlich kommen folgende Arten von Materialien in Frage:

1. Mitteilungen des betreffenden Gruppenmitgliedes selbst („Mein kleiner Bruder ist ein furchtbarer Angeber. Aber meine Eltern halten immer bloß zu ihm!")

2. Objektive Tatsachen (Geburt, Herkunft, Familie, Wohnung, Schulbesuch usw.)

3. Besondere Untersuchungs- oder Testergebnisse (z.B. aus dem Sceno-Test, dem Körperkoordinationstest oder aus einem Schulreifetest)

4. Wahrnehmungen anderer Beobachter

5. Eigene Beobachtungen oder Einschätzungen des Beobachters

6. Eigene Bewertungen, Erklärungen und Interpretationen des Schreibers.

Alle diese Arten von Informationsmaterial können Hinweise geben oder selbst Bestandteile einer Beschreibung werden. Mit jeder Art des Materials sind auch besondere Probleme verknüpft. Da die psychologischen Probleme einer Beschreibung und Erklärung in allen sozialpädagogischen Ausbildungsgängen einen großen Raum einnehmen und schon in einer umfangreichen Literatur dargestellt sind, werde ich im folgenden vorwiegend die *didaktischen* Aspekte dieser Tätigkeiten behandeln.

4.4.2 Beschreiben

Ohne eine Beschreibung der Sachverhalte, um die es in der Situationsanalyse geht, sind die anderen didaktischen Tätigkeiten nicht sinnvoll möglich. Wenn ich etwas erklären, vorhersagen oder planen will, muß ich angeben, *was* erklärt, vorhergesagt oder geplant werden soll. Da der Sozialpädagoge aber nicht alles gleichzeitig beachten und beschreiben kann, braucht er ein Konzept, an dem er sich inhaltlich und zeitlich orientieren kann. Die folgenden Anregungen für ein solches Beschreibungskonzept nehmen jeweils eine bestimmte Fragestellung zum Ausgangspunkt.

Wie kann ich sinnvolle Schwerpunkte für die Beschreibung setzen?

Beispiel: Ein häufig verwendetes Hilfsmittel für die inhaltliche Schwerpunktsetzung sind sogenannte „Beobachtungsbögen“. Solche Bögen bieten dem Schreiber ein Schema von Fragen oder Begriffen an. Sie weisen ihn damit auf bestimmte Dinge hin, die beschrieben werden sollen und die er sonst übersehen könnte.

In zwei verschiedenen Einrichtungen des Vorschulbereichs sind zwei unterschiedliche Beobachtungsbögen in Gebrauch. Die Bögen enthalten folgende inhaltlichen Bereiche (Kategorien) für die Beschreibung bzw. Beobachtung:

Schema A

1. Aufgabenverhalten/Lernmotivation

2. Kognitives Verhalten
2.1 Wahrnehmung
2.2 Gedächtnis

3. Sprachliches Verhalten

4. Intellektuelles Verhalten
4.1 Konvergierendes Denken
4.2 Divergierendes Denken/Kreativität
4.3 Urteilen/Werten

5. Sozialverhalten

Schema B

1. Sozialverhalten
1.1 Beziehungen zu Gleichaltrigen
1.2 Beziehungen zu Erwachsenen

2. Sexualverhalten

3. Aggressionsverhalten

4. Motorisch-instrumentelles Verhalten

5. Kreativ-kognitives Verhalten

6. Verbales Verhalten

Auf den ersten Blick lassen sich vielerlei Unterschiede feststellen: Der Bereich „Aufgabenverhalten/Lernmotivation", in Schema A an erster Stelle aufgeführt, kommt in B überhaupt nicht vor. Das „Sozialverhalten" wird in B an erster Stelle genannt, in A an letzter. Sind in A sexuelle Verhaltensäußerungen und Aggressionsverhalten tabu, oder sollen sie unter der Überschrift „Sozialverhalten" mit erfaßt werden? Aus dem Bereich der orientierenden Funktionen werden in A fünf Teilbereiche genannt (2.1, 2.2, 4.1-4.3); im weiteren Sinne könnte man sogar das „Sprachverhalten" noch als sechsten Bereich dazurechnen. Dem steht in B nur ein Bereich gegenüber (= 5.). Das Spielverhalten wird übrigens in beiden Fällen nicht erwähnt.

Auch bei den verwendeten Fachbegriffen fällt einiges auf. Die orientierenden Verhaltensweisen werden in A in „Kognitives Verhalten" und „Intellektuelles Verhalten" eingeteilt. In B wird nur ein Bereich mit dem Begriff „kognitiv" bezeichnet („Kreativ-kognitiv").

Ganz deutlich sind unterschiedliche Interessenschwerpunkte erkennbar: Schema A setzt das Aufgabenverhalten und die Lernmotivation an die 1. Stelle und lenkt die Aufmerksamkeit im weiteren besonders stark auf die Bereiche des kognitiv-intellektuellen Verhaltens. Bei B stehen das Sozialverhalten bzw. die sozialen Beziehungen obenan. Die Tatsache, daß danach noch als eigene Bereiche das Sexualverhalten und das Aggressionsverhalten angeführt werden, läßt vermuten, daß die Verfasser dieses Schemas möglicherweise psychoanalytische Gesichtspunkte bei ihren Beschreibungen für wichtig halten.

Schema A stammt aus einer Vorschulklasse, Schema B aus einer Einrich tung, die durch die Tradition der antiautoritären Kinderläden geprägt ist.

Der Vergleich der beiden Schemata hat auch schon Hinweise darauf erbracht, wie der Sozialpädagoge sinnvolle Schwerpunkte für die Beschreibung setzen kann:

1. Inhaltliche Schwerpunkte ergeben sich vor allem daraus, was in dem sozialpädagogischen *Konzept* der Einrichtung, der Gruppe oder in einem individuellen Erziehungsplan als wichtig angesehen wird (insbesondere Aufgaben der Einrichtung, Erziehungsziele usw.).

2. Auch die *„Begriffspolitik"* der Mitarbeiter ist hier von Bedeutung. Damit ist die Tatsache gemeint, daß von den Mitarbeitern ein Schema ausgehandelt wird, das bestimmte Begriffe enthält und festlegt, wie beschrieben werden soll. Dabei können alle möglichen Einflüsse eine Rolle spielen: bestimmte Traditionen, theoretische Auffassungen und psychologische „Richtungen", vielleicht das Muster eines Beobachtungsbogens aus einem Lehrbuch oder von einer Fortbildungsveranstaltung. Auch jedes von den Mitarbeitern selbst scheinbar eigenständig formulierte Schema enthält solche Vorentscheidungen, die den Inhalt von Beschreibungen prägen.

3. Geplante Schwerpunkte der Beschreibung bzw. Beobachtung sollen die Wahrnehmung schärfen, sich aber keinesfalls als Scheuklappen auswirken. Alles, was sich dem Sozialpädagogen spontan *im Umgang mit den Kindern oder Jugendlichen* als bemerkenswert oder problematisch aufdrängt, bildet einen möglichen neuen Schwerpunkt.

4. Besondere Schwerpunkte ergeben sich auch aus dem *zeitlichen Ablauf* der sozialpädagogischen Arbeit.

> **Beispiel:** Die Anfangssituation einer Kindergartengruppe. Kommt eine Gruppe von Kindern neu in den Kindergarten, so interessieren die Erzieherin in diesem Zusammenhang eine ganze Reihe von Fragen: Wie trennen sich die Kinder von den vertrauten Personen oder Dingen? Wer braucht besondere Zuwendung? Wer braucht Übergangserleichterungen? Welche Kinder können neue Erfahrungen und Aufgaben gar nicht erwarten? Welche Aktivitäten oder Spielmittel sind besonders attraktiv für die Kinder? Was gibt es an Differenzen zwischen den Regeln aus dem Elternhaus und den im Kindergarten eingeführten Regeln?

5. Letztlich läßt sich nur das beobachten und beschreiben, was der Alltag der Gruppe bietet. Für typische und vorhersehbare Situationen, wie z.B. die erwähnte Anfangssituation, lassen sich dazu auch besondere *didaktische Überlegungen* anstellen. In den ersten Kindergartentagen muß die zentrale Fragestellung sein, wie sich die einzelnen Kinder in dieser neuen Situation verhalten, wie sie damit zurechtkommen. Im Vordergrund sollte dabei zunächst das emotionale Befinden und das soziale Verhalten stehen. Didaktisch sollte die Beobachtung so geplant werden, daß Spielangebote und sonstige Aktivitäten der Gruppe mit diesem Schwerpunkt verknüpft sind, z.B. durch Spiele zum Kennenlernen,

durch Aktivitäten zur Orientierung in den Räumen, durch Gruppensituationen, die Geborgenheit bei den Erwachsenen und in der Gruppe bieten oder auch Eigeninitiative der Kinder zulassen.

Wenn Beobachtung und Gruppenaktivitäten so eine pädagogische Einheit bilden, ist es am ehesten gewährleistet, daß Erfahrungen in dem einen Bereich auch zu Folgerungen für den anderen führen.

Wie kann ich beim Beschreiben vorgehen?

Im folgenden geht es um zwei besonders wichtige Wege, auf denen der Sozialpädagoge zu einer Beschreibung kommen kann:

– Beschreiben durch Beobachtung und

– Beschreiben durch Einschätzung

1. Beschreiben durch Beobachtung. In vielen Fällen beschreiben wir Sachverhalte dadurch, daß wir einfach mitteilen, was wir gesehen oder gehört haben („Andreas läuft zum Bauteppich und stößt mit der Hand einen Turm um". – „Sandra kaut auf den Fingernägeln"). Solche Verhaltensweisen sind an sich objektiv gegeben. Sie sind für alle Beobachter in gleicher Weise wahrnehmbar. Das heißt jedoch nicht, daß solche Beobachtungen problemlos sind; denn es ist keineswegs sicher, wie weit das Verhalten von einem Beobachter wahrgenommen wird. Und noch schwieriger wird die Sache, wenn der Sozialpädagoge aufgrund von Beobachtungen ein „Urteil" über ein Kind bilden will. Denn dabei ist es zunächst einmal unklar, ob das Zerstören oder das Nägelkauen „typisch" oder nur „zufällig" ist.

Durch bestimmte Methoden und Techniken des *systematischen* Beobachtens versucht die wissenschaftliche Psychologie diesen Schwächen entgegenzuwirken. „Systematisch" (hier gleichbedeutend mit „geplant", „formalisiert", „standardisiert", „strukturiert") heißt, daß festgelegt ist, was man beobachten will, wann und in welchen Zeiträumen und in welchen Situationen. Der Beobachter kann sich z.B. passiv verhalten oder auch am Gruppengeschehen teilnehmen, seine Beobachtungen mit einer Videokamera aufzeichnen; die Beobachtung kann in natürlichen, alltäglichen Situationen stattfinden oder in einer mehr oder weniger kontrollierten Versuchssituation.

Schließlich geht es auch darum, wie das beobachtete Verhalten möglichst objektiv abgebildet bzw. protokolliert werden kann. Meistens werden dazu dem Beobachter Beschreibungsbegriffe für die zu beobachtenden Verhaltenskategorien (Verhaltensbereiche) in die Hand gegeben. Durch diese Kategorien werden einzelne Verhaltensweisen zu größeren Verhaltensklassen zusammengefaßt.

Für die sozialpädagogische Arbeit mit Kindern haben z.B. Hübner und Rocholl (1984, S. 80) folgendes Hilfsmittel entwickelt, um das Sozialverhalten der Kinder im Freispiel zu beobachten:

Beobachtungssystem zum Verhalten im Freispiel		
Verhalten des Kindes		
Kategorie	Kodierung	Verhaltensweise
Sozialverhalten im Freispiel – positiv	1	bezieht andere in sein Spiel ein
	2	gibt von seinem Spielzeug ab
	3	hilft anderen beim Spiel
	4	geht auf Vorschlag anderer ein
Sozialverhalten im Freispiel – negativ	5	schließt andere vom Spiel aus
	6	gibt sein Spielzeug nicht ab
	7	unterstützt andere nicht im Spiel
	8	geht nicht auf Vorschläge anderer ein

Hilfsmittel, die derartige Kategorien und Beschreibungsbegriffe enthalten, um Beobachtungen zu strukturieren, werden „Beobachtungssysteme“ (im Alltag oft auch „Beobachtungsbögen“) genannt. Sie liegen inzwischen in größerer Zahl für verschiedene Zwecke (z.B. Beobachtung von Spielverhalten, Aggressionsverhalten, Gruppengesprächen, Gruppenbeziehungen usw.) vor. Man kann sie für spezielle Fragestellungen und für die besondere Beobachtungssituation des eigenen Praxisfeldes auch selbst konstruieren.

Von der systematischen Beobachtung ist die *freie* Beobachtung zu unterscheiden. Ziel der freien („spontanen“, „unstrukturierten“) Beobachtung ist es, vielfältige Verhaltensweisen der Gruppenmitglieder in unterschiedlichen Situationen und zu verschiedenen Zeiten zu ermitteln, ohne daß bereits in systematischer Weise Datenmaterial gesammelt wird. Es geht um einen repräsentativen Querschnitt der Verhaltensweisen des Kindes oder Jugendlichen in einer natürlichen, aber abgegrenzten Situation (Feldbeobachtung). Insofern ist die freie Beobachtung die Voraussetzung zu systematischer Beobachtung: Die freie Beobachtung ermöglicht es, sinnvolle Schwerpunkte und präzise Beobachtungskategorien zu finden und die systematische Verhaltensbeobachtung gezielt auf bestimmte Fragestellungen oder Hypothesen auszurichten („Fokussierung“).

Die systematisch geplante Beobachtung läßt sich mit der Spitze eines Bohrers vergleichen: Sie ist die gehärtete Spitze einer nicht gehärteten

Masse, von der sie aber getragen wird. Das bedeutet: Wer sich um eine gründliche Beschreibung der Ausgangssituation seiner sozialpädagogischen Arbeit bemüht, sollte die systematische Beobachtung nicht vergessen. Denn sie differenziert und unterstützt die alltägliche Wahrnehmung. Andererseits sollte er nicht übersehen, daß systematische Beobachtung nur auf dem Hintergrund freier Alltagsbeobachtungen möglich ist.

Der Sozialpädagoge kann jedoch nicht nur das augenblicklich sichtbare Verhalten der Gruppenmitglieder beobachten, sondern auch die *Produkte* und *Spuren* ihres Tuns. Dabei kann es sich um Kinderzeichnungen, künstlerische Darstellungen oder um die Abnutzung bestimmter Spielmittel oder um die Spuren bevorzugter Wege im Haus oder auf dem Rasen handeln (vgl. Bungard/Lück 1974). Aus solchen Beobachtungen kann er wichtige Aufschlüsse darüber gewinnen, wie sich die materiellen Bedingungen (Grundstücks- und Raumgestaltung, Spielmaterial) auf das Verhalten der Gruppenmitglieder auswirken und wie die Gruppe mit ihnen umgeht.

Der Beobachtung zugänglich sind auch gewisse Körpervorgänge wie z.B. das Erröten, heftiges Atmen, Schwitzen usw. Teilweise können Mediziner mit Hilfe von Apparaten noch weitere Vorgänge erfassen (Muskelspannung, Herz- und Hirnströme, elektrischen Hautwiderstand usw.). Solche physiologischen Vorgänge bieten einen gewissen Zugang zu inneren, seelischen Erscheinungen der „Spannung“ oder „Erregung“. Wie der Erregungsprozeß nun allerdings von dem betroffenen Menschen *erlebt* wird, (z.B. aus Angst, Ungeduld, Ärger) läßt sich höchstens vermuten. Genaueres können wir nur erfahren, wenn uns der Betroffene spontan etwas darüber erzählt oder auf gezielte *Befragung* antwortet. In beiden Fällen können wir nie ganz sicher sein, daß er seine Vorstellungen oder Gefühle richtig beschreibt. Es könnte sein, daß er etwas verbergen möchte, daß ihm die passenden Worte fehlen oder daß er sein Erleben nicht deutlich genug wahrgenommen hat. Notgedrungen hat das Ergebnis des Beobachters hier nur den Charakter einer Schätzung.

2. Beschreiben durch Einschätzung. In der Praxis geschieht es tagtäglich, daß Menschen mit Hilfe von Eigenschaftswörtern beschreiben. In diesen Fällen handelt es sich nicht um Beobachtungen, sondern um Einschätzungen. Wir können nicht sehen, ob ein Mensch „aggressiv“, „sensibel“, „autoritär“ oder „egoistisch“ ist. Solche Aussagen sind Versuche, eine Reihe von Einzelwahrnehmungen (die mehr oder weniger subjektiv ausgewählt sind) unter einem einzigen Begriff zusammenzufassen. Je komplexer und unschärfer die Erscheinungen sind, um die es geht, desto schwieriger wird es, die Beobachtungen zu beschreiben. Wir vollziehen dann stattdessen häufig eine „Beurteilung“.

Der Begriff *„Beurteilung"* kann zweierlei bedeuten: 1. Verschiedene Wahrnehmungen werden zusammengefaßt und auf eine sprachliche Kurzbeschreibung, einen Begriff zurückgeführt (= *Einschätzung).* 2. Verhaltensweisen werden nach einem Gütemaßstab eingestuft (= *Bewertung).* Nur im ersten Fall handelt es sich um eine Form der Beschreibung. Beide Urteilsformen hängen zwar meistens miteinander zusammen, grundsätzlich aber lassen sie sich unterscheiden. Wenn von einem Kind z.B. gesagt wird, es sei „sehr temperamentvoll" oder „lebendig", so ist beides miteinander verquickt. Es bleibt zunächst offen, ob das Verhalten als positiv oder negativ, als angemessen oder unangemessen angesehen wird. Der Ton und der Zusammenhang geben dann weiteren Aufschluß über die Bewertung.

Zusammenfassende Einschätzungen sind aus zwei Gründen immer problematisch: Zum einen sind sie mehr oder weniger subjektiv, zum anderen enthalten sie immer eine Überverallgemeinerung. (Kein Mensch ist immer nur „sensibel", „autoritär" oder „egoistisch"!) Doch die vorhandenen Beschreibungsaufgaben fordern von uns nun einmal, eine Fülle von Informationen überschaubar und für den Kommunikationspartner zugängig zu machen. Deshalb kommen wir nicht umhin, auch auf Einschätzungen mit Hilfe von Eigenschaftswörtern zurückzugreifen.

Wie sollen Beobachtungen festgehalten werden?

Damit die vielen Eindrücke und Beobachtungen nicht verblassen oder ganz verlorengehen, sollten sie festgehalten werden. Das ideale Verfahren dazu müßte folgendermaßen aussehen: wenig zeitaufwendig, umfassend, inhaltlich ergiebig, jedoch nicht festschreibend und vor allem leicht zu handhaben. Leider gibt es kein Verfahren, das all diesen Ansprüchen gleichzeitig gerecht wird.

Ich möchte zunächst auf die beiden Verfahren des Protokollierens eingehen, die den beiden verschiedenen Formen der Beobachtung entsprechen. Mit jedem Beobachtungssystem der systematischen Beobachtung sind auch immer schon bestimmte Vorschriften für das Protokollieren verbunden. Die typische Form für die systematische Beobachtung sind tabellarische Übersichten mit festgelegten Beobachtungskategorien. Z.B. die Verhaltensbereiche aus dem Beispiel zum Freispielverhalten könnten so untereinander oder nebeneinander aufgetragen werden, daß genügend Raum für das Aufschreiben beobachteter Verhaltensbeispiele vorhanden ist. Dabei könnten die Hauptkategorien noch durch weitere Beschreibungsbegriffe oder durch gezielte Fragen differenziert werden. Weitere Formalisierungen sind denkbar – bis hin zu einer Strichliste, auf der nur noch festgehalten wird, wie häufig eine bestimmte Verhaltensweise gezeigt wird. Mit diesen Verfahren kann man die jeweils bedeutsamen Beobachtungsaspekte als Überblick immer im Auge behalten. Es läßt sich verhältnismäßig leicht kontrollieren, ob man bei der Beobachtung eines Gruppenmitgliedes zu sehr auf einen bestimmten Bereich fixiert ist.

Außerdem sind solche formalisierten Verfahren auch zeitsparend. Eintragungen dauern oft nur wenige Minuten.

Diesen Vorteilen stehen allerdings erhebliche Nachteile gegenüber:

- Die vorgegebenen Beobachtungskategorien legen den Beobachter meistens auf diese allein fest. Andere Beobachtungen werden vernachlässigt.
- Der Zusammenhang der Situation und die Bedingungen, unter denen das jeweilige Verhalten gezeigt wurde, werden nicht mit festgehalten.
- Wenn komplexe Verhaltensweisen mit einem einzigen Stichwort abgedeckt werden sollen, liegt darin die Gefahr, die tatsächliche Erscheinung zu verzerren oder in eine Zuschreibung zu verwandeln.

Diese Nachteile können mehr oder weniger vermieden werden, wenn der Sozialpädagoge seine freien Beobachtungen in einem *Beobachtungstagebuch* (Ringhefter oder Karteikarten) festhält. Er schreibt immer dann datierte Beobachtungen auf, wenn ihm Wichtiges bei einem Gruppenmitglied oder einer Gruppe aufgefallen ist. Je nach Zeit und Arbeitssituation können die Notizen länger oder kürzer ausfallen. Im Vergleich zum formalisierten Verfahren ist dieses allerdings recht zeitaufwendig, vor allem dann, wenn man möglichst viele Verhaltensbereiche, Situationen und Zusammenhänge erfassen will.

Unter dem Gesichtspunkt eines verschärften Datenschutzes wird vielfach auch die notwendige Offenheit unter den Mitarbeitern neu diskutiert. Daran kann allerdings kein Zweifel bestehen: Gute Beschreibungen und Erklärungen sind ohne eine erhöhte Offenheit und Zusammenarbeit unter den Mitarbeitern nicht möglich. Dabei muß das schriftliche Material in Beobachtungstagebüchern, Protokollen, Akten usw. allen zugänglich sein, die an der Erarbeitung der Arbeitsgrundlage beteiligt sind. Andererseits muß größter Wert auf die *Diskretion* nach außen gelegt werden. Die Forderungen des Datenschutzes und der Schweigepflicht gegenüber Außenstehenden müssen allen Mitarbeitern nachdrücklich bewußt sein (vgl. Mörsberger 1981). Diese Forderungen schließen auch die gewissenhafte Vernichtung aller Aufzeichnungen ein, die nicht mehr benötigt werden.

Wie kann ich Beobachtungsfehler vermeiden?

Auch eine gezielte systematische Beobachtung schließt nicht aus, daß es zu Ungenauigkeiten, ja Beobachtungsfehlern kommt. Der Sachlichkeit und Objektivität einer Beobachtung sind Grenzen gesetzt. Denn im Akt des Wahrnehmens ordnet der Wahrnehmende das wahrzunehmende Objekt ein und entwirft ein subjektiv beeinflußtes Bild von ihm. Wahrnehmen bedeutet nicht, bestimmte Reize oder Reizanordnungen bloß zu registrieren. Es handelt sich nicht nur um eine reine Sinnesfunktion; das Wahrnehmen beinhaltet vielmehr immer auch schon bestimmte Einstellungen des Wahrnehmenden. Z.B. spielt die Bereitschaft eine Rolle, bestimmte Dinge bevorzugt zu erfassen *(selektive Wahrnehmung).* Viele Sozialpädagogen sind darauf geprägt, Störungen und aggressiv ausgetragene Konflikte eher wahrzunehmen als konstruktive Situationen oder als passives und resignierendes Verhalten.

In anderer Weise verzerrt der *Halo-Effekt* (auch „Hof-Effekt" genannt) Beobachtungsergebnisse. Er besagt, daß Beobachtungen aus einem bestimmten Verhaltensbereich auf andere Bereiche übertragen werden. Z.B. wenn ein Kind sich ungeschickt ausdrückt oder sich wenig äußert, wird es nicht selten auch als wenig intelligent beurteilt.

Eine andere Tendenz, die zu Beobachtungsfehlern führt, ist der sogenannte *Milde-Effekt.* Damit ist die Scheu vor deutlichen oder gar extremen Aussagen gemeint.

Eine Verfälschung der Beobachtung kann sich auch ergeben, wenn der Beobachter mit einer bestimmten Erwartung an die Beobachtung herangeht. Diese Erwartungen können vor allem durch bestimmte Vorinformationen über den Beobachteten aufgebaut werden und das Beobachtungsergebnis eventuell stark verfälschen *(Rosenthal-Effekt* oder *Erwartungs-Effekt).*

In der psychologischen Fachliteratur wird eine größere Zahl weiterer Beobachtungsfehler beschrieben (vgl. Mollenhauer/Rittelmeyer 1977, S. 206 ff.).

Der Gefahr solcher Beobachtungsfehler läßt sich von verschiedenen Seiten entgegenwirken:

– Die einzelnen Wahrnehmungen sollten möglichst gleich während der Beobachtung oder so bald wie möglich danach festgehalten werden. Je mehr Zeit bis zur Aufzeichnung vergeht, desto eher verblassen sie oder unterliegen sie der subjektiven Veränderung.

– Oft läßt sich zu Beobachtungen eine „Gegenprobe" machen. Damit ist gemeint, daß ein auffälliges Verhalten gezielt in verschiedenen Situationen beobachtet wird.

– In den meisten Fällen kann man auch andere Personen (vor allem Kollegen, andere Gruppenmitglieder, Eltern), die mit dem Beobachteten Umgang haben, zu dem problematischen Verhalten befragen.

– Eine Form der Selbstkontrolle besteht darin, nach einigen Tagen und auch später in bestimmten Abständen, sich zu vergegenwärtigen, welches Bild man sich von dem einzelnen Gruppenmitglied gemacht hat, und das mit der ersten Aufzeichnung zu vergleichen.

– Sobald Beobachtungen ein erstes vorläufiges Urteil zulassen, sollte man die Möglichkeit in Betracht ziehen, mit dem Betroffenen selbst ein Gespräch zu führen. Damit kann ich zugleich der Gefahr begegnen, die beobachteten Kinder und Jugendlichen zu reinen Beobachtungsobjekten herabzuwürdigen und nur noch nach ihren „auffälligen“ Verhaltensweisen einzuordnen.

4.4.3 Erklären

Erklärungen setzen die Beschreibung von wenigstens zwei Sachverhalten voraus. Kein Sachverhalt kann für sich allein etwas erklären; zu einer Erklärung kann ein Sachverhalt nur in bezug auf einen anderen Sachverhalt werden. Erklärungen sagen etwas über Abhängigkeiten bzw. über Zusammenhänge von Bedingungen und Folgen aus.

In der einfachsten Form beschränkt sich die Erklärung darauf, daß zwischen zwei Sachverhalten ein Bedingungsverhältnis besteht: Als ich Olaf heute morgen nach seinem Vater fragte, stotterte er. – Sachverhalt A ist die Bedingung für den Sachverhalt B. Nun wird man allerdings in den meisten Fällen weiter fragen. Man wird wissen wollen, *warum* die Frage nach dem Vater das Stottern auslöste. Die Erklärungen hierzu sagen dann etwas aus über das „Zwischen“, über das unsichtbare Feld zwischen A und B. Sie stellen den Zusammenhang zwischen Bedingungen und Folgen her. Bei diesen Vermittlungsprozessen handelt es sich um mehr oder weniger „theoretische“ Aussagen. In unserem Beispiel des Stotterns könnte es sich etwa um Angaben über Gefühle, Vorstellungen, um die Beziehungen zwischen Sohn und Vater und um physiologische Prozesse handeln.

Die Grundstruktur von Erklärungen

beschriebener Sachverhalt A (zeitlich vorhergehend)	→	*Erklärung* 1. als Bedingungsverhältnis (A als Bedingung für B) 2. als inhaltlich-theoretischer Zusammenhang (wie A und B zusammenhängen)	→	beschriebener Sachverhalt B (nachfolgend)

Nicht selten erweisen sich Erklärungen im Rahmen von Situationsanalysen bei näherer Betrachtung als *Pseudo-Erklärung.*

Beispiel: In den Aufzeichnungen über einen 5jährigen Jungen heißt es: „Seine Spielpartner sind fast nur Mike und Sven; auch Ulrike (= seine ältere Schwester) ist nicht mehr dabei. Er reißt Gegenstände an sich und hat sie auch öfter schon mit nach Hause genommen. Er wird schnell unfair, wenn er bedrängt wird oder wenn er zu unterliegen droht. Er tritt oft mit Füßen oder schlägt seine ‚Kampfpartner' mit Gegenständen. Wird er dabei zurückgehalten, so verstärkt sich seine Wut erst recht . . . ". Wenn es in den anschließenden Thesen zur Erklärung des Verhaltens heißt: „Seine Kooperationsfähigkeiten sind gestört", so ist das nur eine Pseudo-Erklärung. Die zusammenfassende Formulierung drückt das aus, was schon beschrieben wurde: Er stört andere Kinder, bereitet den Erziehern Probleme, wirkt irgendwie gestört. Weitere Zusammenhänge kommen noch nicht in den Blick. Und das Ergebnis ist ebenso nichtssagend, als wenn ich das Spielen durch den „Spieltrieb" oder die Hilfeleistung eines Menschen durch seine „Hilfsbereitschaft" erklären will. Wenn in weiteren Thesen dann allerdings davon die Rede ist, daß „seine Fähigkeit, Enttäuschungen und Versagungen zu ertragen (Frustrationstoleranz) gering sei", daß „seine Bedürfnisse durch eine strenge, vielfach einschränkende oder überfordernde häusliche Erziehung gestört und aufgestaut würden" oder daß „sein bevorzugter Spielbereich, der Umgang mit technischem Spielzeug und Handwerkszeug, ihm keine Gelegenheit biete, seine aufgestauten Bedürfnisse zu befriedigen" – so sind das Erklärungen im eigentlichen Sinne.

Eine Schwierigkeit beim Erklären besteht darin, daß keineswegs immer sicher zu entscheiden ist, ob A die Bedingung von B oder B die Bedingung für A ist oder ob noch eine andere, gemeinsame Bedingung für die Erscheinungen A und B existiert. Das gilt besonders bei der Erklärung von Erscheinungen im Gruppenprozeß (z.B. Kinder reden viel und geschickt und sind beliebt und einflußreich; oder Kinder sitzen viel vor dem Fernsehgerät und sind besonders aggressiv – was ist da nun Bedingung, was Folge?).

Und noch ein weiteres Problem muß bei der Situationsanalyse beachtet werden. Welche Zusammenhänge zwischen verschiedenen Sachverhalten ich auch finden und in welcher Richtung ich sie erklären mag – sie gelten praktisch nie absolut. Eine einzige „Bedingung" führt nicht zu einer bestimmten Folge, sondern begünstigt sie nur. Deshalb ist es auch angemessener, von „Bedingungen" als von „Ursachen" zu sprechen. (Wo wir dennoch von *der* „Ursache" reden, kann das nur den Sinn haben, eine bestimmte Bedingung als besonders wichtig hervorzuheben.)

Jede Erklärung gilt nur in eingeschränkter Weise. Jeder Faktor hat nur ein relatives Gewicht und ist innerhalb eines *Gefüges von Bedingungen* zu sehen. Mit irgendeiner Einzelbedingung kann ich weder Ängstlichkeit, Resignation, Hilfsbereitschaft, Alkoholismus, Haß auf Ausländer oder eine Vorliebe für Kuscheltiere erklären. „Stets ist daher zu fragen, welche Faktoren zusammenwirken, wie sie sich wechselseitig ergänzen oder gegenseitig hemmen“ (Nolting/Paulus 1985, S. 31).

Manchmal wird angenommen, daß Erklärungen umso besser werden, je mehr Informationen der Sozialpädagoge über ein Kind oder eine Gruppe besitzt. Es wird davon ausgegangen, daß damit auch mehr Faktoren des Bedingungsgefüges erfaßt würden. Das ist jedoch keineswegs sicher. Brauchbare und auch für die didaktische Planung nützliche Erklärungen hängen von folgenden Voraussetzungen ab:

1. Der Sozialpädagoge muß die wirklich *bedeutsamen* Bedingungen kennen (die in der beurteilten Person, in deren sozialen Beziehungen oder in deren Umwelt liegen können).

2. Er muß diese Bedingungen *präzise erfassen.*

3. Es kommt darauf an, daß er die relevanten Bedingungen gemäß ihrer Bedeutung angemessen *gewichtet.*

Literatur zur Einführung in Beobachtungsprobleme:

- KLEBER, E.W.: Diagnostik in pädagogischen Handlungsfeldern. Weinheim, München 1992
- MARTIN, Ernst/WAWRINOWSKI, Uwe: Beobachtungslehre. Theorie und Praxis reflektierter Beobachtung und Beurteilung. Weinheim, München 1991
- STRÄTZ, R.: Beobachten. Anregungen für Erzieher im Kindergarten. Stuttgart 1990

Exkurs 2: Das Problem der „Diagnose" und „Indikation"

In bestimmten Bereichen der Sozialpädagogik (z.B. in der Heimerziehung) wie der Heilpädagogik wird die Tätigkeit des Erklärens als „Diagnose" oder „Indikation" bezeichnet. Diese Begriffe orientieren sich an der medizinischen Fachsprache.

In der Medizin ist die Sache zwar in der Regel klar und einfach: Bei körperlichen Erkrankungen muß die zutreffende Diagnose einer zweckmäßigen Behandlung vorausgehen. In der Diagnose wird die Art der Erkrankung bestimmt, indem die beobachteten oder gemessenen Erscheinungen in ein festliegendes Krankheitsbild eingeordnet werden. Diese Bestimmung der Krankheit ist zugleich auch die Grundlage für die Indikation, d.h. für die Wahl der passenden Behandlung. Aus beiden Schritten gemeinsam ergibt sich die Prognose, wie der Heilungsprozeß voraussichtlich verlaufen wird.

Doch dieses klassische Schema der Diagnose und Indikation entspricht nicht den Aufgaben sozialpädagogischer Arbeit. Hier ist der Wert eines klassifizierenden Diagnosesystems zweifelhaft: Die Einzelfallhilfe für ein Schulkind im Hort, die Problematik und Behandlung einer Familie oder die Arbeitsgrundlage für eine sozialpädagogische Wohngruppe von Jugendlichen fordern andere Gesichtspunkte und eine andere Art der Beschreibung. Dabei wird mehr von *sozialpathologischen* (sozialdefizitären) als von (individuellen) psychopathologischen Situationen und Zuständen die Rede sein.

Soziale Probleme (insbesondere defizitäre Lebenslagen) bedeuten ja für den einzelnen meist auch massive psychische Probleme. Und umgekehrt können psychische Probleme in vielen Fällen zu sozialen Schwierigkeiten führen. Diese Erkenntnis drückt sich in einem neuen Begriff aus, der seit den 70er Jahren in Gebrauch ist: *„psychosozial"*. Dieses neue Wort ist zwar alles andere als präzise. Es ist eher eine Sammelbezeichnung für eine Vielzahl von Problemzusammenhängen, in denen Menschen leben. Doch ist es bei vielen Mitarbeitern in psychiatrischen oder sozialpädagogischen Einrichtungen auch Ausdruck eines neuen Problembewußtseins: Es fordert eine unvoreingenommene Suchhaltung, die nach zutreffenden Zusammenhängen fragt und sie als Voraussetzung für wirkungsvolle sozialpädagogische Arbeit beschreibt und erklärt, ohne die betroffenen Menschen unnötigerweise zu Objekten zu machen.

Die Planung sozialpädagogischer Arbeit unterscheidet sich in drei Punkten wesentlich von der Diagnose und Indikation im medizinischen Sinne:

1. In einer psychosozial ausgerichteten Beschreibung muß auf die *Gesamtsituation* des einzelnen Gruppenmitgliedes, des Familiensystems und der gesamten sozialpädagogischen Gruppe Rücksicht genommen werden. Es kann nicht darum gehen, ein Bild zu zeichnen, das sich bloß auf einzelne Symptome beschränkt.

2. Nach der Beschreibung der Gesamtsituation ist das Ergebnis mit der mehr oder weniger breiten Palette an *Jugendhilfeangeboten* in Beziehung zu setzen: Reicht die Aufnahme in eine Hortgruppe aus, oder bietet eine Tagesgruppe im Heim bessere Möglichkeiten, sollte eine Erziehungsberatungsstelle eingeschaltet werden oder ein Familienhelfer oder Jugendhelfer, der direkt in der Familie arbeitet, oder kommt die Aufnahme in eine Pflegefamilie oder eine Heimunterbringung infrage?

3. In besonderer Weise stellt sich dann die Frage nach dem richtigen Hilfsangebot. Die Entscheidung ergibt sich nicht mit sachlicher Notwendigkeit allein aus den „Störungen" oder „Problemen" der Betroffenen. Zumindest das familiäre und schulische Umfeld sind ebenfalls zu berücksichtigen. Doch auch wenn all diese Umweltfaktoren berücksichtigt sind, können die Fachleute daraus allein noch keine Entscheidung ableiten. Die betroffenen Kinder, Jugendlichen oder Familien können nicht der Entscheidungsmacht der „Profis" unterworfen werden. In der Sozialpädagogik kann die Entscheidung für eine bestimmte Form der Hilfe nur in einem *gemeinsamen Verständigungsprozeß* ausgehandelt werden, in den alle betroffenen Personen einschließlich der Mitarbeiter der infrage kommenden Einrichtungen einbezogen sind (vgl. Späth 1985).

In letzter Zeit werden nun häufig Begriffe wie „psychosoziale Diagnose", „mehrdimensionale" oder „pädagogisch-therapeutische Diagnose" verwendet. Wenn damit die oben charakterisierte besondere psychosoziale Beschreibungsweise und Diagnostik gemeint ist, ist gegen diese Begriffe zwar nicht viel einzuwenden. Doch scheint es mir zweckmäßiger, auf die Begriffe „Diagnose" und „Indikation" im sozialpädagogischen Bereich überhaupt zu verzichten. Da sie nun einmal durch die medizinische Tradition geprägt sind, können sie leicht zu irrtümlichen Vorstellungen führen. In der Sozialpädagogik sollte stattdessen von einem *„vorläufigen Arbeitsprogramm"* gesprochen werden. In der praktischen Arbeit wären dabei folgende Aspekte zu betonen:

- Der Sozialpädagoge sollte ständig darauf eingestellt sein, seine vorläufige Einschätzung der Ausgangssituation zu *revidieren.*

- Die wichtigste Funktion dieser ständig revisionsbedürftigen Einschätzung besteht darin, daß von ihr ausgehend die *vorläufige Linie* der Behandlung und Erziehung bzw. des Lernens festgelegt wird.

- Das „vorläufige Arbeitsprogramm“ ist in dem Sinne dynamisch, daß es stärker *Entwicklungen* und *Prozesse* als einzelne Auffälligkeiten betont.
- Stigmatisierende Zuschreibungen (Abstempelungen) sind dabei unbedingt zu vermeiden.
- Jede weiterreichende Entscheidung muß in einem *gemeinsamen* Prozeß der Beteiligten geklärt und ausgehandelt werden.
- Die Kennzeichnung des Arbeitsprogramms als „vorläufig“ zielt auf eine *experimentelle Arbeitsmethode.* Damit ist gemeint, daß sich der Sozialpädagoge *vor* Beginn der praktischen Arbeit klarmacht, was er will, warum und wie er es will, sowie *während* der praktischen Arbeit beschreibt, was er tut, warum er es tut, wie er es tut und wie es auf die gemeinten Personen sowie auf andere wirkt.
- Es ist höchst *zweifelhaft,* zwischen der Erarbeitung des Arbeitsprogramms (= „Diagnose“) und der praktischen Arbeit (= „Behandlung“) zu *unterscheiden.* Behandlung besteht u.a. in der ständigen Einschätzung und Neueinschätzung der Situation der Gruppenmitglieder.

  Dieser Prozeß verläuft ununterbrochen — sowohl beim Sozialpädagogen als auch bei den Gruppenmitgliedern und eventuell deren Familien. Und die vorläufige Einschätzung („Diagnose“) beeinflußt in hohem Maße die Behandlung bzw. das Lernen. Das geschieht u.a. schon durch die Einstellung des Sozialpädagogen (und evtl. der Einrichtung) gegenüber den Gruppenmitgliedern und ihren Familien. In der Einschätzung liegen bestimmte Erwartungen an die Gruppenmitglieder. Ein Kind, dem z.B. gesagt wird, es sei „behandlungsbedürftig“, „gestört“ o.ä., oder das diese Beurteilung nur bemerkt, wird sich vielfach allein deshalb auch so verhalten.
- Wer nach Kenntnis der Diagnose und Prognose daran zweifelt, daß er mit einem bestimmten Gruppenmitglied erfolgreich arbeiten kann, der wird in vielen Fällen tatsächlich nicht viel erreichen. Ein gewisser *„Behandlungsoptimismus“* ist in der Regel eine notwendige Voraussetzung für Erfolge in der praktischen Arbeit.

Weiterführende Literatur:

- HARNACH-BECK, Viola: Psychosoziale Diagnostik in der Jugendhilfe. Weinheim, München 1995
- SPÄTH, Karl: „Indikation“ in der Jugendhilfe — ein Begriff, der in die Irre führt. In: Unsere Jugend 1985, S. 231-235

4.5 Planung, Zufall und spontanes Handeln

Die sozialpädagogische Didaktik bliebe naiv, wenn sie nicht auch deutlich ihre Grenzen sähe und berücksichtigte. Ihr Geltungsbereich wird dadurch bestimmt, daß sie sich auf das Handeln *in sozialpädagogischen Einrichtungen* bezieht. Ihre Planungen sind Entwürfe mit einer mittleren Reichweite. In zwei verschiedenen Richtungen stößt das didaktische Planen an Grenzen:

Zum einen ist das sozialpädagogische Handeln abhängig von übergeordneten politischen Entscheidungen (Gesetzen, Richtlinien) und Planungen oder von naturwüchsigen gesellschaftlichen Gegebenheiten. Zu den politischen Planungen mit besonderem Einfluß auf die sozialpädagogische Arbeit gehören z.B. die Rahmenpläne des Landes, die Haushaltspläne der kommunalen Kinder- und Jugendhilfeausschüsse oder die für viele Städte und Landkreise aufgestellten „Jugendhilfepläne".

Zum anderen stößt die sozialpädagogische Didaktik an eine sachlich notwendige Grenze, wenn es um das zwischenmenschliche Handeln mit den zu Erziehenden geht. Dieser Umgang kann und darf nicht vollkommen der Planung unterworfen werden.

Sozialpädagogische Didaktik kann kein Instrument zu weitreichenden gesellschaftlichen Veränderungen sein. Ja, nicht einmal die (politisch vorentschiedenen) Rahmenbedingungen des sozialpädagogischen Arbeitsfeldes kann sie tiefgreifend verbessern. Sowohl im Hinblick auf die ökonomischen Arbeitsbedingungen als auch im Hinblick auf pädagogische Zielformulierungen ist sie an einen Rahmen politisch-gesellschaftlicher Voraussetzungen und Vorentscheidungen gebunden.

Das muß jedoch nicht bedeuten, daß die sozialpädagogischen Mitarbeiter diese Bedingungen fatalistisch hinnehmen; zu einer kritisch verstandenen Didaktik gehören auch die Aufgaben, die Rahmenbedingungen der eigenen sozialpädagogischen Einrichtung möglichst zu verbessern und sowohl in der Öffentlichkeit als auch den politischen Entscheidungsinstanzen gegenüber auf Mängel in den Bedarfsplanungen für die Jugendhilfe hinzuweisen.

In seiner Praxis erlebt der Sozialpädagoge politisch-gesellschaftliche Bedingungen häufig als widrige Zufälle, die verhindern, daß sich eine gutgemeinte Planung verwirklichen läßt. Denn die sozialpädagogische Praxis hängt nicht nur von ihm ab: Auf welche Widerstände er stößt, welche Gegenkräfte er wachruft, das hängt auch von den „Randbedingungen" seines Arbeitsfeldes ab – die im gesellschaftlichen Leben oftmals Hauptbedingungen sind.

Geltungsbereich der sozialpädagogischen Didaktik

Planungsbereiche	Merkmale
politische Planung des Staates und der Kommunen ↕	– spätkapitalistisches Gesamtsystem – widersprüchliche Gruppeninteressen – hochkomplexe Strukturen – zunehmender Verwaltungseinfluß
sozialpädagogische Didaktik ↕	– politische Vorgaben – organisatorischer Rahmen einer Einrichtung der Jugendhilfe – vernünftig begründbare Interessen – beschriebene und erklärte Situationen als Ausgangspunkt – Beteiligung der Betroffenen – ganzheitliche Perspektive
zwischenmenschliche Interaktion	– Du-Ich-Beziehung der handelnden Personen – individuelle Identität – Spontaneität des Handelns – Einfluß der Sozialisation

Die didaktische Arbeit schafft gleichsam eine Insel vernünftiger Planung, einen Bereich reflektierter, aufgeklärter Praxis innerhalb eines weitgehend ungeplanten oder widersprüchlich geplanten gesellschaftlichen Prozesses. Während die meisten Ansätze politischer Planung für die Jugendhilfe sich darin erschöpfen, Geld, Gebäude, Räume und Personen zu zählen, geht es in der sozialpädagogischen Didaktik um *qualitative Planung:* um die methodische Gestaltung zielgerichteter ganzheitlicher Lernprozesse für bestimmte Kinder oder Jugendliche. Aus dieser Aufgabe der Didaktik ergibt sich ihre „innere“ Grenze, die sich nicht verschieben läßt. Denn sie hat mit grundsätzlichen Problemen des menschlichen Handelns zu tun.

Soweit das pädagogische Handeln im zwischenmenschlichen Umgang besteht, hat es im wesentlichen die gleiche Struktur wie menschliches Handeln überhaupt: Mein Handeln begegnet dem Handeln des anderen. Ich stoße auf Situationen, über die ich nicht vollständig verfügen kann, wenn ich den anderen als Partner ernstnehme. Und will ich jemanden erziehen, so muß ich zunächst wissen, wer er ist. Das aber erfahre ich nur, indem ich in Erfahrung bringe, wer er war und ob er das selbst sein will, was ich mir für ihn vorstelle. Dies in Erfahrung zu bringen, bedeutet aber stets auch eine innere Erfahrung dessen, der etwas über einen anderen herausfinden will. Es hat Rückwirkungen auf das Verhalten des Erziehenden.

Daraus ergibt sich, daß der didaktisch geplante Lern- bzw. Erziehungsprozeß immer dadurch bestimmt ist, daß Lernen und Erziehen sich *in einem Spannungsfeld von Planung und Nichtplanung* vollziehen. Der Widerstand, der Zufall und die notwendige spontane Reaktion (Improvisation) können, so gesehen, nicht als Störung betrachtet werden. Die nicht geplanten Momente sind für den Lernprozeß insgesamt notwendig. Und der didaktisch planende Sozialpädagoge nimmt es um seines Zieles willen in Kauf, daß die Planung immer auch durchbrochen werden kann.

Ein Sozialpädagoge, der meint, mit seiner Planung das zukünftige Geschehen in der Gruppe umfassend festgelegt und damit im Griff zu haben, hat seine Arbeit gründlich mißverstanden. Es ist zu befürchten, daß er gerade aufgrund dieser mißverstandenen Planung wichtige Anlässe zu spontanem Handeln übersehen wird. Im Extremfall gibt es in solch einem Plan nur ein einziges richtiges Verhalten, das sich steuern, einüben und kontrollieren läßt. Die menschliche Existenz schrumpft dabei zusammen auf ein paar gelernte Reaktionen in einem vorgegebenen System.

Wir können über komplexe soziale Ereignisse nicht soviel wissen wie über einfache. Wenn wir uns diese Tatsache klarmachen, kann uns das auf den richtigen Weg bringen: Die Ereignisse in sozialen Zusammenhängen lassen sich nun einmal nicht bis ins Detail vorausplanen und steuern. Wir können uns in der Praxis vielfach nur an allgemeinen Prinzipien oder verallgemeinerten Erfahrungen (im Hinblick auf die konkrete Situation) orientieren. Nur so können wir vermuten, welche Bedingungen oder Maßnahmen in jener Situation, die wir mitgestalten wollen, günstig wirken. Wenn wir uns diese Tatsache vergegenwärtigen, können wir gerade dadurch der Gefahr entgehen, die eigenen Wahrnehmungen und Interpretationen vorschnell und oberflächlich abzubrechen. Eine wichtige Regel bei der Analyse und Planung sozialpädagogischer Situationen heißt: vielfältige Informationen wahrnehmen und dann gerade die widersprüchlichen Informationen gründlich und kreativ verarbeiten!

Gute, lebendige didaktische Arbeit „nährt" sich aus der Kommunikation mit der Gruppe. Sie geht von vornherein davon aus, daß sozialpädagogische Arbeit nicht durch didaktische Planung allein bestimmt werden kann. Die Praxis besteht aus einem dialektischen Wechselspiel von Planung einerseits und ungeplanten und unplanbaren Momenten (Zufällen) andererseits. Der Begriff „dialektisch" meint in diesem Zusammenhang eine Beziehung, in der zwei gegensätzliche Momente sich begegnen, sich gegenseitig abgrenzen und aufeinander reagieren. Das heißt also: Beim Planen setze ich mich mit dem Nichtplanbaren auseinander. Das Ergebnis einer guten Planung erlaubt es, das Planbare vom Nichtplanbaren zu unterscheiden. Planung kann die Chancen für Offenheit und spontanes Handeln verbessern, da ja nur gründliche Planung das Nichtplanbare sichtbar werden läßt und den Spielraum des pädagogischen Handelns aufzeigt.

Weiterführende Literatur:

- BENEKE, Eckhart u.a.: Planung in der Jugendhilfe. Kronberg 1975
- MAAS, Udo: Soziale Arbeit als Verwaltungshandeln. Weinheim, München 1992
- OTTO, Hans-Uwe/KARSTEN, Maria-Eleonora (Hrg.): Sozialberichterstattung. Lebensräume gestalten als neue Strategie kommunaler Sozialpolitik. Weinheim, München 1990

4.6 Kommunikation über didaktische Probleme: Schriftlich – mündlich – oder wie?

In manchen sozialpädagogischen Ausbildungsstätten existiert eine bestimmte Idealvorstellung von didaktischer Arbeit: Da sitzt die Erzieherin oder der Sozialpädagoge in Muße und voller Konzentration am Schreibtisch und entwickelt einen Erziehungsplan für ein Kind oder einen Monatsplan für eine Kindergartengruppe. Selbstverständlich alles in übersichtlich geordneter, schriftlicher Form, in wohlgesetzten Worten, differenziert und ausgefeilt formuliert – : druckreif geradezu. Für manche Berufsanfänger wird solch eine Idealvorstellung zu einem Alptraum. Sie fühlen sich nicht selten überfordert und verwirrt, wenn sie ihre vielleicht sehr dürftigen Möglichkeiten zu didaktischer Arbeit mit den Ansprüchen an Umfang und formale Qualität vergleichen, die ihnen die Ausbildung vermittelt hat.

Ich möchte nicht mißverstanden werden: Wenn ich das angedeutete Idealbild in Frage stelle und im folgenden Vorschläge zu flexibleren, unbürokratischen didaktischen Arbeitsformen mache, so will ich damit auf keinen Fall zu bloß improvisierendem Herumwursteln in der Praxis auffordern. Gründliche und kritische didaktische Arbeit ist für mich immer ein unerläßlicher Bestandteil verantwortbarer sozialpädagogischer Praxis.

Ich meine allerdings, daß die erwähnte Vorstellung für die heutige Praxis *nicht ausreicht.* Denn sie fordert *zuviel* im Hinblick auf die formalen Anforderungen und *zuwenig* im Hinblick auf die verschiedenen didaktischen Aufgaben (bei denen bisher vor allem die klassischen Aufgaben des Erziehungsplans, des Wochen- oder Monatsplans für den Kindergarten berücksichtigt wurden). Wenn man ein realistischeres Bild von den didaktischen Arbeitsformen in der Sozialpädagogik zeichnen will, scheint es mir zweckmäßig, von der wesentlichen Funktion der didaktischen Arbeit auszugehen: Didaktische Planung und Reflexion sind kein Selbstzweck; sie haben in erster Linie den Zweck, auf das praktische Handeln vorzubereiten. Sie sollen das Bewußtsein aktivieren, beweglich machen und so auf die zu erwartenden Situationen einstellen, daß das Handeln besser gelingt.

Von diesem Grundgedanken ausgehend, ist es zunächst eine zweitrangige Frage, ob didaktische Überlegungen in schriftlicher, mündlicher oder bloß gedanklicher Form sich vollziehen. Ich kann über eine schwierige Gruppensituation, über Ziele, Inhalte, über neue Spiele oder einzelne Schritte eines Vorhabens beim Tee mit Kolleginnen nachdenken oder allein in der Badewanne, beim Abwaschen, in der Schlange vor der Kasse des Supermarktes, in der U-Bahn, im Freibad oder anderswo.

Die Frage, ob es sich dabei dann um „richtige" didaktische Arbeit handele, scheint mir falsch gestellt. Hauptsache ist vielmehr, daß die didaktischen Überlegungen etwas bewirken, daß sie ihren Zweck erfüllen: nämlich das pädagogische Bewußtsein vorzubereiten und das Handeln zu verbessern.

Auch persönliche Eigenarten können hier bis zu einem gewissen Umfang ausgelebt werden. Die eine Mitarbeiterin oder der eine Mitarbeiter sammelt vielleicht Berge von Material, macht Notizen auf Hunderten von Zetteln, Servietten oder Briefumschlägen. Am häuslichen Schreibtisch kommt dann Ordnung in das Gewühle: unzweifelhaft ein „systematischer Chaot". Ganz anders der Typ des „ökonomischen Routiniers", der aus überlegener Distanz heraus wesentliche Determinanten einer Situation erfaßt und zu einleuchtenden Ideen kommt, wie man zu erwartenden Schwierigkeiten begegnen könnte. Der „Medien-Freak" begeistert sich für das Problem, wie er seine Absichten und Botschaften mit Hilfe technischer Medien zu den Gruppenmitgliedern „rüberbringen" kann. Auch der Typ des „Grüblers" kann wichtige Beiträge leisten, wenn er sich in Detailfragen verbeißt und immer wieder auch das scheinbar Selbstverständliche fragwürdig werden läßt. Diese bunte Vielfalt individueller oder typischer Vorgehensweisen stellt jedoch nicht die einzige oder letzte Antwort auf die Frage nach zweckmäßigen didaktischen Arbeitsformen dar. Die persönlichen Vorlieben und Gewohnheiten müssen abgestimmt werden mit den Anforderungen, die sich aus bestimmten Arbeitsschritten oder Sachstrukturen ergeben. Bei der Entscheidung, wie man bestimmte Aufgaben bearbeiten will, spielen folgende Aspekte eine Rolle:

- Die *gedankliche* Form ist einerseits die notwendige Vorstufe und begleitende Funktion der in Gesprächen oder in schriftlicher Form gelösten didaktischen Aufgaben. Andererseits können in vielen Fällen auch Antworten in einer gedanklichen Suchbewegung (eines einzelnen) allein gefunden werden. Das gilt z.B., wenn präzise erfaßte Fragen beantwortet, wenn beobachtete Sachverhalte erklärt oder einzelne geforderte Maßnahmen festgelegt werden sollen.
- Die *mündliche* Form ermöglicht die gemeinsame Arbeit mehrerer Personen. In didaktischen Gesprächen können mehrere Mitarbeiter oder Gruppenmitglieder und Mitarbeiter ihre Überlegungen austauschen, ergänzen und abstimmen. Insofern ist die mündliche Form eine Bedingung sowohl für die Beteiligung sozialpädagogischer Gruppen an der Planung als auch für die Teamarbeit (vgl. 6.2). Inhaltlich gesehen, ist das Gespräch in erster Linie ein Medium der Diskussion, des Abwägens und der Bewertung verschiedener Lösungen.
- Es gibt nur wenige Aufgaben, die von Anfang bis Ende in mündlicher Form gelöst werden können. Für das Sammeln von Einfällen zu einem bestimmten Problem bietet sich z.B. ein mündliches Brainstor-

ming an. Doch wenn das Material einen gewissen Umfang überschreitet, wird die Speicherkapazität unseres Gedächtnisses überfordert. Um das gesammelte Material ordnen und auswerten zu können, müssen wir es uns auf einer Tafel oder auf Papier vor Augen halten. Auch bei sehr komplizierten Problemen besteht die Gefahr, daß durch eine bloß mündliche Behandlung eine größere Gruppe von Mitarbeitern oder Gruppenmitgliedern eher ausgeschlossen als einbezogen wird. Eine Reihe schriftlicher Stichworte, evtl. verbunden mit einer Schemazeichnung oder einer anderen Form der Visualisierung, fördern dagegen die Beteiligung an der gemeinsamen Arbeit. (Zu typischen Formen der Gesprächsführung in der sozialpädagogischen Arbeit vgl. Flosdorf 1987!)

- Einige didaktische Aufgaben erfordern von vornherein eine *schriftliche* Form. Es war z.B. schon die Rede davon, daß gezielte Beobachtungen immer schriftlich festgehalten werden müssen (vgl. 4.4.2). Eine Gruppenanalyse mit einer größeren Zahl von Beteiligten und dementsprechend vielen Beziehungen kann nur in tabellarischer oder grafischer Form dargestellt werden. Ebenso ist es zweckmäßig, alle Planungen für einen längeren Zeitraum schriftlich festzuhalten.
- Zuweilen entsteht dadurch ein Problem, daß die Analyse eines Problems, ein Erziehungsplan, ein methodischer Vorschlag von einem Experten allzu perfekt formuliert worden ist und den sprachlich weniger geschickten Mitarbeitern oder Gruppenmitgliedern den Mut nimmt, sich an der Diskussion zu beteiligen. Für den internen Gebrauch sind oftmals schriftliche Entwürfe nützlicher, die in Form von Stichworten oder Thesen aufgeschrieben sind. Ihre „unfertige" Form hilft dabei, ins Gespräch zu kommen, gibt der Phantasie eher Anstöße; die Lücken fordern dazu auf, sie durch eigenes Nachdenken zu schließen.
- In vielen sozialpädagogischen Einrichtungen spielt bei der didaktischen Arbeit auch die sogenannte *„Praxisliteratur"* eine große Rolle. Damit sind Bücher, Zeitschriften und Arbeitsmappen gemeint, die konkrete Praxisberichte, Beschreibungen von Spielen, Methoden und Gruppentechniken, einzelne Empfehlungen und Ratschläge zu bestimmten Problemen oder verallgemeinerte Praxistheorien enthalten. Im weiteren Sinne könnten auch noch die Verkaufskataloge der Medien- und Spielmittelindustrie und die Kataloge der Leihstellen für AV-Medien dazu gerechnet werden. Aus dieser Literatur können sich vielerlei Anregungen für die didaktische Planung ergeben. Doch sie kann bei kritischer Betrachtung keine „Lösungen" für didaktische Probleme liefern. Denn didaktische Überlegungen beziehen sich fast immer auf konkrete Einzelfälle. *Didaktik ist ganz wesentlich Kasuistik.* Und die Frage, ob anderswo gemachte Erfahrungen oder anderswo entwickelte Materialien und Mittel in der eigenen Praxissituation angewendet werden können, bleibt sorgfältig zu prüfen.

4.7 Zusammenfassung: Merkmale eines guten Planes

In den meisten Fällen haben didaktische Überlegungen das Ziel, einen Plan aufzustellen. Die folgende Zusammenfassung der wesentlichen methodischen Regeln dieses Kapitels ist so formuliert, daß sie eine Liste von Kriterien für einen guten Plan ergibt.

1. Ein guter didaktischer Plan dient der *Begründung* und *zielgerichteten Gestaltung* einer bestimmten Maßnahme im Rahmen sozialpädagogischer Arbeit. Er soll klar formulierte und angemessene Ziele enthalten und geeignete Wege und Mittel aufweisen, wie die gesteckten Ziele zu erreichen sind.

2. Er soll *realisierbar* sein. Letztlich kann zwar erst im nachhinein festgestellt werden, wie weit er zu verwirklichen war. Doch sollen die Ziele, Inhalte, das methodische Handeln und die vorgesehenen Medien immer auf die Ausgangssituation (Situationsanalyse) der Planung bezogen sein. Denn dadurch werden die Ziele und die übrigen Momente „realistischer", d.h. die Wahrscheinlichkeit wird größer, daß sie auch verwirklicht werden können.

3. Der Plan soll in sich *stimmig* sein: Die einzelnen Entscheidungen dürfen weder sich untereinander noch den beschriebenen Voraussetzungen und Vorentscheidungen widersprechen.

4. Wo ein didaktischer Plan sich auf einen konkreten Einzelfall bezieht, soll auch seine Darstellung möglichst *konkret* sein. Er soll konkrete Aussagen (über die Voraussetzungen) und konkrete Aufforderungen (im Hinblick auf das Handeln) enthalten.

5. Er soll *operativ* sein. Damit ist gemeint: leicht verständlich und aus der Sicht der Handelnden heraus formuliert, damit er auch leicht in Handlungen umgesetzt werden kann.

6. Ein guter Plan soll *vollständig* sein im Hinblick darauf, das sozialpädagogische Geschehen für eine bestimmte Zielgruppe und für einen bestimmten Zeitraum zu organisieren und zu gestalten.

7. Er muß so *elastisch* sein, daß unvorhergesehene und unvorhersehbare Ereignisse seine Verwirklichung nicht vereiteln, sondern durch geeignete Alternativen oder spontane Improvisation aufgefangen werden können. Er soll aus dem Bewußtsein heraus formuliert sein, daß sich im praktischen Handeln eine große Zahl noch nicht hinreichend erkennbarer oder vorhersehbarer Situationen

ergibt. Für diese Situationen kann es im voraus keine detaillierten Anweisungen geben, wenn man den Lernenden nicht einen unnötig eingeengten Ablauf aufzwingen will.

8. Der Plan soll *effektiv* sein im Hinblick auf das besondere methodische Konzept, das er beschreibt: Er soll auf die jeweiligen Schwerpunkte des vorgesehenen methodischen Handelns zugeschnitten sein und nicht irgendeinem starren Planungsschema zuliebe überflüssige Einzelheiten anhäufen und Selbstverständliches umständlich beschreiben.

9. Er soll *vernünftig begründet* sein, d.h. aus der Kenntnis von Tatsachen, Erfahrungen (z.B. mit Methoden oder Medien) oder aus wissenschaftlich begründeten Zusammenhängen heraus (insbesondere der Soziologie, Psychologie, Sozialisationsforschung usw.). Dabei kann dieses Maß an vernünftiger Begründung – ebenso wie das Maß an Elastizität oder Konkretheit – im Verlauf des geplanten Prozesses durchaus noch verbessert werden.

10. Ein guter Plan ist auf den *fortlaufenden Planungszusammenhang* ausgerichtet: Er wird an vorhergehende Planungen, Prozesse und Erfahrungen anknüpfen und auch schon Möglichkeiten andeuten, wie es weitergehen könnte.

5. Typische Formen didaktischer Planung in der Sozialpädagogik

5.1 Das Gefüge der didaktischen Planungsaufgaben

Didaktische Planung kann in der Praxis nicht nach einem einzigen, immer gleichen Schema ablaufen. Sonst kämen nur grobe, schablonenhaft verzerrte Darstellungen dabei heraus, die niemendem nützen. Es kommt vielmehr auf ein möglichst konkretes Vorgehen an, das sich flexibel auf die verschiedenen Situationen einstellt und die jeweils besonderen Umstände genau erfaßt. Im Grunde könnte es deshalb eher so viele verschiedene Formen der Planung geben, wie es unterschiedliche Einrichtungen, Situationen oder Persönlichkeiten gibt. Doch so vielfältig und verwirrend ist die Vielzahl der Fälle und Aufgaben nun auch wieder nicht.

In Wirklichkeit gibt es durchaus Ähnlichkeiten und gleiche Elemente in den didaktischen Aufgaben, und die Vorgehensweise ist innerhalb bestimmter Bereiche übertragbar. Es gibt also typische Formen: In der sozialpädagogischen Praxis sind es vor allem fünf allgemeinere Typen der Planung, denen man häufiger begegnet. Diese Planungstypen unterscheiden sich nach ihrer Reichweite (ihrem zeitlichen und sozialen Umfang) und nach ihrem inhaltlichen Schwerpunkt. Dementsprechend lassen sie sich einem System von drei Bezugsebenen zuordnen.

Mit dieser Einteilung wende ich mich gegen die Auffassung, daß die verschiedenen Arbeitsfelder das entscheidende Kriterium für die Gliederung der didaktischen Aufgaben in der Sozialpädagogik darstellen. Dafür spricht auch die aktuelle Entwicklung der sozialpädagogischen Institutionen: Die Einrichtungen für Vorschul- und Schulkinder, die Freizeiteinrichtungen für Jugendliche, die Wohn- und Betreuungsformen in der Heimerziehung sowie die heilpädagogischen und integrativen Einrichtungen umfassen jeweils schon eine außerordentliche Bandbreite und differenzieren sich weiter aus. Im Gegenzug zu Spezialisierung und Differenzierung entwickeln sich unterschiedliche Formen, wie ver-

Das Gefüge der Planungsaufgaben

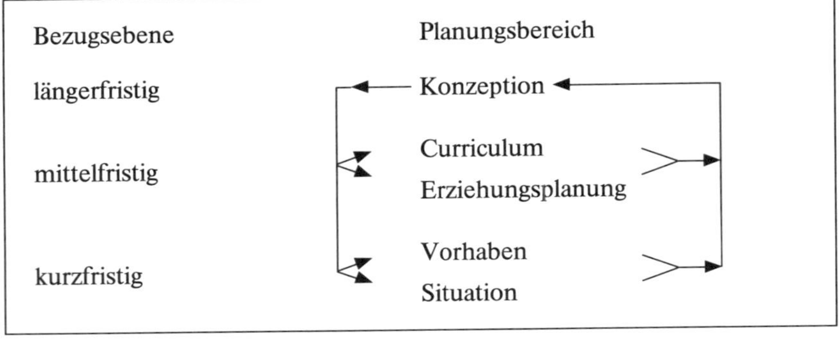

schiedene Einrichtungen zusammenarbeiten und vernetzt werden. In dieser Situation scheint es mir zweckmäßiger, verschiedene Aufgaben für alle Arbeitsfelder als spezifische Didaktiken für die einzelnen Arbeitsfelder zu entwickeln.

In den bisherigen Veröffentlichungen zur Planung sozialpädagogischer Arbeit wird meistens jeweils nur eine Form der Planung behandelt: entweder die Planung einzelner Vorhaben (didaktischer Einheiten, Projekte usw.) oder die Erziehungsplanung oder die Behandlung problematischer Situationen usw. Und nicht selten wird dabei der Eindruck erweckt, als handele es sich um alternative Formen, von denen in einem bestimmten Arbeitsfeld eine einzige ausreiche. Ich bin jedoch der Meinung, daß in fast jeder sozialpädagogischen Einrichtung alle fünf Formen nützlich und notwendig sind. Sie ergänzen sich gegenseitig und machen erst gemeinsam den vollen Umfang der didaktischen Arbeit aus. (Das gilt auch dann, wenn sie in verschiedenen institutionellen Bereichen unterschiedliches Gewicht haben und in der Freizeiterziehung z.B. die individuelle Erziehungsplanung sicher eine geringere Rolle spielt als in der Heimerziehung.)

In den folgenden Abschnitten werden die typischen Formen der didaktischen Planung in der Sozialpädagogik nacheinander beschrieben.

5.2 Beschreibung der typischen Formen sozialpädagogischer Didaktik

5.2.1 Behandlung von Situationen

Über Situationen wird in diesem Buch in drei verschiedenen Zusammenhängen geschrieben:

1. Die weiteste Bedeutung hat der Begriff, wenn von der „Situationsanalyse" die Rede ist (vgl. 4.3). Dabei sind ganz allgemein die Voraussetzungen und Bedingungen einer sozialpädagogischen Aufgabe und der darauf bezogenen didaktischen Planung gemeint. Diese Beschreibung und Analyse der Ausgangssituation kann sich auf alle möglichen Faktoren beziehen und auch die Hintergründe und die Vorgeschichte der Gruppe und ihrer Mitglieder umfassen.

2. Der Begriff „Situation" ist auch der Leitbegriff einer bestimmten didaktischen Richtung: Er kennzeichnet den sogenannten „Situationsansatz", bei dem bedeutsame Lebenssituationen der Gruppenmitglieder zum wichtigsten Maßstab für inhaltliche Entscheidungen und für didaktische Planungen gemacht werden. (Mehr darüber im Abschnitt 5.2.4 über Curriculumentwicklung!)

3. Oft muß der Sozialpädagoge auf besonders *problematische* Situationen reagieren: Es kann darum gehen, daß bestimmte Entwicklungsprozesse bei einzelnen oder bei der Gruppe sich krisenhaft zuspitzen oder einen unerwünschten Verlauf nehmen oder daß Situationen der Lösung eines Konfliktes besondere Schwierigkeiten entgegensetzen. Wie solche problematischen, spannungsreichen *Konfliktsituationen* zu behandeln sind, ist nun das Thema dieses Abschnitts. Als Beispiele könnte man sich folgende Situationen vorstellen:

ein Kind will bei Gruppenspielen häufig nicht mitspielen;

Streit zwischen zwei Kindern, nachdem sie sich beim Malen gegenseitig die Farben weggenommen haben;

Mittagsruhe und das Schlafen in einer Kindertagesstätte;

Aufräumen in einer Kindergartengruppe;

zwei Jungen einer Heimgruppe zwingen einen jüngeren zu Diebstählen und zu sexuellen Spielereien;

Auseinandersetzungen um Fernsehzeiten oder Kontrolle von Videofilmen im Heim;

Bedrohung und Schlägereien in einem Jugendfreizeitheim;

Alkoholprobleme in einer sozialpädagogischen Wohngruppe; usw.

In vielen Fällen sehen Mitarbeiter wie Gruppenmitglieder solche Situationen als unerwünscht, schädlich oder gefährlich an und bemühen sich, sie zu verhindern oder möglichst schnell zu entschärfen oder zu beseitigen. Dieses Bedürfnis ist zwar verständlich. Doch mit dem Bestreben, Konflikte zu vermeiden oder rasch zu beseitigen, werden oftmals auch wichtige Aspekte der äußeren, gesellschaftlichen oder inneren, seelischen Wirklichkeit verdrängt. Bei ruhiger Betrachtung bieten Konfliktsituationen gerade auch Lernanlässe und Möglichkeiten zu wichtigen Erfahrungen. Deshalb geht es im folgenden sowohl um das Lösen von Konflikten als auch um das Lernen in Konflikten. Das heißt: Konflikte werden auch als Lernsituationen behandelt.

Wie lassen sich Konfliktsituationen beschreiben und analysieren?

Der Begriff „Situation" meint die aktuelle Umgebung, in der sich ein Mensch oder eine Gruppe zur Zeit des fraglichen Verhaltens befindet. Inhaltlich wird eine Situation durch unterschiedliche Faktoren bestimmt:

- soziale Bedingungen (unter denen die Anwesenheit anderer Personen und deren Verhalten die wichtigsten sind),
- gegenständlich-materielle Bedingungen (Einrichtung, technische Apparate, Spielmittel usw.),
- räumliche Bedingungen (Grundstücks- oder Zimmergröße, Architektur, Wege, Plätze usw.) sowie auch
- klimatisch-physikalische Bedingungen (Wetter, Temperatur, Licht, Lärm usw.) und
- gesellschaftlich-kulturelle Bedingungen (Stil und Themen der Gruppe, soziale Normen und Interessen in und außerhalb der Gruppe).

Ein weiterer Gesichtspunkt betrifft die Nähe der Situation: Ist sie unmittelbar und eng auf die Gruppe begrenzt, oder umfaßt sie weitere Zusammenhänge (wie z.B. Familie, Wohnquartier, gesellschaftliche Situation oder die politische Weltlage)? Auch entferntere Situationsmerkmale können ja das Verhalten der Gruppenmitglieder mit bestimmen, wenn z.B. politisches Handeln in den privaten Alltag des einzelnen oder der Gruppe hineinwirkt.

Beispiel: Es ist Vorweihnachtszeit. Mit der Parole „Abrüstung im Kinderzimmer!" wirbt eine Gruppe von Jugendlichen und jungen Eltern in einer Kirchengemeinde für den Boykott von Kriegsspielzeug. Auf dem Elternabend einer Kindergartengruppe drücken die beiden Erzieherinnen sehr bestimmt ihre Erwartung an die Eltern aus, zu verhindern, daß die Kinder Spielzeugwaffen mit in den Kindergarten bringen. Eine der beiden Erzieherinnen ist in einer pazifistischen politischen Organisation sehr engagiert tätig. Sie ist die Wortführerin. Es äußern sich keine Gegenmeinungen; drei Eltern, die sich in der Kirchengemeinde an der Kampagne gegen Kriegsspielzeug beteiligen, begrüßen die Forderung der Erzieherinnen ausdrücklich. Ohne lange Diskussion und scheinbar in voller Übereinstimmung aller Eltern ist das Thema erledigt.

Um so empörter sind die Erzieherinnen, als nach drei Tagen doch wieder einige Kinder „bewaffnet" in den Kindergarten kommen. In Gesprächen mit einzelnen Eltern und bei den gemeinsamen Überlegungen mit ihrer Leiterin kommt dann eine Reihe neuer Gesichtspunkte zum Vorschein. Das Problem scheint doch nicht so glatt und einfach zu lösen, wie es auf dem Elternabend schien. In Gesprächen der Erzieherinnen mit einzelnen Eltern in den nächsten Tagen zeigt sich, daß viele Eltern den Wünschen ihrer Kinder nach Kriegsspielzeug ratlos gegenüberstehen, aber selbstverständlich moralisch dagegen sind. Und die eindringlichen Diskussionen der Mitarbeiter ergeben, daß die scheinbar so einleuchtende, klare Verdammung des Kriegsspielzeuges zunehmend fragwürdiger wird. Je genauer sich die Mitarbeiter auf praktische Situationen einlassen, desto mehr Fragen tauchen auf (bei denen sie sich auch kaum auf erfahrungswissenschaftliche Ergebnisse verlassen können): Welche Wirkung hat nun Kriegsspielzeug tatsächlich auf das Verhalten und die Einstellung von Kindern? Lassen sich Holzstöcke, Plastikpistolen und elektrisch betriebene Panzer in einen Topf werfen? Ist es sinnvoll, die Kinder gewaltsam gegen aggressives Spielzeug zu erziehen? Sind Erziehung und Umwelt nicht entscheidender für die Stabilisierung aggressiver Einstellungen bei Kindern? Müßte hier nicht die pädagogische Auseinandersetzung zugleich oder sogar zuerst ansetzen?

Gegen das Kriegsspielzeug sind alle, die sich äußern. Nur meinen einige, solange es existiere, bei Kindern in Gebrauch sei und wie jedes Spielzeug vielfältige Funktionen erfülle, hielten sie es für problematisch, es den Kindern nun zu verbieten oder plötzlich wegzunehmen. Das wäre eine autoritäre Lösung. Sie hielten es nicht für erfolgversprechend, mit Zwangsmitteln für Abrüstung und Pazifismus zu werben.

Überrascht sind dann alle, als die gezielten Beobachtungen der Berufspraktikantin ergeben, daß einer der Jungen, die hartnäckig immer wieder ihre Spielzeugpistolen mitbringen, sich keineswegs besonders aggressiv verhält. Auffallend ist vielmehr, daß er sehr unsicher wirkt und sich bei vielen Spielen eher zurückhält. Es scheint ihm etwas Halt und Sicherheit zu geben und die Kontaktaufnahme zu erleichtern, wenn er „bewaffnet" in den Kindergarten kommt. . . .

Konflikte können innerhalb oder außerhalb der Gruppe entstehen. Im vorliegenden Fall liegen die Ursprünge des Konfliktes, in den die Kinder verwickelt sind, eindeutig außerhalb. Die Gruppenmitglieder bringen „Waffen" mit, die in der Werbung angepriesen oder in Filmen, Fernsehserien, Kinderhörspielen, Zeitschriften, in Nachrichtensendungen oder Waffenvorführungen der Bundeswehr demonstriert werden. Und mit den kriegerischen Spielmitteln halten entsprechende gewaltförmige Spielhandlungen Einzug in die Gruppe: Ein Stück fragwürdiger gesellschaftlicher Wirklichkeit dringt in den Kindergarten ein. Dem versuchen die Mitarbeiter und einige Eltern entgegenzuwirken. Sie erheben den Anspruch, daß ihre politischen Zielvorstellungen auch im Kindergarten durchgesetzt werden. Es geht also in erster Linie um einen Norm- und Zielkonflikt. Dabei ist zu berücksichtigen, daß die Erwachsenen zunächst das Problem „haben". Die Kinder gehen anfangs offensichtlich naiv mit ihren Spielmitteln um, sollen dann aber umlernen. Die Gruppe soll nach den ersten Vorstellungen der beiden Erzieherinnen eine gewaltfreie Insel werden, nach den späteren Diskussionen ein Ort der Auseinandersetzung und des Gegenlernens. Weiter ist zu beachten, daß zumindest *ein* Junge der Gruppe auch ein psychisches Problem (Gefühls- und Beziehungsproblem) hat.

Das Beispiel veranschaulicht auch, daß Sozialpädagogen oder andere Erwachsene, die mit Kindern umgehen, nicht neutrale Mittler zwischen der Alltagswelt und den Kindern sind. Sie stehen zwar zwischen der Gesellschaft und den Gruppenmitgliedern, doch sie müssen sich selbst als Beteiligte an Konflikten begreifen und ebenso als Beteiligte an ihren Lösungen. Als bloße Manager der Konfliktlösung hätten sie ihre Rolle mißverstanden. Denn ob sie sich dessen bewußt sind oder nicht: Sie vertreten bestimmte Normen und Interessen.

Wie lassen sich Konfliktsituationen beeinflussen?

1. Schritt: Erfassen der Konfliktsituation
2. Schritt: Beschreiben und Analysieren der Situation
3. Schritt: Handlungsmöglichkeien suchen und beurteilen
4. Schritt: Entscheiden für eine bestimmte Vorgehensweise
5. Schritt: Ausführendes Handeln
6. Schritt: Auswertung

Der erste Schritt zur Beeinflussung oder Lösung eines Konfliktes besteht darin, daß mindestens einer der an der Situation Beteiligten (Gruppenmitglieder, Mitarbeiter oder andere Erwachsene) den Konflikt *erfaßt*. In den meisten Fällen besteht eine weitere Bedingung für eine positive Änderung darin, daß jemand den Konflikt auch ausspricht und dadurch öffentlich macht. Oft schwelen Konflikte schon lange unter der Oberfläche der Alltagsroutine, bis jemand die Spannung wahrnimmt und sich entschließt, sie auszusprechen. Um welches Problem geht es? Wann taucht es wo aus welchem Anlaß auf?

Nur so kann der nächste Schritt eingeleitet werden, der darin besteht, die Situation gründlicher zu *beschreiben* und zu *analysieren:* Muß sofort etwas passieren? Wird der Konflikt als schwerwiegend oder als leichter angesehen? Wer hat bisher wie auf den Konflikt reagiert? Worin bestehen die Bedingungen (Ursachen) der Konfliktsituation? Liegen sie innerhalb oder außerhalb der Gruppe? Falls es sich nicht um einen Notfall handelt, in dem sofort etwas geschehen muß, sind weitere Überlegungen möglich und nützlich: Die Beteiligten können ihre Wahrnehmungen vergleichen und ergänzen. Sie können gezielte Beobachtungen anstellen und sich zusätzliche Informationen beschaffen. Sie können ihr Verstehen zu verbessern suchen, indem sie wechselnde Betrachtungsweisen ausprobieren. Wenn dann bedeutsame Informationen gesammelt, verknüpft und ausgewertet sind und die Konfliktsituation beschrieben ist, wird eine begründete *Einschätzung* der Bedingungen möglich.

Der dritte Schritt besteht darin, *Handlungsmöglichkeiten* zu überlegen und die verschiedenen Alternativen zu *beurteilen.*

Die Entscheidung für eine bestimmte Vorgehensweise oder für die Verknüpfung mehrerer Maßnahmen stellt dann den vierten Schritt dar.

Der nächste Schritt besteht nicht nur im *ausführenden Handeln* allein; dazu gehört zumindest noch die Prüfung, ob sich die getroffene Entscheidung als richtig und erfolgreich erweist. Oft sind noch weitere unterstützende oder sichernde Maßnahmen notwendig.

Die abschließende *Auswertung* könnte folgende Fragen umfassen: Hat sich die Einschätzung der Bedingungen als zutreffend erwiesen? Waren die Folgerungen angemessen? Hat es nach der Auseinandersetzung Sieger und Besiegte gegeben? Hätte es noch weitere, zunächst nicht bemerkte Alternativen gegeben? Ist die getroffene Entscheidung angemessen verwirklicht worden? Unter welchen Bedingungen läßt sich die Lösung auf andere Fälle übertragen?

Die Auswertung ist umso wichtiger, je weniger Zeit für planende Überlegungen vorher gegeben war. Wenn ich vorher nicht planen kann, wie ich einen Konflikt methodisch angehen will, dann kann ich in jedem Fall hinterher überlegen, wie die Situation sich entwickelt hat.

Zur Auswertung gehören auch die Überlegungen, ob aus der Problemsituation weiterführende Folgerungen gezogen werden sollen:

- Ist es notwendig und sinnvoll, mit der Gruppe an dem zugrundeliegenden Problem gezielt zu arbeiten? Wie können dabei wünschenswerte Lösungsmuster verstärkt werden (durch ein Rollenspiel, Puppenspiel eine Geschichte usw.)? Soll sich ein umfangreicheres Vorhaben mit dem Problem beschäftigen?
- Soll die problematische Situation zum Thema einer Teambesprechung gemacht werden (mit einem Protokoll als Gesprächsgrundlage)?

- Kann ich mich von anderen Mitarbeitern beraten lassen?
- Soll die Problemsituation zum Inhalt einer Supervisionssitzung gemacht werden (vgl. 6.3)?
- Besteht die Gelegenheit und Notwendigkeit, mit anderen Personengruppen im gleichen Sinne zu arbeiten (z.B. Eltern, Mitarbeiterfortbildung)?

Was kann in Konfliktsituationen gelernt werden?

Ein besonders fragwürdiges Ergebnis der Sozialisation in den Mittelschichten unserer Gesellschaft besteht in der Angst vor Konflikten und in der Tendenz, sie zu vermeiden Die in vielen Sozialpädagogen, aber auch schon in Kindern vorhandene Angst, es könne bei Konflikten etwas kaputt- oder verlorengehen, hat mit der Geschichte ihrer Erziehung zu tun: Zuwendung, Anerkennung und Belohnung einerseits oder Drohungen und Liebesentzug andererseits waren für sie die wesentlichen Erziehungsmittel. Sie haben Bedrohungen und einschüchternde Abhängigkeit verinnerlicht. Und von Auseinandersetzungen durfte auf keinen Fall jemand außerhalb der Familie erfahren. Diese Erfahrungen zwingen dann Kinder wie Erwachsene dazu, Situationen, Beziehungen und Verhältnisse zu beschönigen und sich mit Konflikten allein im eigenen Inneren abzuplagen.

Auch wenn einzelne offener mit Konflikten umgehen, sind die Suche nach „Sündenböcken“, die Regel „der Stärkere setzt sich durch“ und die Frage „wer ist besser?“ unübersehbare Merkmale unseres Umgangs beim Spiel, in der Schule, in der Arbeitswelt, in der Nachbarschaft wie in der Familie.

Aus dieser gesellschaftlichen Situation sollten sozialpädagogische Mitarbeiter die Folgerung ziehen: Es kommt nicht in erster Linie darauf an, den Kindern oder Jugendlichen den gekonnten Umgang mit Konflikten („Konfliktfähigkeit“) als einen neuen Charakterzug anzutrainieren; sie sollten die sozialpädagogische Arbeit mit ihrer Gruppe vielmehr als Möglichkeit zu einem *Gegenlernen* begreifen. Dieses Gegenlernen richtet sich bei vielen Kindern und bei ihnen selbst darauf, das Konfliktvermeidungsverhalten abzubauen, um dann nach den Ursachen für Differenzen zu fragen, Zusammenhänge zu klären, Konkurrenz zu vermeiden, auf die verschiedenen Formen der Gewalt zu verzichten und gemeinsam nach Lösungen zu suchen. Insgesamt geht es darum, Gegenerfahrungen zu machen zu vielen anderen gesellschaftlichen Bereichen und allmählich das Bewußtsein zu entwickeln: „In der Gruppe machen wir es aber anders, wenn etwas nicht in Ordnung ist oder es Streit gibt“ (vgl. Döring 1980).

Empfehlenswerte Literatur, bezogen auf einzelne Praxisbereiche:

Kindergarten: BRENIG 1978, LEHNEMANN-BRIESCHKE 1980, LEBER 1989

Schulkinderarbeit, Hort: ACHTNICH u.a. 1980

Freizeitheim, Jugendzentrum: HOPPE u.a. 1979, KRAUSSLACH 1981

Erziehungsheim: BECKER/STADLER 1982

Jugendliche in der *Familie:* KALFF 1976

5.2.2 Planung von Vorhaben

Zum Begriff des Vorhabens

Mit „Vorhaben" ist hier alles mögliche gemeint:

- Ein *gezieltes Angebot* für eine Kindergartengruppe zum Thema „Wochenende" oder „Verlaufen in der Stadt", das sich über einen oder mehrere Vormittage erstreckt (und das auch als „didaktische Einheit" (Arbeitsgruppe Vorschulerziehung 1976), als „Spielprojekt" (Gebauer 1976) „Beschäftigung" (Thiesen 1985) oder einfach als „Thema" bezeichnet wird);
- ein von der Gruppe weitgehend selbständig geplantes und durchgeführtes *„Projekt"* (vgl. Exkurs 3);
- ein Foto*kursus* für eine Freizeitgruppe in einem Heim;
- ein Großgruppenspiel mit einem gesellschaftlichen Problem als Ausgangspunkt, bei dem durch einen schrittweise sich entwickelnden Spielprozeß Erfahrungen gesellschaftlicher Wirklichkeit vermittelt werden (gleichsam ein erweitertes „Monopoly" mit konkretem Rollenhandeln verschiedener Teilgruppen als Planspiel oder Produktionsspiel);
- eine *politische Aktion* einer Jugendgruppe zum Thema „Zuwenig Ausbildungsplätze für Mädchen" oder „Räume für einen Jugendtreffpunkt", bei der ein Lernprozeß und das eigene politische Handeln der Jugendlichen sich verschränken;
- ein *Zeltlager* unter dem übergreifenden Thema „Die Bauernkriege", „Störtebecker und seine Seeräuber" oder „Das Leben der Indianer";
- oder ein *besonderes Unternehmen* wie ein Eltern-Kind-Wochenende für eine Hortgruppe oder ein Sommerfest im Kindergarten oder Heim usw.

Der Begriff „Vorhaben“ umfaßt als Oberbegriff Unternehmungen unterschiedlicher Art mit verschiedensten Inhalten, Themen und Zielsetzungen, von kürzerer oder längerer Dauer und mit unterschiedlicher Beteiligung der Gruppe. Vorhaben können auch in unterschiedlichen praktischen und didaktischen Zusammenhängen stehen: Ein Vorhaben kann sich aus der Behandlung einer problematischen Situation ergeben; es kann an ein aktuelles Erlebnis der gesamten Gruppe oder einzelner Mitglieder anknüpfen; es kann als Beitrag zu einem allgemeineren Lernziel entwickelt werden oder in einen übergreifenden Planungszusammenhang (wie z.B. ein Curriculum) eingebettet sein. Als *Gemein samkeiten* lassen sich festhalten:

– Vorhaben werden zumindest von mehreren (von einer Teilgruppe oder von der ganzen Gruppe) ausgeführt;

– sie werden von den Beteiligten mehr oder weniger bewußt und mit einer gewissen Erwartungshaltung mitvollzogen;

– im Unterschied zur Behandlung von Problemsituationen liegt bei ihnen ein besonderes Schwergewicht auf den vorausschauend-planenden Überlegungen und auf den praktischen Vorbereitungsarbeiten.

Trotz der großen Vielfalt möglicher Vorhaben lassen sich die wesentlichen didaktischen Probleme doch anhand eines einzigen Beispieles veranschaulichen:

Beispiel: Nachtwanderung mit einer Hortgruppe

Der Zusammenhang der Situation: Die Nachtwanderung gehört zu einer ganzen Reihe von Vorhaben im Rahmen von Mutproben und Abenteuern. Als die älteren Kinder einer Hortgruppe wenig mit ihrer Freizeit im Hort anzufangen wußten und maulten, es passiere nichts Spannendes, es sei eben nichts los, waren die beiden Erzieherinnen zunächst ratlos. Dann wagten sie etwas Neues. Sie versuchten, die Alltagsroutine und die ausgetretenen Wege zu verlassen und boten den Kindern Mutproben an. Die eine Erzieherin gründete mit den sieben älteren (zehn- und elfjährigen) Kindern eine „Abenteuergruppe“ („AG“). Ihre Überlegungen dabei: Das Abenteuerliche sollte nicht nur im Fernsehen stattfinden. Es ging darum herauszufinden, wo das Spannende, Abenteuerliche für jedes Kind beginnt, was ihm Angst macht und was Sicherheit gibt. Den Kindern sollten die in ihrer alltäglichen Umwelt versteckten abenteuerlichen Situationen erfahrbar werden. Sie sollten dadurch sensibler für neue Erfahrungsbereiche werden, in spielerischer Form neue Seiten an sich selbst und von ihrer Umwelt entdecken. Bisherige Unternehmungen der „AG“ waren z.B.: mit zwei Schlauchbooten einen Fluß befahren; barfuß eine sumpfige Wiese durchqueren; Fremde auf der Straße zu einem Interview ansprechen; sich gegenseitig als Blinde führen usw. Das nächste Vorhaben nun: im Dunkeln Abenteuerliches erleben.

Die eine Mitarbeiterin hatte anfangs Bedenken: Wie denn das rechtlich bei einer Nachtwanderung sei, mit der Aufsichtspflicht und so. Eine Anfrage beim Jugendamt klärte die Sache: Die Abenteuer-Gruppe und die geplante Nachtwanderung seien Veranstaltungen, die der Aufgabe des Hortes entsprächen. Sie gehörten voll in seinen Wirkungsbereich. Für die Kinder wie für die Mitarbeiter gelte der bestehende Versicherungsschutz. Für die Vorbereitung und Durchführung sei allein der Hort verantwortlich. Die Zustimmung der Eltern nehme den Erzieherinnen keinerlei Verantwortung ab; sie müßten für eine der Situation, dem Alter und der Erfahrung der Kinder angemessene Sicherung und Aufsicht sorgen. (Mehr dazu in: Arbeitsgemeinschaft für Jugendhilfe 1983, S. 133 ff.)

Die Kinder wurden in die Planung erst einbezogen, als alle Mitarbeiter für das Vorhaben gewonnen waren und es darum ging, Zustimmung und Unterstützung der Eltern zu erhalten.

Das Vorhaben war auf das Ziel ausgerichtet, die Selbständigkeit der Kinder zu fördern und ihnen eine Erfahrung des Mutes und des eigenen Könnens zu vermitteln. Das hatte methodische Folgen: Die Wanderung wurde nicht als bloßer Spaziergang gestaltet; es sollten ja eine abenteuerliche Situation und neue Aufgaben bewältigt werden. Deshalb sollten die Kinder der Abenteuer-Gruppe mit verbundenen Augen in ein nicht zu weit entferntes, aber den Kindern unbekanntes Waldstück gefahren werden und dann alleine zum Hort zurückfinden. Die Orientierung an den Lichtern der Stadt sollte gerade noch möglich bleiben. Die Gruppe sollte eine Taschenlampe erhalten und für Notfälle einen Brief mit folgendem Inhalt: sieben Busfahrscheine, vier Groschen zum Telefonieren und die Nummern der Polizei („110") und des Hortes (wo eine Erzieherin am Telefon sitzen würde). Den Kindern wurde eingeschärft, sich auf keinen Fall zu trennen. Zusammen würden sie es schaffen! Der Termin? Ein Freitagabend in den Herbstferien. Es würde schon kurz nach 18.00 Uhr dunkel werden, voraussichtlich aber noch nicht zu kalt sein.

Als das Vorhaben der ganzen Gruppe bekannt wurde, wollten auch die zwölf jüngeren Kinder unbedingt mitmachen. Für sie wurde schließlich für den gleichen Abend ein paralleles Vorhaben mit etwas abgewandelter Aufgabenstellung organisiert: Sie sollten von einem anderen, ebenfalls unbekannten Ort aus mit einer Erzieherin und einer Praktikantin gemeinsam den Rückweg suchen.

Nach dieser Planung ging es an die organisatorischen und praktischen Vorbereitungen: die Eltern informieren, Termine absprechen, mehrere Elternteile mit Fahrzeugen für den Heimtransport der Kinder finden, die Waldstücke abends in Augenschein nehmen, an die Augenbinden denken, Taschenlampen und die Busfahrscheine für den Notfall besorgen usw.

Besonders wichtig war es den Erzieherinnen, daß die Kinder nach der Rückkehr in jedem Fall noch Gelegenheit zum Erzählen ihrer Erlebnisse erhalten sollten.

Die einzelnen Schritte der Planung

Im einzelnen umfaßt die didaktische Analyse bzw. Planung eines Vorhabens sechs Schritte.

1. Schritt: Die Ausgangslage beschreiben
2. Schritt: Auswahl eines Themas
3. Schritt: Formulierung konkreter Ziele
4. Schritt: Methodische Umsetzung des Themas
5. Schritt: Praktische Vorbereitungsarbeit (organisatorische und materielle Vorbereitung)
6. Schritt: Auswertung des Vorhabens

1. Schritt: *Ausgangslage des Vorhabens*

Im Beispiel der Nachtwanderung wird anfangs auf einen größeren Planungszusammenhang hingewiesen, in dem das Vorhaben steht. Es geht um eine ganze Reihe von Vorhaben. Die Planung dieser ganzen Reihe ist bestimmt durch die Gruppensituation, den Erfahrungsraum der Einrichtung, den Entwicklungsstand und die Bedürfnisse der Gruppenmitglieder, durch gemeinsame Erfahrungen im Hort und in der Abenteuer-Gruppe sowie durch das, was immer schon wirksam ist in ihrer Sozialisation.

In einer größeren Zahl von Büchern zur Planung von Vorhaben findet sich in der letzten Zeit ein gemeinsames Verständnis von der Entwicklung und den Bedürfnissen und Interessen des Kindes oder Jugendlichen. Diese gemeinsame Vorstellung enthält folgende Punkte, die dann auch vielfach auf die Beschreibung der Ausgangslage angewendet werden:

– Die Entwicklung des Kindes oder des Jugendlichen ist ein aktiver *Aneignungsprozeß*. Durch die eigene aktive Tätigkeit des Kindes oder Jugendlichen werden die in der Umwelt angesammelten Erfahrungen und Erkenntnisse anderer Menschen aufgenommen und verarbeitet (A. N. Leontjew). Deshalb kommt es für den Sozialpädagogen darauf an, Bedürfnisse, Probleme und Interessen der Gruppenmitglieder ernstzunehmen, zu beobachten und aufzugreifen.

– Die beobachteten Bedürfnisse und Interessen beziehen sich auf *wesentliche Lebenssituationen* der Gruppenmitglieder. Dabei kann es sich entweder um vergangene oder gegenwärtig aktuelle oder für die Zukunft voraussehbare Alltagssituationen handeln.

– Die von der Gruppe aufgesuchten oder extra geschaffenen und gestalteten *pädagogischen Situationen* werden zu den vorgefundenen Lebenssituationen, Interessen und Bedürfnissen der Gruppenmitglieder in Beziehung gesetzt. Sie können z.B. dazu dienen, eine Alltagssituation kennenzulernen, zu durchschauen, verschiedene Verhaltensmöglichkeiten für die Situation zu suchen und zu vergleichen oder ein geschicktes Verhalten zu üben usw.

– Es wird davon ausgegangen, daß ein Kind/Jugendlicher *motiviert* ist, seine Fähigkeiten zu erweitern, daß es/er solche Alltagssituationen bewältigen kann.

Vorhaben, bei denen die Gruppenmitglieder keinen Bezug zu bedeutsamen Lebenssituationen und zu eigenen Interessen oder Bedürfnissen erkennen können, werden meistens als „aufgesetzt" oder sogar aufgezwungen erlebt.

2. Schritt: *Auswahl eines Themas*

Nach welchen Gesichtspunkten soll das Thema eines Vorhabens ausgewählt werden? Es ist ja zunächst noch völlig offen, welches nun die bedeutsamen Lebenssituationen der Gruppenmitglieder sind. Für die pädagogische Bewertung und Auswahl von Situationen hat ein Berliner Fortbildungsinstitut folgende sechs Gesichtspunkte vorgeschlagen, die für die verschiedensten sozialpädagogischen Arbeitsfelder brauchbar scheinen (Fortbildungsinstitut für die pädagogische Praxis 1979, S. 49):

1. Gemeinsames Interesse aller Beteiligten: Dieser Punkt hört sich problemlos und selbstverständlich an, ist es aber keineswegs.

Manchmal meinen Erzieherinnen, daß sie den Interessen der Kinder schon optimal nachkommen, wenn sie z.B. ein Bilderbuch, das ein Kind mitbringt, nun allen vorlesen. (Schließlich handelt es sich doch um eine Anregung aus dem Kreis der Kinder!) Tatsächlich aber wird nur der Wunsch eines Kindes auf die Gruppe übertragen – und kann so zu einem Zwang für viele werden. Eine umfassende Einschätzung der Interessen setzt voraus, daß die Erzieherin beobachtet, welche Aktivitäten die Gruppenmitglieder entfalten, was sie besprechen und was sie beschäftigt.

Im übrigen muß mit „alle Beteiligten" nicht unbedingt die ganze (feste) Gruppe gemeint sein. Warum soll es nicht Vorhaben für Teile der Gruppe oder für Teilnehmer aus mehreren Gruppen geben?

Die inhaltliche Entscheidung für ein bestimmtes Vorhaben ist dann besonders sorgfältig zu überlegen, wenn dabei die Interessen von Kindern/Jugendlichen aus verschiedenen Nationalitäten oder aus verschiedenen sozialen Schichten zu berücksichtigen sind.

2. Erkennen gesellschaftlicher Zusammenhänge: Hier wird vorausgesetzt, daß jeder Lebensbereich auch als Teil der Gesellschaft zu sehen ist. Das gilt auch für die Lebensbereiche der Kinder. Diese stellen „gesellschaftliche" Bereiche dar, weil sie ja niemals das Werk von einzelnen sind, sondern weil sie das soziale Zusammenwirken vieler Menschen mit unterschiedlichen Interessen und unterschiedlicher Macht voraussetzen. Welche Themen (Vorhaben) sind für unsere gesellschaftlichen Verhältnisse wichtig? Familienkonflikte, Wohnen, Schule, Freizeit,

Medienkonsum, Einkaufen – Verkaufen, Arbeit, Produktion, Umwelt, Krankheit, Armut, Rüstung, Krieg – Frieden? Welche Auswirkungen dieser Faktoren erleben die Kinder/Jugendlichen? Wie können weitere Auswirkungen erfahrbar gemacht werden? Wie ist der Erfahrungsraum in der sozialpädagogischen Einrichtung (einschließlich der Arbeitssituation der Mitarbeiter) beschaffen?

3. Entwicklungsstand der Gruppenmitglieder: Wie können Themen so ausgewählt und methodisch gestaltet werden, daß sie die Kinder/Jugendlichen weder überfordern noch langweilen? Den Entwicklungsstand in diesem Sinne berücksichtigen heißt zunächst, ihn zu erkennen. Es gibt vermutlich nur wenige Themen, die für jüngere Kinder ungeeignet sind. Aus dem jeweiligen Entwicklungsstand ergeben sich indessen notwendige Unterschiede im Umfang und in der Gestaltung des Vorhabens.

4. Wichtige Situationen im Lebenslauf: Im Lebenslauf der Gruppenmitglieder können zunächst einmal Situationen wichtig sein, die sich auf zurückliegende Erfahrungen beziehen. Vielleicht wurden hier Situationen zwar „durchlaufen“, aber nicht bewältigt. Vorhaben können dazu beitragen, solche Schlüsselerlebnisse zu verarbeiten. Dann gibt es Anlässe, Situationen, die eine gegenwärtig aktuelle Bedeutung für einzelne oder alle Gruppenmitglieder besitzen. Und schließlich können Vorhaben auch die Aufgabe haben, die Gruppenmitglieder auf zukünftige Probleme und Lebenssituationen vorzubereiten, damit sie ihnen nicht hilflos ausgeliefert sind.

5. Soziale Handlungsmöglichkeiten: Hier geht es darum, daß die Sozialpädagogen die Ziele ihrer unterstützenden Tätigkeit auch auf die Persönlichkeitsmerkmale der Gruppenmitglieder beziehen. Ist ein bestimmtes Erziehungskonzpt z.B. auf Selbständigkeit und soziale Handlungsfähigkeit ausgerichtet, dann bedeutet das: Vorhaben sollten sich vor allem auf Situationen beziehen, in denen Selbständigkeit und soziale Handlungsfähigkeit noch nicht ausreichen, in denen Gruppenmitglieder überfordert, unterdrückt oder alleingelassen werden. Wo können Situationen aufgesucht oder geschaffen werden, in denen die Formen der Kommunikation und Zusammenarbeit sich weiterentwickeln können? Wie können die Gruppenmitglieder angemessene Problemlösungsstrategien kennenlernen? Welche Lernschritte (neuen Fähigkeiten) zur Bewältigung der Situation sind wichtig? Erfolgversprechend sind dabei besonders solche Situationen, in denen Sozialverhalten nicht „trainiert“, sondern in seiner Notwendigkeit für die Gruppenmitglieder erfahrbar ist.

6. Offenheit für Wissensvermittlung: Die berechtigte Kritik an „verschulten“ oder „kopflastigen“ Angeboten in der sozialpädagogischen Arbeit sollte nicht dazu führen, die Aufgabe der Wissensvermittlung nun einfach ganz fallen zu lassen. Es kommt vielmehr auf bessere Wege

der Wissensvermittlung an. Für die Auswahl und Gestaltung eines Themas bedeutet das: Die Handlungsmöglichkeiten für die Gruppe dürfen nicht so eng sein, daß nur das vorhandene Wissen zur Anwendung kommt. Das Vorhaben sollte so geplant werden, daß es auch für neues Wissen Platz bietet. Es sollte offen sein dafür, daß sich die sinnlichen, körperlichen, sprachlichen und geistigen Fähigkeiten weiterentwickeln und miteinander verbinden können.

Außer diesen sechs besonderen Gesichtspunkten stellen selbstverständlich auch die *allgemeinen Erziehungs- und Lernziele* in jedem Falle wesentlich Auswahlkriterien dar.

Bei dem Beispiel der Nachtwanderung scheint das *gemeinsame Interesse* aller beteiligten Gruppenmitglieder von vornherein gegeben. Die Idee zu dem Vorhaben stammt ja aus der Abenteuer-Gruppe, sie steckt sogar den Rest der Gruppe an.

Grundsätzlich sind als „Beteiligte“ auch die Eltern und Mitarbeiter gemeint. In diesem Falle ist deren Unterstützung eine notwendige Voraussetzung für die Durchführung des Vorhabens.

Auf den ersten Blick hat die von der „AG“ vorgeschlagene Nachtwanderung mit dem zweiten Kriterium, dem *Erkennen gesellschaftlicher Zusammenhänge,* nicht viel zu tun. Die Kinder wollen einfach im Dunkeln Abenteuerliches erleben. Ein solcher Vorschlag ist ihr gutes Recht. Sie sind nicht verpflichtet, ein pädagogisch wertvolles Thema vorzuschlagen (ein soziales Problem, ein wissenschaftliches Thema, eine komplexe Fragestellung oder dergleichen). Grundsätzlich sind alle Erscheinungen des Lebens sowie der natürlichen und kulturellen Umwelt würdig, Gegenstand eines Vorhabens zu werden. Das heißt aber: Die Initiative, der Vorschlag, die Idee zu einem Vorhaben muß nicht schon offenkundig sozial, ökologisch oder sonstwie problemhaltig wertvoll sein. Das Thema bekommt für die Beteiligten erst nach und nach pädagogische Bedeutung, indem sie sich mit ihm in bestimmter Weise auseinandersetzen. Sie müssen sich z.B. klarwerden, in welcher Form (wo, wann und wie) sie das Vorhaben durchführen wollen, sie müssen planen und vorbereiten. Und wenn jemand unter den Beteiligten (Kinder oder Erzieherinnen) dabei auf Zusammenhänge wie natürliche und zivilisatorische Orientierungszeichen, Verkehrseinrichtungen und andere kommunale Dienstleistungen und Hilfseinrichtungen aufmerksam macht, kann es durchaus auch zu neuen gesellschaftlichen Einsichten kommen. Eine gewisse Offenheit für Wissensvermittlung ist also durchaus gegeben.

Die Überlegungen zum *Entwicklungsstand der Gruppenmitglieder* führen dazu, daß die Erzieherinnen ein Parallelvorhaben für die jüngeren Kinder der Gruppe beschließen und methodisch planen.

Das Vorhaben der Nachtwanderung stellt einerseits einen Beitrag zur Bewältigung einer problematischen Gruppensituation dar; andererseits geht es um eine aktuelle Lebenssituation einer größeren Zahl der Gruppenmitglieder. Hinter dem Vorhaben im Dunkeln steckt eine Frage, die auf verschiedenen Altersstufen im Hinblick auf unterschiedliche Lebensgebiete immer wieder auftaucht: Was kann ich mir allein (ohne die Erwachsenen) zutrauen? Was macht Angst, was brauche ich noch an Sicherheit?

Im übrigen erscheint es mir im Hinblick auf die Begründung des Themas notwendig, auf verschiedene Gefahren hinzuweisen, die öfter dort entstehen, wo immer und ausschließlich nur sogenannte „defizitäre" Situationen zum Ausgangspunkt für Vorhaben gemacht werden. Zum einen kann die eigene Wahrnehmung des Sozialpädagogen im Hinblick auf die ganze Breite der Bedürfnisse und Interessen der Gruppenmitglieder eingeschränkt werden. Zum anderen kann die Fixierung auf die Defizite, auf das, was die Gruppenmitglieder noch nicht können, den Blick trüben für das, was sie bereits alles können. Unter Umständen wird durch die gut gemeinte, aber einseitige Förderung in den Bereichen, in denen Schwächen bestehen, tatsächlich der Tätigkeits- und Erfahrungsbereich der Gruppenmitglieder eingeschränkt. Wenn es nur streng nach dem Gesichtspunkt gegangen wäre, Defizite auszugleichen, wäre die Nachtwanderung vielleicht nie zustande gekommen!

Das Vorhaben „Nachtwanderung" bietet für die Mitglieder der „AG" durchaus soziale Handlungsmöglichkeiten. Es fordert sie sogar in besonderem Maße, denn der Gruppe wird mit auf den Weg gegeben: Ihr dürft euch auf keinen Fall trennen! Zugleich wird ihnen die Erwartung vermittelt: Wenn ihr gemeinsam handelt, werdet ihr es schaffen! Die Erzieherinnen trauen ihnen das sicher auch tatsächlich zu (sonst hätten sie sich auf das Vorhaben wohl nicht eingelassen). Doch wie die Zusammenarbeit, die Einigung in Entscheidungssituationen, die Rücksichtnahme und Hilfe in der möglicherweise angespannten Atmosphäre gelingen, das muß sich erst zeigen.

3. Schritt: *Formulierung konkreter Ziele*

Die Planung der Nachtwanderung stellt das Ziel in den Vordergrund, daß die Kinder die abenteuerliche Situation allein bewältigen wollen und sollen (= Grobziel). Der Kitzel der Angst reizt dazu, das Vertraute zu verlassen und eine riskante Situation aufzusuchen. Im einzelnen geht es darum, daß die Kinder folgendes schaffen:

- den Mut aufbringen, sich der Dunkelheit und der riskanten Situation auszusetzen
- alle notwendigen Entscheidungen selbständig (ohne die Erzieherinnen) zu treffen

– sich dabei zu einigen und gemeinsam zu handeln

– erfolgreich die vorhandenen Orientierungshilfen nützen (zunächst z.B. markante Punkte der Landschaft, des Straßenverlaufs, Lichter der Stadt, später Straßenschilder, Bushaltestellen, besondere Gebäude oder Plätze der Stadt, bei Passanten sich erkundigen . . .)

– in Notfällen überlegt und zweckmäßig handeln.

Grundsätzlich können sich Ziele sowohl auf das Lernen der Kinder als auch auf Eltern und Mitarbeiter beziehen. Es kann auch darum gehen, Situationen im Alltag der sozialpädagogischen Einrichtung oder anderswo oder die Lebensverhältnisse der Betroffenen zu beeinflussen.

4. Schritt: *Methodische Umsetzung des Themas*

Bei dem „methodischen Handeln" geht es um die Art und Weise, wie wir in irgendeinem Gebiet vorgehen, wie wir unsere Tätigkeit ordnen und an einem Ziel orientieren. Kurz: die Methode setzt eine Absicht um in einen Weg. Je konkreter die Ziele dabei formuliert sind, desto eher lassen sich daraus Folgerungen für die methodische Vorgehensweise ableiten. Das methodische Handeln des in der Praxis stehenden Sozialpädagogen vollzieht sich auf *drei verschiedenen Ebenen:* Es beginnt mit der Frage: Welche *Aufgabe* muß ich lösen? Und wenn er die Bedingungen zu beschreiben beginnt, unter denen die Aufgabe gelöst und etwas gelernt werden soll, so kommt er zur Beschäftigung mit Situationen: Denn das Lernen der Gruppe findet in Situationen statt.

Bei dem Vorhaben „Nachtwanderung" steht folgende Zielsetzung im Vordergrund: Die in einem gewissen Maße riskante Situation soll von den Kindern selbständig bewältigt werden. Dazu muß eine Situation geschaffen werden, die ihren Mut und ihr selbständiges Können in dem gewünschten Maße herausfordert. Zugleich aber muß diese Situation die notwendigen Sicherheiten und Unterstützungen enthalten, die bei Bedarf auch ein helfendes Eingreifen der Erzieherinnen ermöglichen.

Indem die *pädagogische Situation* organisiert wird, wird der wesentliche Schritt der methodischen Umsetzung geleistet. Damit wird festgelegt wo, wann und mit welcher grundsätzlichen Zielsetzung (nach innen, auf die Gruppe oder nach außen, auf andere Gruppen, Institutionen oder Verhältnisse?) das Vorhaben durchgeführt werden soll. Vorhaben können eine einfache oder zusammengesetzte Struktur besitzen: Sie können aus einer einmaligen Unternehmung (wie bei der Nachtwanderung) aus einer Folge von Situationen (im Sinne eines fortschreitenden Entwicklungsprozesses) oder aus einer Reihe wiederholter Situationen bestehen.

Auf einer zweiten Ebene geht es darum, wie *übergreifende Handlungszusammenhänge oder Situationen strukturiert und gesteuert* werden. Dabei sind mindestens folgende Funktionen zu erfüllen:

– den Inhalt/das Thema einbringen

– den Verlauf der Aktivität gliedern und steuern (durch Anweisungen, Aufforderungen, gemeinsame Beratungen, wer was wie tun soll)

– die Erfahrungen (Lernergebnisse) sichten und evtl. auswerten.

Auf einer dritten Ebene geht es darum, *einzelne Handlungen oder Lernschritte der Teilnehmer einzuleiten, zu steuern und zu unterstützen.* Insgesamt handelt es sich um die Vielzahl „kleiner" methodischer Elemente: um Ansagen, Erklärungen, Informationshilfen, Formulierungshilfen, Planungshilfen, Anregungen, Vorschläge usw. Es handelt sich hierbei überwiegend um spontane Reaktionen. Ich kann sie nur zum Teil im voraus planen.

Fast alle Vorhaben setzen sich bei genauerer Betrachtung aus mehreren Bestandteilen zusammen. Z.B. ist kaum ein sozialpädagogisches Vorhaben denkbar, das nicht auch Gesprächsphasen – zur Planung, Verständigung oder Reflexion – einschließt. Die am häufigsten verwendeten Bestandteile aus dem „Werkzeugkasten für soziales Lernen" (Winfried Berner) sind:

Gespräche,
Interaktion (Rollenspiele, Planspiele, Interaktionsspiele usw.),
Erkundungen,
Spiele (Regelspiele),
Zeichnen/Malen/Gestalten (Collagen z.B.),
Musik machen,
Geschichten, Bilderbücher,
Vorführung mit Medien,
Produktion (Bauen, Einrichten, Werken usw.),
Medienprodukte (Foto, Film, Hörspiel usw. herstellen),
Aufführungen, Ausstellungen, Dokumentationen,
. . .

Diese einzelnen Bestandteile von Vorhaben stellen typische *Aktionsformen* dar, die in der Literatur auch als „Techniken" oder „Methoden" oder einfach als „Elemente" der Gruppenarbeit bezeichnet werden. Eine systematische Darstellung dieser einzelnen Aktionsformen fehlt bisher noch. In der Praxisliteratur werden meistens nur einzelne von ihnen oder jeweils eine kleine Auswahl behandelt. In unsystematischer Anordnung wird eine größere Zahl dieser Bestandteile z.B. im „Methodenbuch Jugendarbeit" von Schilling (1982 u. 1985) beschrieben. Umfangreiche Serien von Interaktionsspielen hat Klaus Vogel auf den Markt gebracht (1977). Unter dem Titel „Methoden des sozialen Lernens" (1977) bietet Jürgen Fritz 165 Übungen und Spiele an, bei denen das soziale Verhalten der Lernenden zum Gegenstand pädagogischer Bemühungen gemacht wird.

Die Aufgabe, von vorliegenden methodischen Modellen einen nützlichen Gebrauch zu machen, läßt sich mit Hilfe eines Vergleichs charakterisieren: Wenn man bei einem sportlichen Spiel oder bei einem Gesellschaftsspiel die Regeln kennt, heißt das noch lange nicht, daß man gut spielen kann; es kommt vielmehr entscheidend auf Spielpraxis, Erfahrung und Geschicklichkeit an. Das gilt ebenso für die Vielzahl der methodischen „Spiele", die in der Literatur vorgeschlagen werden.

5. Schritt: *Praktische Vorbereitungsarbeit*

Die bisher beschriebenen vier Schritte enthielten überwiegend theoretische Aufgaben und bildeten den Abschnitt der *Planung*. In ihm ging es darum, wichtige Bedürfnisse und Interessen der Gruppenmitglieder herauszuarbeiten und zu überlegen, wie sie in die Tat umzusetzen wären. Am Ende des Planungsabschnitts fällt eine Reihe wichtiger Entscheidungen: Es wird festgelegt, wann, wo und wie das Vorhaben durchgeführt werden soll. In einem zweiten Abschnitt geht es dann um die *praktischen Vorarbeiten*. In beiden Abschnitten sollen die Gruppenmitglieder möglichst viel Gelegenheit haben, ihre Vorstellungen einzubringen und aktiv mitzuwirken.

In vielen Fällen beginnt die praktische Vorbereitungsarbeit schon, bevor die konkreten Ziele und das methodische Vorgehen endgültig festgelegt sind. Vielfach fängt sie schon mit der ersten Initiative an und mit der ersten vagen Idee zu einem Vorhaben. Die Absprachen der Beteiligten, die Festlegung von Orten, Terminen, Themen und Situationen haben ja noch Auswirkungen auf die Zielsetzungen wie auf das methodische Handeln.

In einem Kindergarten oder Hort muß eventuell erst einmal ein Termin für einen Elternabend bestimmt werden. Dazu muß eingeladen werden, und es müssen Vorbereitungen getroffen werden. Oder es muß statt dessen ein Informationsbrief geschrieben werden. Falls die Eltern in die praktische Durchführung einbezogen werden sollen, müssen dazu die Aufgaben verteilt und konkrete Absprachen getroffen werden.

Mindestens einmal – bei umfangreicheren und komplexeren Vorhaben sicherlich öfter – wird die Planung und Durchführung des Vorhabens auf der Tagesordnung von Mitarbeiterkonferenzen, Dienstbesprechungen und/oder Teambesprechungen stehen. Welche Absprachen bzw. Änderungen zum Dienstplan sind notwendig? Welche Experten von außerhalb könnten um Unterstützung gebeten werden? Welche Erfahrungen haben andere Mitarbeiter schon mit ähnlichen Vorhaben gemacht? Welche neuen Ideen könnten aufgenommen werden? Welche Konflikte mit welchen Gruppen oder Institutionen sind zu erwarten? Wie sollen sie behandelt werden?

Bei ausgedehnteren Vorhaben, bei denen die Gruppe z.B. für längere Zeit gemeinsam wegfahren will (Wochenendfreizeit, Lager, Reise) taucht eine Vielzahl weiterer Probleme auf: Das beginnt zwar auch mit den Bedürfnissen und Interessen („Was wollen wir eigentlich?"), aber dann geht es auch um die Vorkalkulation der Kosten und den finanziellen Spielraum der Gruppe, um eine geeignete Unterkunft und ihre Umgebung, eventuell um zusätzliche Betreuer, um die frühzeitige Einbeziehung der Eltern, um die An- und Abreise, Zuschüsse und Versicherungen, um die Planung und Vorbereitung der Verpflegung, eventuell um eine Kochausrüstung oder um Zelte, Werkzeug usw.; und selbstverständlich geht es auch um die Materialien und Gegenstände für besondere Vorhaben im Rahmen des Programms (z.B. Musikinstrumente, vielleicht Zeichen- oder Malsachen oder Schminke und besondere Spielutensilien). Zu all den organisatorischen Fragen rund um Lager oder Fahrten vgl. Berner 1983, Kap. 5; Schilling 1981!

In den letzten Beispielen sind wir schon von der organisatorischen zur gegenständlich-materiellen Vorbereitung übergegangen. Besondere Beachtung wird der gegenständlichen Vorbereitung, der *Materialbeschaffung* im Kindergarten oder in der Vorschule geschenkt. Das liegt darin begründet, daß das Lernen des Vorschulkindes an die sinnliche Erfahrung und an das eigene Begreifen und Umgehen mit Gegenständen gebunden ist. Deshalb also aus gutem Grund die mehr oder weniger umfangreichen „Materiallager" in Vorschulgruppen. In ihnen lassen sich folgende Dinge unterscheiden:

– Arbeitsmaterial (Karton, Ton, Holz usw.)

– Werkzeuge (Schere, Pinsel, Hammer usw.)

– Hilfsmittel (z.B. Schürzen, Arbeitsunterlagen)

– Medien (technische Geräte, Demonstrationsobjekte, Bildtafeln usw.)

– Musik- oder Sportgeräte

– Spielmittel.

Einige Kriterien zur didaktischen Beurteilung und Auswahl von Medien und Spielmitteln finden sich im „Gegliederten Fragebogen" (Exkurs 1). Darüberhinaus gilt es – nicht nur im Kindergarten – bei der Materialvorbereitung folgende Punkte zu beachten:

– Sind die Materialien oder Mittel in ausreichender Menge vorhanden?

– Sind die Gruppenmitglieder mit ihnen vertraut? Können sie sie selbständig handhaben oder bearbeiten? Welche Einweisung oder Hilfen sind notwendig?

– Sind die Materialien oder Mittel schon öfter benutzt worden, so daß ein Übungsprozeß vorausgesetzt werden kann?

– Sind Werkzeuge oder Geräte daraufhin überprüft, ob sie auch richtig funktionieren?

6. Schritt: *Auswertung des Vorhabens*

Die Auswertung von Vorhaben wird anderswo auch als „Nachbereitung", „Rückbesinnung", „Reflexion" oder „Evaluation" bezeichnet. Gemeint ist allemal das gleiche: Es geht darum, innezuhalten im praktischen Tun, zurückzublicken, kritisch und selbstkritisch zu prüfen und sich zu vergewissern für die nächsten Schritte.

Von Vorteil ist es in jedem Fall, wenn die Auswertung von vornherein geplant wird. Solche Vorüberlegungen zur Auswertung sollten sich zumindest auf drei Fragen beziehen:

1. *Wer* soll die Auswertung leisten? (Zunächst nur die Gruppe allein – Sozialpädagogen und Gruppenmitglieder gemeinsam mit gleichen Aufgaben – Sozialpädagogen und Gruppenmitglieder mit unterschiedlichen Aufgaben – Sozialpädagogen für sich oder im Mitarbeiterkreis ohne Gespräch mit der Gruppe)
2. *Wie* sollen die gemachten Erfahrungen *dargestellt* und besprochen werden? (Die Auswertung wird meistens ergiebiger, wenn Erlebnisse oder Erfahrungen in irgend einer Form „festgehalten" werden.)
3. Welche *Schwerpunkte* könnte die Auswertung haben? Was interessiert die Gruppe? Was interessiert die Sozialpädagogen? Welche Punkte drängen sich von der Planung her auf? Die Gruppenmitglieder sind meistens an ihrem eigenen Tun, an ihrem Ergebnis, ihren Produkten interessiert. Die sozialpädagogischen Mitarbeiter haben möglicherweise ein Interesse daran, die Zielsetzung ihrer Arbeit zu überprüfen. Dazu müssen sie die Lernziele („Die Gruppenmitglieder sollen ...") umformulieren in *Auswertungsfragen* („In welchem Maße hat die Gruppe ...?" „Wie/was hat die Gruppe ...?"). Vielleicht sind auch besonders die Fragen interessant, die in der Planung und Situationsanalyse noch offen geblieben sind. Mit ihnen hängen womöglich Einseitigkeiten oder Lücken der Planung oder auch der Durchführung zusammen.

Beim Beispiel der Nachtwanderung ist zum Schluß ein erster Schritt der Auswertung von vornherein eingeplant: Die Kinder sollen nach der Rückkehr noch die Gelegenheit zum Erzählen haben. Wie haben sie sich gefühlt? Wie ist es ihnen ergangen? Wie haben sie sich verhalten? Bei diesem Erzählen wird sich zeigen, ob es sinnvoll, gewünscht oder notwendig ist, in den nächsten Tagen sich noch weiter mit den Erlebnissen auseinanderzusetzen.

Die Erzieherinnen – und vielleicht auch die Eltern – sind vermutlich daran interessiert, wie weit die konkreten Ziele (siehe 3. Schritt!) verwirklicht werden konnten:

Wie groß war nun der Mut der Kinder tatsächlich? Kam er irgendwo ins Wanken? Wodurch wurde er gestärkt?

Wie kamen die Kinder mit den geforderten selbständigen Entscheidungen zurecht?

Wie weit gelang es der Gruppe, sich zu einigen und gemeinsam zu handeln?

Wie lösten sie die Aufgabe der Orientierung? Wo reichten die Fähigkeiten der Mitglieder nicht aus, um die gegebene Situation zu bewältigen?

In welchen Bereichen müßten also dementsprechend bestimmte Fertigkeiten gezielt geübt werden?

In manchen Einrichtungen wird das Auswerten nur als eine Sache der sozialpädagogischen Mitarbeiter angesehen. Das führt meistens zu einer bedenklichen Einseitigkeit. Vollends fragwürdig wird solch eine Auswertung, wenn sie sich darin erschöpft, die didaktische Arbeit der Sozialpädagogen zu überprüfen: War der Entwicklungsstand der Teilnehmer richtig beschrieben, die Ausgangssituation richtig eingeschätzt? Waren die Ziele realistisch gesetzt? War die praktische Umsetzung methodisch spannungsreich, in angemessene Schritte gegliedert und an den Zielen orientiert? Usw. In solch einer Auswertung dreht es sich dann vor allem darum, ob die Praxis, ob der Ablauf des Vorhabens die Planung mehr oder weniger bestätigt hat. Es entsteht leicht eine Tendenz zu pauschalen Aussagen, die von den Erlebnissen, Gefühlen und Erfahrungen der beteiligten Kinder oder Jugendlichen abgehoben sind. Der Versuch einer umfassenderen und kritischen Auswertung muß außer dem Thema (Situation, Inhalt) in jedem Falle auch die Gruppe und die persönlich-individuelle Ebene berücksichtigen.

In vielen Fällen können die folgenden Fragen sinnvolle Anstöße für das Auswertungsgespräch geben:

1. Persönlich-individuelle Ebene: Jedes beteiligte Gruppenmitglied und jeder Mitarbeiter sollte sich überlegen:

– Hat mir das Vorhaben insgesamt Spaß gemacht? Bin ich zufrieden? War es langweilig?
– Was war für mich das Wichtigste – positiv oder negativ?
– Welche wichtigen Erfahrungen habe ich gemacht?
– Welchen Einfluß hatte ich? Habe ich mitgearbeitet? Wie bin ich damit zufrieden?
– Wen habe ich im Verlauf des Vorhabens besser kennengelernt? Zu wem hat sich mein Verhältnis verbessert, zu wem verschlechtert? Wodurch?

- Welche Konsequenzen wird das Vorhaben für mich persönlich haben?

2. Ebene der Gruppe:

- Wie und von wem wurden welche Entscheidungen getroffen? Welche Rolle spielten die Sozialpädagogen?
- Wie hat sich das Vorhaben auf die Gruppe ausgewirkt? (Klima, Selbstbewußtsein, Zusammenarbeit, Rollenverteilung und Ansehen der einzelnen Mitglieder?)
- Gab es während des Vorhabens eine starre Rollenverteilung (z.B. mit „Machern“, „Experten“, „Hilfskräften“, „Mitläufern“ usw.)?
- An welchen Gruppenmitgliedern ist das Vorhaben vorbeigelaufen?
- Welche Konflikte oder Krisen gab es während des Vorhabens? Wie wurden sie bewältigt? Wirken sie noch nach?

3. Ebene des Themas:

- Entsprach die ausgewählte Situation (Inhalt, Thema) tatsächlich den Bedürfnissen und Interessen aller Gruppenmitglieder?
- Inwieweit wurden die ursprünglichen Erwartungen und Ziele verwirklicht?
- Hat uns das Vorhaben im Hinblick auf das Thema neue Einsichten, Erfahrungen oder Einstellungen gebracht? Welche?
- Welche Auswirkungen und Folgen hat das Vorhaben? Wem hat es genützt? Wem hat es geschadet? Wodurch?
- Was ist besonders positiv verlaufen? Wie könnte es erneut aufgegriffen und weiterentwickelt werden?
- Was lief anders als geplant? Warum?
- Welche Hindernisse und Störungen traten bei der Durchführung auf?
- Was könnte bei einem ähnlichen Vorhaben besser gemacht werden?

Manchmal befürchten Sozialpädagogen, daß das Auswertungsgespräch zu unübersichtlich oder sprunghaft wird oder daß Gruppenmitglieder sich bei irgendwelchen Einzelheiten festbeißen. In solch einem Fall bietet es sich an, eine *Auswertungshilfe* zu benutzen, in der einfachsten Form einen Zettel mit drei Fragen:

> Was hat das Vorhaben für mich persönlich gebracht?
>
> Wie hat die Gruppe zusammengearbeitet und wie hat sich das Vorhaben auf ihren inneren Zustand ausgewirkt?
>
> Wieviel ist für das Thema herausgekommen?

Geht es zunächst nur darum, den Gesamteindruck festzuhalten, dann beantwortet jedes Gruppenmitglied jede Frage mit einer Zahl von 0 bis 10, wobei die 10 die beste Einschätzung bedeutet („sehr viel herausgekommen"). Dabei schadet es zunächst nichts, daß es sich hier um eine grobe Vereinfachung handelt. Anschließend können ja z.B. ausführlichere Antworten auf eine Wandzeitung oder ein Plakat geschrieben werden (vgl. Berner 1983, S. 187 ff. und 397 ff.).

Im anschließenden Gespräch allerdings sollte ein möglichst genaues Bild des Vorhabens und seiner Auswirkungen gezeichnet werden. Denn die Auswertung lohnt den Aufwand erst dann, wenn allgemeine Eindrücke konkretisiert werden, wenn genau herausgearbeitet wird, was sich eigentlich abgespielt hat, wie es dazu gekommen ist und wie es die einzelnen erlebt haben. Solch eine Auswertung eröffnet die Chance, Folgerungen für die Zukunft zu ziehen und die Gruppenarbeit kritisch weiterzuentwickeln.

Einführende Literatur:

- Arbeitsgruppe Vorschulerziehung: Anregungen III: Didaktische Einheiten im Kindergarten. München 1976
- Fortbildungsinstitut für die pädagogische Praxis (FIPP): Bausteine für die Arbeit in Kindergarten und Hort. Bd. I. Weinheim, Basel 1979
- Fischer, Dieter u.a.: (Er-)Leben statt reden. Erlebnispädagogik in der offenen Jugendarbeit. Weinheim, München 1985

Exkurs 3: Projekte

Eine besondere Form von Vorhaben soll hier genauer betrachtet werden: das Projekt.

Seit den 70er Jahren hat der Begriff „Projekt“ in der Sozialpädagogik eine wahre Inflation erlebt. Vielfach wird einfach alles, was Gruppen unternehmen, wo sie handelnd tätig sind, als „Projekt“ bezeichnet. In diesen Fällen hat der Begriff seinen Bezug zu historischen Vorbildern (Frey 1982, S. 26 ff.) und seine ursprünglichen Konturen verloren und ist zu einem Allerweltswort geworden. Im Gegensatz zu diesem inflationären Gebrauch des Wortes scheint mir eine engere und präzisere Definition möglich und zweckmäßig zu sein: Sie kann zur Schärfung des didaktischen Problembewußtseins und zur genaueren Unterscheidung methodischer Formen beitragen.

Beispiel: Besuch beim Förster

Die Initiative zu diesem Projekt entsteht daraus, daß Kinder einer Kindergartengruppe einen Käfer finden. Daraus entwickeln sich selbständig weitere Handlungen wie Insektensammeln und gezieltes Suchen mit Hilfe von Bestimmungsbüchern. Die Tiere werden betrachtet und verglichen, es tauchen alle möglichen Fragen nach ihrer Lebensweise auf. Das führt dazu, daß die Kinder auf die Idee kommen, einen Förster an seinem Arbeitsplatz im Wald zu besuchen. Während dieses Besuches erzählt ihnen der Förster eine ganze Menge. Die Kinder haben auch von sich aus noch viele Fragen (nach J. Hogrefe).

Dies einfache Beispiel aus einer Kindergartengruppe weist schon alle wesentlichen Merkmale eines Projektes auf: Ein Projekt beginnt, indem jemand eine Idee, eine Anregung, eine Aufgabe, eine besondere Stimmung oder einen Gegenstand in eine Gruppe einbringt. (Im Beispiel finden die Kinder einen Käfer.) Dabei ist es unwichtig, von wem die *Projektinitiative* kommt. Nur darf sie nicht ständig von den Sozialpädagogen oder von anderen erwachsenen Mitarbeitern stammen.

Die *Inhalte* oder Lerngebiete entstammen in der Regel dem Erfahrungsbereich der Gruppenmitglieder.

Ein wesentliches Merkmal der Projektarbeit ist die *Offenheit der Ausgangssituation,* die Möglichkeit, selbständig zu entscheiden, zu planen und zu handeln: Die Lernenden entwickeln ihre Lernsituation selbst. Auf den ersten Blick ist deshalb die Durchführung eines Projektes scheinbar mit vielen Nebenarbeiten verbunden, die aber in Wirklichkeit zur Hauptsache gehören: die Planung und Organisation, Gespräche, das Beschaffen von Materialien, das Ermitteln von Lernorten. „Die Auseinandersetzung mit der Projektinitiative, die Auswahl des endgültigen Gebietes und die gemeinsame Entwicklung des Betätigungsgebietes sind

Bestandteile des Projektes. Sie sind wesentliche Lernprozesse, sozusagen bildende Elemente“ (Frey 1982, S. 10).

Beim Projekt wird nicht nach einem starren Planungsschema verfahren. Kennzeichnend für das Vorgehen ist vielmehr ein Klima der *Spontaneität.* Zwei Momente im Ablauf des Projektes sind dabei von besonderer Bedeutung, die sogenannten „Fixpunkte“ und die „Meta-Interaktion“.

Fixpunkte könnten z.B. darin bestehen, daß die Kinder überlegen, wo sie noch mehr Käfer finden können, in welchen Büchern Käfer abgebildet und beschrieben sind, daß sie später planen, wann und wie sie in den Wald zum Förster kommen können usw.

Für diejenigen, die etwas vom Basketball verstehen: Der *Fixpunkt* ist so etwas wie die „Auszeit“ im Basketballspiel. Die Gruppenmitglieder halten inne. Für einige Minuten oder auch eine längere Zeit geben sie ihre Aktivität auf. Sie nutzen die Fixpunkte dazu, sich gegenseitig über ihre letzten Aktionen zu informieren, die nächsten Schritte zu organisieren und den erreichten Stand sich zu vergegenwärtigen oder die Zielsetzung aufgrund des bisherigen Verlaufes zu präzisieren oder zu verändern. Es handelt sich also um die organisatorischen Schaltstellen des Projektes.

Bei der *„Meta-Interaktion“* geht es um das Innehalten zu einem anderen Zweck: um sich über das normale Alltagsgeschehen im Projekt auseinanderzusetzen. Das Fremdwort „Meta-Interaktion“ *(meta* = „darüber“, „danach“, *Interaktion* = „wechselseitiges Handeln, sich auseinandersetzen über“) läßt sich umschreiben mit: „Auseinandersetzung auf höherer Ebene“, „Auseinandersetzung über das Auseinandersetzen“ oder „Auseinandersetzung über das gemeinsame Tun“. Die Meta-Interaktion dient vor allem den folgenden Zwecken:

– Die Gruppenmitglieder besinnen sich auf die anfänglichen Absprachen (wurden sie eingehalten? Gibt es Anlässe, sie zu verändern oder genauer zu betrachten?);
– sie vertiefen einzelne Erfahrungen der abgelaufenen Aktivitäten;
– sie schaffen Distanz zu den Hauptaktivitäten, indem sie das Medium ihrer Betätigung wechseln, zum Beispiel die Aktivitäten besprechen, zeichnerisch darstellen oder auf andere Weise Besonderheiten ausdrücken;
– vor allem werden Probleme und Konflikte in den Beziehungen aufgearbeitet, die beim gemeinsamen Tun an die Oberfläche kommen.

Dieses Moment spielt im Projekt eine zentrale Rolle. Es trägt dazu bei, daß aus alltäglichen Tätigkeiten ein pädagogischer Vorgang, ein bildender Prozeß wird. Andere Merkmale bilden mehr äußerliche Unterschiede bei Projekten. Dazu gehört z.B. die Frage, ob ein Projekt innerhalb oder außerhalb der sozialpädagogischen Einrichtung stattfindet. Auch die Dauer ist kein wesentliches Merkmal. Frey (1982, S. 18 ff.) unterscheidet z.B.

Kleinprojekte (2 – 6 Stunden),
Mittelprojekte (1 Tag – 1 Woche) und
Großprojekte (mehrere Tage – mehrere Monate oder sogar Jahre).

Die Projektarbeit („Projektmethode") ist ein didaktisches Konzept, bei dem die Form der lernenden Betätigung die erzieherische Wirkung hervorbringt. „Entscheidend dabei ist, daß sich die Lernenden ein Betätigungsgebiet vornehmen, sich darin über die geplanten Betätigungen verständigen, das Betätigungsgebiet entwickeln und die dann folgenden verstärkten Aktivitäten im Betätigungsgebiet zu einem sinnvollen Ende führen. Oft entsteht ein vorzeigbares Ergebnis" (Frey 1982, S. 11).

In der sozialpädagogischen Arbeit wird das Konzept der Projektarbeit hoch geschätzt (Haag 1973, Bastian/Gudjons 1986). Es enthält folgende Vorteile:

- Die Projektarbeit wählt einen Projektgegenstand, welcher der Motivation der Gruppe entspricht, und sie bietet die Möglichkeit, vorhandene Bedürfnisse und Interessen zu verwirklichen;
- sie orientiert sich bei der Durchführung an den persönlichen Fähigkeiten der Gruppenmitglieder;
- sie beschäftigt sich mit realen Situationen aus dem Erfahrungsraum der Gruppenmitglieder;
- sie ist auf ganzheitliche Behandlung der gewählten Gegenstände ausgerichtet und
- fördert eher Zusammenarbeit und Rücksichtnahme als Konkurrenzverhalten.

Trotz dieser Vorteile kann die Projektarbeit jedoch weder als Universalmethode gelten, die überall brauchbar und wünschenswert wäre, noch als didaktische Idealform, als „Sonntagsform" oder Urbild sozialpädagogischer Arbeit. Denn die stellt im Gegenzug auch erhebliche Anforderungen an die Teilnehmer: Sie setzt ein so hohes Maß an Motivation, Kreativität und gekonnter Zusammenarbeit voraus, daß sie bei den Kindern oder Jugendlichen, die gerade wegen ihrer sozialen Defizite sozialpädagogische Gruppen besuchen oder in sozialpädagogischen Einrichtungen leben, nicht ohne weiteres infrage kommt.

Auf dieses Dilemma stößt man auch immer wieder in den zahlreichen Projektbeschreibungen der sozialpädagogischen Literatur. Je offener und konkreter die Berichte geschrieben sind, desto deutlicher wird der Zwiespalt zwischen der gewünschten Eigeninitiative der Kinder oder Jugendlichen einerseits und der notwendigen Lenkung durch die erwachsenen Sozialpädagogen andererseits. Z.B. entschließen sich die Mitarbeiter häufig doch dazu, schon mal Material zu beschaffen und bereitzustellen, damit die Gruppe gleich anfangen kann. Meistens ist ihnen dabei durchaus klar, daß es besser wäre, wenn die Gruppe schon beim Überlegen, Planen und Beschaffen von Holz, Farben, Werkzeug oder anderem Material dabei wäre – doch dann hätte sie zu Anfang noch nichts Greifbares; vielleicht eine verschwommene Idee, aber nichts, das einen Anreiz darstellt und zu Aktivität auffordert. Die Grundvoraussetzung der sozialpädagogischen Arbeit besteht ja nun einmal darin, daß die Kinder überhaupt kommen und motiviert sind mitzumachen. Dafür muß das Vorhaben zügig beginnen. Aber wenn alles rasch in Gang kommen und zügig vorangehen soll (z.B. mit der Zeitung, dem Bau des Holzhauses, der Planung der Sommerfahrt . . .), dann geht es eben oft genug nur noch um das perfekte Ergebnis. Von Eigeninitiative oder wenigstens Beteiligung der Kinder/Jugendlichen an der Planung kann dann vielfach kaum noch die Rede sein.

Solche Kompromisse sind allerdings kein Grund, über die entsprechenden Vorhaben die Nase zu rümpfen. Auch die Projektmethode ist kein Wert an sich, sondern ein pädagogisches Mittel neben anderen. Und im übrigen: Gute Projektarbeit fällt nicht vom Himmel und gelingt selten beim ersten Mal; sie braucht Übung und Erfahrung bei allen Beteiligten. Deshalb ist es in vielen sozialpädagogischen Arbeitsfeldern durchaus schon als pädagogischer Erfolg zu verbuchen, wenn eine Gruppe einzelne Elemente der Projektmethode verwirklicht und auf dem Weg des projektförmigen Vorgehens schrittweise vorankommt.

Um solche Zustände und Entwicklungsschritte in der Gruppenarbeit wahrzunehmen und um realistisch zu beschreiben, wo die Gruppe im Hinblick auf ihre Selbständigkeit steht, empfiehlt es sich, nur dort von „Projekten" zu sprechen, wo die wesentlichen Bedingungen der Projektarbeit auch verwirklicht werden. Wo das methodische Handeln auf die Form des Projektes ausgerichtet ist, ohne ihr in allen Punkten zu entsprechen, kann man von „projektorientiertem Vorgehen" reden. Und das kann auch eine gute Sache sein.

Weiterführende Literatur:

- BASTIAN, Johannes/GUDJONS Herbert (Hrg.): das Projektbuch. Theorie – Praxisbeispiele – Erfahrungen. Braunschweig 1986
- DAMM, Diethelm/SCHRÖDER Achim: Projekte und Aktionen in der Jugendarbeit. München 1987
- FREY, Karl: Die Projektmethode. Weinheim, Basel 1982

5.2.3 Individuelle Erziehungsplanung

In allen sozialpädagogischen Institutionen müssen sich die Mitarbeiter mit Auffälligkeiten, Gefährdungen, Schwierigkeiten oder Störungen im Verhalten ihrer Gruppenmitglieder auseinandersetzen und darauf reagieren. In der individuellen Erziehungsplanung geht es um einzelne Kinder oder Jugendliche, die mit solchen Problemen belastet sind.

Teilpläne: Behandlungs-, Therapie- und Übungspläne

Innerhalb der Erziehungsplanung stellen die Behandlungs-, Therapie- und Übungspläne eine besondere Gruppe dar. Ebenso wie der umfassende Erziehungsplan für ein einzelnes Gruppenmitglied enthalten auch diese Pläne zielgerichtete Handlungsanweisungen; sie beziehen sich jedoch immer nur auf einen Teilbereich der Persönlichkeit bzw. des Verhaltens. Sie sind entweder auf die Förderung spezieller Fähigkeiten (wie z.B. Konzentration, motorische Geschicklichkeit, Kommunikation) oder auf die Überwindung von Einzelproblemen (Defiziten oder Verhaltensauffälligkeiten) ausgerichtet.

„Behandlung“ ist der umfassendste der drei Begriffe. Wer eine Person oder einen Gegenstand behandelt, geht bewußt und absichtsvoll mit ihr oder mit der Sache um. In der ärztlichen oder therapeutischen Behandlung sollen bestimmte Maßnahmen den Zustand des Patienten verbessern. Wenn es im sozialpädagogischen Bereich um die Behandlung von Auffälligkeiten oder Schwierigkeiten geht, sind die Überlegungen allerdings nicht nur auf die betroffenen Personen gerichtet; es kann auch um die Veränderung der Situation gehen. (Z.B. Behandlungspläne für Vorschulkinder finden sich bei Irskens u.a. 1978 und Metzinger 1981.)

Der Begriff *„Therapie“* meint einerseits ganz allgemein die Behandlung von Krankheiten oder Störungen. Dabei bezieht er sich in der letzten Zeit zunehmend mehr auch auf nichtärztliche Bemühungen. Die dabei verwendeten Verfahren und Programme werden entweder vom theoretisch-methodischen Ansatz her (etwa bei der Gruppentherapie, Spieltherapie, Psychoanalyse usw.) oder von der zu behandelnden Störung her (z.B. als Bewegungstherapie, Entspannungstherapie, Selbstsicherheits-Training) näher gekennzeichnet.

Der Begriff *„Übung“* (oder „Training“) meint planmäßige wiederholte Handlungen zur Steigerung körperlicher, geistiger oder sozialer Fertigkeiten. Der Grundsatz der Übung wird in vielen menschlichen Bereichen angewendet: z.B. beim schulischen Lernen, im Spiel, im Sport, in der Erziehung und in anderen Bereichen.

Eine besondere Form von Therapie stellt die heilpädagogische „Übungsbehandlung“ dar: „Eine Methode der systematischen Hilfe, die Behinderte, vornehmlich geistig Behinderte, befähigen soll, mit Hilfe von planvoll zur Auswahl angebotenem Material und mit Techniken neue Erkenntnisse, Fähigkeiten und sinnvolle Verhaltensstrukturen aufzubauen" (von Oy/Sagi 1977, S. 37 f.).

Im folgenden Fallbeispiel geht es um die Verknüpfung verschiedener Elemente in einem Behandlungsplan für drei Jungen einer Kindergartengruppe. Im Rahmen eines Modellprojektes erhält dieser Kindergarten heilpädagogische Unterstützung. Ihm steht zwei Tage pro Woche ein Heilpädagoge zur Verfügung. Damit ergeben sich neue Möglichkeiten mit folgenden Schwerpunkten:

- Beobachtung und Beurteilung der Entwicklung (gemeinsam mit den Erzieherinnen)
- Veränderungen im alltäglichen Umgang mit den Jungen
- Einzelförderung und Kleingruppenangebote
- Vorbereitung und Durchführung von intensiven Elterngesprächen
- Zusammenarbeit mit anderen Fachkräften und Institutionen.

Beispiel „Dreierbande": Die drei Jungen, Daniel, Timm und Michael, haben sich eng zusammengeschlossen und zeigen allen anderen, einschließlich der Erzieherinnen, daß sie sich von niemandem etwas sagen lassen wollen. Sie stören die anderen Kinder beim Spiel, klettern über Tisch und Stühle und unterhalten sich lautstark in einer für andere unverständlichen Sprache. Immer wieder gibt es Phasen, in denen sie von ungeheurer Zerstörungswut ergriffen scheinen. Eine Erzieherin, die als „Neue" in die Gruppe kommt, beschreibt sinngemäß: „Wenn mir jemand während der ersten Monate gesagt hätte, daß wir Wege finden würden, zusammen zu leben, ich hätte jene Person ohne zu zögern für völlig verrückt erklärt."

Gemeinsam mit dem Heilpädagogen führen die Erzieherinnen Gespräche mit den Eltern, in deren Mittelpunkt unterschiedliche Erziehungshaltungen und Gefühle von Überforderung und Unsicherheit standen. So wird deutlich, daß die Jungen teilweise in ihrem Selbstwertgefühl sehr verunsichert sind, ihre eigenen Stärken und Schwächen schwer einschätzen können und Halt aneinander suchen. Zwei der drei Kinder, Tim und Michael, wird angeboten, an einer therapeutischen Gruppe teilzunehmen, um ihre Energien und ihren Bewegungsdrang konstruktiv einsetzen und in einer Kleingruppe positive Kontakterfahrungen mit den anderen Kindern machen zu können. Damit erhalten sie auch die Möglichkeit, sich aus der Mitläuferposition zu lösen, in die sie durch die Abhängigkeit von Daniel geraten sind.

Gleichzeitig gelingt den Erzieherinnen, von denen eine gemeinsam mit dem Heilpädagogen die therapeutische Gruppe anbietet, auch im „Alltag" kreativen und sprachlichen Kontakt zu den beiden Jungen aufzubauen. Für Daniel ergibt sich die Möglichkeit, sich anderen Kindern zuzuwenden, die ihn stärker fordern.

Die Entwicklung der drei verläuft allerdings nicht geradlinig. Gerade als niemand mehr mit „Schwierigkeiten" rechnet, findet sich das alte Trio noch einmal zusammen und probiert – in Erinnerung an alte Heldentaten – aus, wieviele Scheiben in möglichst kurzer Zeit zu Bruch gehen können, „wenn jeder sich traut“.

Hier bestand die Chance der Zusammenarbeit von Erzieherinnen und Heilpädagogen vor allem darin, den drei Jungen gezielt unterschiedliche Angebote zu machen und dadurch den „Bandendruck“, unter dem alle drei auch deutlich litten, zu reduzieren. Die Erzieherin erlebte die Möglichkeit, zwei der Jungen in der therapeutischen Kleingruppe auch als offene, bereitwillige phantasievolle und hilfsbereite Kinder kennenzulernen, als Chance der Beziehungsgestaltung.

Die Gespräche mit den Eltern erwiesen sich zwar kurzfristig als sehr arbeitsintensiv, zeigten aber deutliche Resultate: Ein Junge wurde an die Sprachberatungsstelle weitervermittelt und später in eine Sprachheilklasse eingeschult, bei einem zweiten Jungen nahmen die, inzwischen in ihrer Erziehungshaltung sehr viel sicheren, Eltern schon vor der Einschulung Kontakt mit den Lehrern auf, um ihrem Sohn den Schritt in die Schule zu erleichtern. (Jauss/Weiss, kindergarten heute 2/95, S. 30)

Der individuelle Erziehungsplan

Die Bedeutung der Aufgabe

Den gemeinsame Nenner für alle Einrichtungen und Leistungen der Jugendhilfe sieht das Kinder- und Jugendhilfegesetz (KJHG) in der Aufgabe, die Familien in ihrer Erziehung zu unterstützen und zu ergänzen. Das Schwergewicht der erzieherischen Hilfen (vgl. §§ 28-35) liegt auf der vorbeugenden Arbeit, d.h. auf Beratung, Unterstützung und Förderung in den verschiedenen Lebens- und Erziehungssituationen. In Krisensituationen werden den Familien Erziehungshilfen von außen angeboten, und zunehmend häufiger werden diese auch von Eltern oder Jugendlichen von sich aus gesucht. Ambulante und teilstationäre Hilfen stehen dabei neben den unterschiedlichen Formen der Heimerziehung.

Die heutige Praxis der Heimerziehung muß dabei vor dem Hintergrund eines vielfach veränderten Umgangs zwischen Kindern und Erwachsenen gesehen werden: Die Sorgen der Eltern, die etwa in die Familienberatungsstellen in größeren Städten kommen, haben sich dramatisch verändert. Noch in den achtziger Jahren standen die Probleme ihrer Kinder im Vordergrund, vor allem die Sorge um das Mitkommen in der Schule, um Verhaltensauffälligkeiten und unbegreifliche Handlungen, mit denen diese Eltern nicht fertig wurden. Demgegenüber erscheinen die Erziehungsberechtigten – vorzugsweise die Mütter – heute nicht selten als Opfer ihrer Kinder. Vielfach nehmen ihre Kinder sie mit ihren Lebenserfahrungen und Einstellungen nicht ernst. Oft haben sie keinerlei Einfluß mehr, werden sogar buchstäblich verprügelt. Sie sehen sich dazu verurteilt, in einer Wohnung mit Jugendlichen zu leben, die keine Regeln mehr anerkennen, die jedes Gespräch verweigern, die tun, was sie wollen, und ihr Lebenszentrum vielleicht in einer Clique von Gleichaltrigen haben. Was früher als Auffälligkeit einzelner Außenseiter galt, ist heute keineswegs mehr ein Einzelfall.

Die Gründe für eine Unterbringung außerhalb der Familie müssen nun aber keineswegs im Kind oder Jugendlichen liegen; vielfach finden sie sich eher in den Lebensumständen der Eltern oder einfach darin, daß zwei nicht zu vereinbarende Lebensstile in ein und derselben Wohnung existieren. Deshalb geht es weniger um die Frage, welches Kind ins Heim soll und welches in der Familie bleiben kann. Besorgniserregend ist vielmehr die Tatsache, daß die Erwachsenengesellschaft ihre Kinder und Jugendlichen immer weiter aus dem Auge verliert. Die Erwachsenen haben über weite Strecken weder eine realistische Vorstellung von der Lebenswirklichkeit und dem Lebensgefühl der Jugendlichen, noch können sie mit ihnen kommunizieren – und nur selten haben sie ihnen geeignete sozialpädagogische Maßnahmen und Einrichtungen anzubieten.

Das Aufwachsen und die Betreuung eines Kindes oder Jugendlichen außerhalb der eigenen Familie – aus welchen Gründen auch immer – hat tiefgreifende Wirkungen und Folgen. Dem entspricht ein besonders qualifiziertes Verfahren bei der Entscheidung darüber. Das Vorgehen vollzieht sich in zwei Schritten und umfaßt zwei sich ergänzende didaktische Aufgaben: den *Hilfeplan* und den *individuellen Erziehungsplan.*

Der Begriff „individueller Erziehungsplan“ bezeichnet in der Sozialpädagogik eine mehr oder weniger umfassende, die gesamte Lebenssituation und alle Lebensbereiche umgreifende Planung für ein einzelnes Kind oder einen Jugendlichen. Diese Form der Planung wird vor allem dort nötig, wo für Minderjährige außerhalb ihrer eigenen Familie ein Lebens- und Erziehungsraum geschaffen werden soll. Das kann in einem Heim, einer sozialpädagogischen Wohngruppe, in einer Form des betreuten Wohnens, in einer (fachlich einem Heim zugeordneten) Erziehungsfamilie, einer heilpädagogischen Pflegestelle oder sonst einer ähnlichen Institution geschehen. In fast all diesen Institutionen wird das Erziehungsgeschehen durch mehr als eine erziehende Fachkraft bestimmt. Häufig sind auch zusätzlich therapeutische Fachkräfte beteiligt. Der individuelle Erziehungsplan hilft, verschiedene Anteile und Beiträge zu koordinieren, und verschafft allen am Erziehungsprozeß Beteiligten die notwendige Orientierung. Er sichert Kontinuität, indem er alle erzieherischen Bemühungen für eine gewisse Zeit in die gleiche Richtung lenkt. Er macht das Erziehungsgeschehen durchsichtiger und ermöglicht es, das pädagogische Handeln zu kritisieren und eventuell zu korrigieren. Er sorgt dafür, daß betroffene Minderjährige im Mittelpunkt der Planungsüberlegungen stehen, und er bietet vielfach die Möglichkeit, die Betroffenen auch direkt in das pädagogische Gespräch einzubeziehen.

Die Frage, wo und wie das betroffene Kind oder die/der Jugendliche leben soll, muß dabei vor jeder anderen Frage gründlich beraten werden. Stellt eine Form der Heimerziehung (als Gemeinschaftserziehung) eine angemessene Hilfe dar oder ist eine Pflegefamilie oder eine ambulante Maßnahme vorzuziehen? Welche Möglichkeiten stehen sofort oder in absehbarer Zeit zur Verfügung? Sollte der Wohnort des Kindes in der Nähe der Eltern und Freunde liegen (um Elternarbeit und gegenseitige Besuche zu erleichtern) oder wird eine größere Distanz als günstig angesehen? Wenn eine Hilfsmaßnahme (Hilfe zur Erziehung) für einen längeren Zeitraum als drei Monate vorgesehen ist, so soll nach der gesetzlichen Bestimmung die Entscheidung im Zusammenwirken mehrerer Fachkräfte (des Jugendamtes, der vorgesehenen Einrichtung, evtl. der Erziehungsberatung) getoffen werden. Als Grundlage für die Gestaltung der Hilfe sollen die Fachkräfte zusammen mit den Personensorgeberechtigten und dem Kind oder Jugendlichen einen Hilfeplan aufstellen.

Der Hilfeplan nach § 36 KJHG

Die im KJHG mit dem Hilfeplan verbundene Absicht läßt sich nur erfassen, wenn vorher die Stellung der Kinder, Jugendlichen und Eltern richtig wahrgenommen wurde. Das KJHG von 1991 enthält eine neue, in der Praxis noch keineswegs überall akzeptierte Sicht auf die Personen, die Leistungen der Jugendhilfe in Anspruch nehmen wollen. Wurden sie früher häufig als Versager und Bittsteller gesehen und behandelt, so sollen sie jetzt Partnerinnen und Partner mit einem Rechtsanspruch auf Hilfe sein. Ihnen wird ein Wunsch- und Wahlrecht bei der Auswahl der Einrichtung und der Gestaltung der Hilfe eingeräumt; und sie sind auf dieses Recht ausdrücklich hinzuweisen (vgl. §§ 5, 8, 9, 36). Dabei ist zu beachten, daß all diese Beteiligungs- und Entscheidungsrechte nicht nur den Sorgeberechtigten, also in der Regel den Eltern, gewährt werden, sondern in gleicher Weise den betroffenen Kindern und Jugendlichen.

Bei den Entscheidungen bekommt der Hilfeplan die Funktion eines Katalysators zugesprochen: Er ist das fachliche Instrument, um die Rechte von Kindern und Jugendlichen und ihren Sorgeberechtigten bei der Entscheidung und Durchführung von Erziehungshilfen tatsächlich durchzusetzen. Außerdem soll er die Koordinierung zwischen dem Jugendamt und der ausführenden Einrichtung sichern.

Im 1. Satz des § 36 wird zunächst auf die Verantwortung des Jugendamtes verwiesen, eine fachliche Entscheidung über die im konkreten Einzelfall angezeigte Art der Erziehungshilfe zu treffen, d.h. also die Frage zu klären, ob eine Hilfe *in* der Familie (sozialpädagogische Familienhilfe), eine Tagesgruppe, eine Pflegefamilie, eine Betreuungshelferin oder Heimerziehung die geeignete Hilfe darstellen. Schon diese Entscheidung ist nicht von den Fachkräften des Jugendamtes hinter verschlossenen Türen zu treffen, sondern unter Einbeziehung der Eltern und ihrer Kinder. Die Federführung bei der Erstellung des Hilfeplanes liegt zwar bei den Fachkräften des Jugendamtes, nicht aber die Entscheidung selbst. Genau genommen geht die Entscheidungsfindung (im Gespräch) dem Erstellen des Hilfeplanes (als schriftlichem Protokoll der vereinbarten Hilfe) voraus. Der Hilfeplan setzt ebenfalls voraus, daß die Eltern und ihre Kinder vorab darüber informiert werden, wie sich die Inanspruchnahme einer bestimmten Hilfe für die gesamte Familie und das betroffene Kind auswirken können.

Die für die didaktische Aufgabe des Hilfeplanes wichtigste Bestimmung lautet also: *Der Hilfeplan soll zusammen mit den Sorgeberechtigten und dem betroffenen Kind oder Jugendlichen erstellt werden.* („Soll“ bedeutet hier, daß im Regelfall so verfahren werden muß. Ein Abweichen müßte ausdrücklich begründet werden.) Die manchmal von Fachkräften geäußerte oberflächliche Behauptung, mit Eltern, die eine erzieherische Hilfe beanspruchen, könne kein Hilfeplan erstellt werden, ist so allgemein sicher nicht haltbar. Und wenn informierte Schätzungen davon ausgehen, daß wohl nicht einmal bei 50 % aller Fälle tatsächlich auch eine gründliche Beteiligung der Betroffenen erfolgt, so zeigt das nicht unbedingt die Unmöglichkeit einer Lösung, sondern nur die Schwierigkeit der Aufgabe oder den fehlenden Willen der Fachkräfte.

Wie kann es den Fachkräften aber nun gelingen, Eltern und Kinder oder Jugendliche als gleichwertige Partner in die Erstellung des Hilfeplanes einzubeziehen? Wer meint, Fachlichkeit in der Jugendhilfe zeichne sich vor allem dadurch aus, daß ihr Reflexionsniveau und ihre Begriffssprache weit über denen der Betroffenen anzusiedeln seien, wird kaum einen Weg der Verständigung finden. Hier kann auf Erfahrungen aus der sozialpädagogischen Familienhilfe verwiesen werden. Dort lernen die Fachkräfte immer wieder, daß sich die Lebens- und Erziehungsbedingungen nur dann positiv beeinflussen lassen, wenn sich die Fachkräfte auf das Selbstverständnis und die eigenen Deutungen der Familienmitglieder einlassen. Die Mitwirkung beim Erstellen eines Hilfeplans setzt auf der Seite der Leistungsberechtigten, also der Eltern und Kinder, keineswegs eine sozialpädagogische Ausbildung oder gar ein Psychologiestudium voraus. Andersherum ergibt sich ein sinnvoller Ansatz: Auf der Seite der Fachkräfte muß die Fähigkeit entwickelt werden, die Eltern und Kinder „abzuholen“ und das Gespräch dort zu beginnen, wo diese stehen.

Diese Forderung ist durchaus auch mit dem zu vereinbaren, was inhaltlich im Hilfeplan erwartet wird. Denn die im § 36 KJHG formulierten Ansprüche sind recht bescheiden und damit angemessen: Es soll nicht um eine umfangreiche Anamnese oder eine psychosoziale Diagnose gehen; dabei wären Eltern und Kinder den Fachkräften hoffnungslos unterlegen. Der Hilfeplan soll lediglich folgendes enthalten:

(1) „Feststellungen über den erzieherischen Bedarf“,
(2) „die zu gewährende Art der Hilfe“,
(3) „die notwendigen Leistungen“.

Was ist mit diesen Bestandteilen des Hilfeplans gemeint? Bei der Feststellung des erzieherischen Bedarfs geht es darum, daß die Eltern und die Kinder oder Jugendlichen erklären, was sie von der erzieherischen Hilfe erwarten: Was sie an entlastenden, unterstützenden oder ergänzenden Angeboten brauchen, um Lebensbedingungen zu erhalten oder selbst schaffen zu können, die für die Entwicklung des jungen Menschen zuträglich sind. Daraus und aus dem Vergleich der vorhandenen Einrichtungen läßt sich dann ableiten, welche Art der Hilfe dem Bedarf am ehesten entspricht.

Außerdem soll festgehalten werden, welche konkreten Angebote und Leistungen im Rahmen der zu gewährenden Hilfe erwartet bzw. vereinbart werden: also z.B. Hilfe bei den Schulaufgaben; Spieltherapie oder ein anderes therapeutisches Angebot für das Kind oder/und die Eltern; Kontakt zu einer Beratungsstelle; ein klar strukturierter Tagesablauf oder eine feste Bezugsperson, die in einer schwierigen Entwicklungsphase Orientierung geben kann. – Mehr ist im Hilfeplan nicht gefordert.

Beispiel „Boris“: Der ständige Streß mit seiner Mutter endete für den heute siebzehnjährigen Boris vor fast einem Jahr mit dem Rausschmiß. „Nach der zweiten Scheidung meiner Mutter sind wir wieder in eine kleine Wohnung gezogen“, erzählt Boris. „Ich war echt faul, meine Mutter hat mich ständig angeschrieen, ich habe zurückgeschrieen. Irgendwann ging es dann wohl nicht mehr, und sie hat mich rausgeschmissen. Dann habe ich für ein paar Wochen bei meinem Vater gewohnt. Aber auch da hat's immer wieder Zoff gegeben.“ (Boris' Vater ist alkoholkrank.) „Freunde haben mir gesagt, ich sollte doch mal zum Jugendamt gehen . . .“

Das tat er. Inzwischen lebt Boris allein in einem 1-Zimmer-Apartment, das vom Jugendamt finanziert wird. Er wird betreut von der Sozialpädagogin Claudia. Sie hilft ihm, mit seinem Geld auszukommen, arbeitet mit ihm gemeinsam seine Familiengeschichte auf und unterstützt ihn in seiner Berufswahl und Ausbildung. „Vor einem Jahr habe ich ganz schön geschwänzt“, erinnert er sich. „Jetzt besuche ich eine Berufsfachschule – Richtung Gastronomie. Ich will Koch oder Hotelfachmann lernen.“ Und er ist zuversichtlich, daß das auch funktionieren wird.

Für Boris ist das Angebot ‚Betreutes Wohnen' genau das richtige. Er lebt allein und wird doch betreut. „Eine ganze Gruppe in einem Heim oder eine Wohngemeinschaft wäre nichts für mich gewesen. Ich hab doch meine Kumpel. Privat wollte ich meine Ruhe haben . . .“, meint er. Jetzt besucht er auch seine Mutter wieder, das Verhältnis verbessert sich.

Auch die Sozialpädagogin hält diese Form der Betreuung außerhalb einer Einrichtung, in die Gesellschaft integriert, für Boris für besonders geeignet: „Er lernt, sein Leben selbst in die Hand zu nehmen, Schritt für Schritt. Ich unterstütze ihn vor allem dabei, das auch durchzuhalten, was er eigentlich will", beschreibt sie ihre Aufgabe.

Im Fall von Boris wurde in den Gesprächen mit ihm, seiner (sorgeberechtigten) Mutter und den Fachkräften des Jugendamtes schnell ein passendes ‚setting' der erzieherischen Hilfe gefunden: Boris suchte eine Wohnmöglichkeit ohne seine Mutter und seinen Vater; lehnte aber ein gruppenpädagogisches Arrangement im Heim oder in einer Wohngemeinschaft ab; auch eine familienbezogene Lebensform – z.B. im Haushalt eines Betreuers – kam nicht in Frage; es wurde ihm seiner Entwicklung entsprechend zugetraut, sein Leben schon bald in die eigenen Hände nehmen zu können; andererseits stimmte er selbst der Einschätzung der Fachkräfte und seiner Mutter zu, daß er für die nächste Zeit noch Unterstützung bei der Lösung seiner Alltagsprobleme brauche – also kam als „geeignete und notwendige Hilfe" betreutes Wohnen in Frage. Es blieben im weiteren dann noch genug Einzelfragen zu klären: Art und Lage der Wohnung, Finanzierung, Regelung des Personensorgerechts, Form und Umfang der Betreuung (Häufigkeit der Gespräche mit der Betreuerin) usw.

Was ein Hilfeplan enthalten soll

A. Bei der ersten Erstellung des Hilfeplans

Verantwortlich für die Erstellung des Hilfeplans:
Jugendamt: ....
SozialarbeiterIn: ....
Hilfeplan für: ....
Name Vorname Geb.-Datum
Sorgeberechtigte/r: ....

1. Wer ist an der Erstellung des Hilfeplans beteiligt?
2. Was brauchen die Leistungsberechtigten . . .
   – aus der Sicht des Kindes/Jugendlichen?
   – aus der Sicht der Eltern/Sorgeberechtigten?
   – aus der Sicht des Jugendamtes?
3. Welche Art der Hilfe erscheint geeignet . . .
   – aus der Sicht des Kindes/Jugendlichen?
   – aus der Sicht der Eltern/Sorgeberechtigten?
   – aus der Sicht des Jugendamtes?
4. Welche Hilfeart wurde ausgewählt?
5. Wann soll die Hilfe beginnen?
6. Bis wann soll die Hilfe dauern?
7. Welche pädagogischen/therapeutischen Leistungen soll die Einrichtung anbieten?
8. Was erwartet die Einrichtung von den Eltern des Minderjährigen?
9. Wann soll der Hilfeplan fortgeschrieben werden?

Unterschrift aller Beteiligten

B. Fortschreibung des Hilfeplanes

1. War die Hilfe bisher sinnvoll/erfolgreich?
   Eventuell Erfahrungsberichte . . .
   – aus der Sicht des Kindes/Jugendlichen?
   – aus der Sicht der Eltern/Sorgeberechtigten?
   – aus der Sicht der Einrichtung?
   – aus der Sicht des Jugendamtes?
2. Soll die Hilfe fortgesetzt werden?
   (Bei unterschiedlicher Einschätzung dies bitte mit Begründung anmerken!)
3. Wird eine andere Hilfeart gewünscht?
   Falls ja, Begründung und Beschreibung (= Hilfeplan ab 3.)
4. Wann soll der Hilfeplan fortgeschrieben werden?
5. Falls die Hilfe beendet wird:
   Sind alle Beteiligten mit der Beendigung einverstanden?
   Bei unterschiedlicher Einschätzung bitte kurz die unterschiedlichen Positionen darstellen?
   Wann soll die Hilfe beendet werden?

Unterschrift aller Beteiligten

Ein wesentliches Merkmal des Hilfeplanes ist, daß er regelmäßig gemeinsam fortgeschrieben wird. Im Hilfeplan sind deshalb auch zeitliche Schritte festzulegen, innerhalb derer jeweils überprüft und festgehalten werden soll, ob die gewählte Hilfe den Erwartungen entspricht, ob sie weiterhin notwendig ist oder ob sie anders gestaltet oder durch eine andere ersetzt werden soll. Schließlich soll im Hilfeplan auch die vorgesehene Beendigung der Hilfe festgelegt werden.

Bisher ging es um die fachlichen Anforderungen an einen Hilfeplan. Darüber hinaus bleibt nun noch die Frage, ob die Fachkräfte im Jugendamt und in der Jugendhilfeeinrichtung solch starke Partner, wie es den Bestimmungen des KJHG entspricht, überhaupt wollen. Damit sind *berufsethische* Aspekte angesprochen (vgl. Kap. 3.2), die sich auf das Vertrauensverhältnis zwischen dem Jugendamt und der Einrichtung einerseits und den Leistungsberechtigten andererseits beziehen. Bei den Verhandlungen zur Erstellung des Hilfeplans sollten die Fachkräfte vor allem folgende Regeln (berufsethische Normen) beachten:

– Die Gespräche der Fachkräfte mit den jungen Menschen und ihren Eltern stehen von Anfang an unter der moralischen Verpflichtung, die problematische Situation klären zu helfen.

– Fachkräfte müssen sich der Grenzen ihres Fachwissens bewußt sein: Sie müssen zwischen ihren fachlich begründeten Überzeugungen und ihren persönlichen Wertvorstellungen unterscheiden und sich mit ihren persönlichen Erziehungsvorstellungen zurückhalten.

– Hilfsbedürftigkeit bei jungen Menschen und ihren Eltern darf weder wegdiskutiert noch aufgeschwatzt werden.

– Da jede Maßnahme der Hilfe zur Erziehung auch mit Zukunftserwartungen oder sogar einer Vorhersage gekoppelt ist, müssen die Fachkräfte diese Aufgabe einer weiteren Prognose auch verantwortlich übernehmen (auch wenn die Entscheidung letztlich gemeinsam getroffen wird): Die Zukunft des jungen Menschen muß in den Blick kommen und durch Planung gesichert werden. Dabei sollte das Prinzip der Vorwarnung und Machtbegrenzung gelten: Eltern müssen z.B. darüber aufgeklärt werden, daß die Rückkehr nach einer Fremdunterbringung umso unwahrscheinlicher wird, je länger das Kind außerhalb des Elternhauses lebt und je weniger die Beziehung zwischen Kind und Eltern aufrechterhalten werden kann.

Ähnliche Normen gelten auch für die Erziehungsplanung in der Einrichtung, die den Hilfeplan dann verwirklicht.

Der individuelle Erziehungsplan

Der Hilfeplan gibt zwar die *Art* der Erziehungshilfe vor und hält auch schon wesentliche Aussagen dazu fest, *wie* sie auszugestalten ist. Doch aus diesen Angaben allein läßt sich noch kein Erziehungs- oder Behandlungsplan ableiten. Der kann nur vor Ort in der jeweiligen Einrichtung entwickelt werden, indem die Interaktion zwischen dem Kind oder Jugendlichen und den Gruppenmitgliedern sowie den MitarbeiterInnen beobachtet und ausgewertet wird.

Die Art und Weise, wie bei der Erziehungsplanung vorgegangen wird, ist höchst unterschiedlich. Sowohl in der Praxis als auch in der Literatur trifft man auf eine Vielzahl von Vorgehensweisen und Ideen, wie der Plan erstellt und verwirklicht werden soll. Dieses bunte Bild verschiedener Möglichkeiten ist in erster Linie ein Abbild der vielfältigen Organisationsformen der Heimerziehung (einschließlich des betreuten Wohnens bzw. der flexiblen Betreuung). Zum anderen spielen auch noch unterschiedliche theoretische (verhaltenstheoretische, psychoanalytische, systemtheoretische usw.) und praktisch-methodische Ansätze eine Rolle. Und schließlich ist der Bedarf an detaillierter Planung entsprechend der Persönlichkeit und Lebenssituation der betroffenen Minderjährigen unterschiedlich. Z.B. für Boris wird sicher eine viel weniger ausgeprägte und ausformulierte Form der Planung praktiziert werden als in vielen Fällen bei Kindern oder Jugendlichen in heilpädagogischen Heimgruppen.

Im folgenden skizziere ich einige Grundsätze und die typische Vorgehensweise bei der individuellen Erziehungsplanung, wie sie sich in den letzten Jahren in der gruppenbezogenen Heimerziehung herausgebildet haben.

Der Begriff „Erziehungs*plan*“ wird heute in manchen Einrichtungen abgelehnt, weil befürchtet wird, daß damit die Vorstellung einer statischen, starren und vorausberechnenden Handlungsprogrammierung vermittelt werden könnte. Stattdessen wird der Begriff „Konzept“ (= gedanklicher Entwurf) verwendet. Das Ergebnis der Erziehungsplanung wird also als ein nur in den Grundzügen festgelegtes individuelles Erziehungskonzept gesehen. Meistens ist es ein wesentliches Merkmal dieser Einrichtungen, daß in ihnen das erzieherische Handeln als „Interaktion“ verstanden wird: als ein wechselseitiges Geschehen, das sich auf alle Beteiligten auswirkt und nur begrenzt planbar ist.

Grundbedingung der gezielten sozialpädagogischen Arbeit ist nicht in erster Linie ein detailliert ausgearbeiteter Plan, sondern die gemeinsame Lebenspraxis, das reflektierte Alltagsleben von Kindern oder Jugendlichen und MitarbeiterInnen. Veränderungen im Verhalten und in der Persönlichkeit der Kinder werden dadurch ermöglicht, daß die Mitarbeiter und die übrigen Gruppenmitglieder mit den Kindern zusammenleben und zu ihnen in Beziehung treten, so daß diese neuen Beziehungen in die Beziehungserfahrungen des Kindes einbezogen werden. Unterstützende therapeutische Maßnahmen werden sorgfältig in den „positiven Alltag“ eingebaut.

Das allgemeine Ziel der sozialpädagogischen Erziehung im Heim wird durch die Lebensgeschichte des Kindes bestimmt: Die Erziehung soll dem Kinde helfen, seine persönliche Identität zu gewinnen („Selbstwerdung“). Zugleich soll es die Fähigkeit entwickeln, sich sozial zu integrieren und mit den sozialen Konflikten seines Alltags realistisch und kreativ umzugehen.

Die Vorgehensweise bei der Erziehungsplanung ist durch offene Kommunikation gekennzeichnet: Die Kinder und Jugendlichen sind möglichst weitgehend einbezogen, und alle MitarbeiterInnen der Gruppe sind beteiligt. Die betroffenen Kinder oder Jugendlichen werden in der Erziehungsplanung als Subjekte gesehen, d.h. als Individuen, die selbst aktiv wirken und bei sich wie bei anderen etwas bewirken. Sie sind ja den Erfahrungen in ihrer Umwelt nicht passiv ausgesetzt, sondern verarbeiten diese und führen sie vielfach auch selbst herbei. Je nach ihrer Einsichtsfähigkeit werden sie an der Entwicklung des individuellen Erziehungskonzepts beteiligt. In manchen Einrichtungen sind sie regelmäßig in die Fallbesprechung (Gespräche zur Erziehungsplanung) einbezogen. Teilweise gibt es wöchentliche Beratungs- oder Problemgespräche für jeden Jugendlichen mit seinem Bezugserzieher.

Die MitarbeiterInnen des Gruppendienstes planen von Anfang an gemeinsam. Selbst wenn es darum geht, Auffälligkeiten, Schwierigkeiten, Störungen oder Konflikte eines Gruppenmitgliedes zu beschreiben und darauf zu reagieren, wird das nicht als Sache eines einzelnen Spezialisten oder einer Spezialistin angesehen, sondern als Teamaufgabe. Alle MitarbeiterInnen der Gruppe (z.B. Erzieher, Heilpädagogin, Lehrer) arbeiten dabei gleichwertig zusammen. Das wird zum einen von der

Sache her begründet: Auffälligkeiten, Störungen oder Konflikte werden als Ergebnis vielfältig ineinander spielender Faktoren gesehen. Sie können in vielen Fällen zugleich sozial, situativ und psychisch bedingt sein. Zum anderen wird die Arbeit des Beschreibens und Planens von den MitarbeiterInnen zugleich auch als wechselseitige Fortbildung verstanden, insbesondere wenn daran KollegInnen mit unterschiedlicher Ausbildung beteiligt sind. Und schließlich wird darin ein Beitrag zur demokratischen Gestaltung der Heimorganisation gesehen.

Die Erziehungsplanung beginnt zunächst mit einem vorläufigen Konzept: Für die Anfangsphase des gegenseitigen Kennenlernens und der Kontaktaufnahme in den ersten Tagen und Wochen werden in erster Linie Regeln für den Umgang verabredet. Falls notwendig, wird das Kind eine Zeitlang von bestimmten Belastungen und Einflüssen der Vergangenheit abgeschirmt (Eltern, Besucher, Alltagsarbeiten). Es erhält wenige Bezugspersonen und wird mit seiner neuen Umgebung vertraut gemacht. Alle betroffenen MitarbeiterInnen haben die Aufgabe, ihre Interaktion mit dem Kind zu beobachten und zu reflektieren (nach dem Grundsatz „Erkennen durch Handeln"). Mögliche Leitfragen dazu:

– Wie verfahre ich mit diesem Kind?
– Was kann ich für dieses Kind tun?
– Warum verfahre ich so und nicht anders?
– Wie reagiert das Kind auf mich und die übrigen Gruppenmitglieder?

In einer „Fallbesprechung" der GruppenmitarbeiterInnen – eventuell mit Unterstützung einer Psychologin oder eines Heilpädagogen – wird dann diese Anfangsphase ausgewertet und ein erstes individuelles Erziehungskonzept für einen bestimmten Zeitraum entwickelt.

Bestandteile des individuellen Erziehungskonzeptes (Erziehungsplanes)

– Individuelle Erziehungsziele für den Planungszeitraum festlegen:
  Welche Verhaltensweisen, Fähigkeiten, Kenntnisse, Einstellungen usw. soll das Kind/der Jugendliche entwickeln?

– Erziehungsziele, wenn möglich und notwendig, in eine Folge realisitischer Schritte (Teilziele) aufgliedern

– methodische Wege suchen, die dem Kind diese Schritte ermöglichen
  (z.B. Veränderung der Situation, veränderte Beziehungen und Erfahrungen, gezielte Übungen)

– entscheiden, welche MitarbeiterInnen welche Aufgabe übernehmen können:
  Welche Möglichkeiten hat das Gruppenteam insgesamt oder eine einzelne Erzieherin in der Gruppe?

Was kann die Schule leisten?
Was kann durch flankierende Maßnahmen (heilpädagogische Übungsbehandlung, spezielle Therapie usw.) erreicht werden?
Wer kann sie durchführen?
Welche Hilfen von außen müssen herangezogen werden, die das Heim nicht leisten kann?

Wo stoßen die Bemühungen der MitarbeiterInnen zunächst an Grenzen, so daß ihnen nichts anderes übrigbleibt, als mit dem Kind zu leben und gewisse Störungen oder Behinderungen zu ertragen?

Alle MitarbeiterInnen der Gruppe sowie die beteiligten Fachdienste (Therapeuten z.B.) berichten in regelmäßigen Abständen (von etwa vier bis acht Wochen) über das Verhalten des Kindes oder Jugendlichen. In den Fallbesprechungen wird auf der Grundlage dieser Berichte das Erziehungskonzept für jedes Gruppenmitglied ca. alle zwei bis vier Monate überarbeitet. Dabei besteht die Planung manchmal nur darin, sich im Gespräch über das weitere erzieherische Vorgehen zu verständigen.

Der Termin für den Auszug eines Minderjährigen wird in einem Hilfeplangespräch festgelegt. Gemeinsam mit ihm – und eventuell auch unter Einbeziehung der Eltern – wird dann in der Einrichtung ein Plan für den Übergang aus dem Heim in eine andere Lebenssituation erarbeitet. Dieser schließt in vielen Fällen eine Nachbetreuung durch die MitarbeiterInnen oder eine besonders gestaltete Übergangssituation ein.

Individuelle Erziehungsplanung und Gruppe

Individuelle Erziehungsplanung kann nicht bedeuten, das einzelne Kind völlig isoliert zu betrachten. Denn noch weit mehr als für den Erwachsenen gilt für das Kind: Sein „Ich“ hat keine inselhafte, abgekapselte Existenz; in vielen Zusammenhängen kann man sogar sagen: Die Situation ist das „Ich“. Und Auffälligkeiten oder Störungen „hat“ das Kind nicht ein für allemal, sondern sie *zeigen* sich in bestimmten Situationen und in anderen nicht.

Wesentliche Bestandteile der Lebenssituation eines Kindes im Heim sind seine personalen Beziehungen, und zwar nicht nur die Beziehungen zu den Mitarbeitern, sondern auch die zu den Gruppenmitgliedern. Die Gruppe der mehr oder weniger Gleichaltrigen und Gleichberechtigten steht zwischen dem einzelnen Kind und dem Heim, verstanden als formale Organisation und als durch die Erwachsenen bestimmte „Macht“. In dieser Lebensgruppe auf Zeit lebt jedes Kind in mehr oder weniger geglückten Beziehungen zu jedem anderen. Dieser Gruppe gehören die Kinder oder Jugendlichen im alltäglichen Leben an, mit ihr teilen sie ein Haus, bestimmte Lebensregeln, Programme und eine Anzahl professioneller Mitarbeiter. In der Gruppe spielt sich auch die Konfrontation von Personen und Parteien ab. Hier zeigt sich das Heim als Ort der Gemeinschaftserziehung.

Die von manchen Heimerziehern gestellte Frage, ob man denn mit der Gruppe pädagogisch „arbeiten" solle oder nicht, erscheint mir überflüssig. Denn, wenn ich als Sozialpädagoge die Gruppe nicht methodisch nutze, bedeutet das in den meisten Fällen einen problematischen Wildwuchs: Alle möglichen Tendenzen können sich ungezielt entwickeln und die pädagogisch gezielten Maßnahmen stören oder durchkreuzen. Deshalb ist neben den individuell ausgerichteten Bemühungen die geplante Arbeit mit der Lebensgruppe ein weiteres wichtiges Moment in der Heimerziehung.

Bedenkt man nun also, daß zum einen jedes Gruppenmitglied seine individuelle Lebensgeschichte ins Heim mitbringt und daß zum anderen jede Gruppe und dazu noch das gesamte Heim ein komplexes soziales Gewebe, eine soziale „Individualität" darstellen, dann erweitern sich die Möglichkeiten wie die Probleme der Erziehung im Heim außerordentlich. Das Verhalten jedes einzelnen Gruppenmitgliedes jedenfalls kann in weiten Bereichen nur vor dem Hintergrund seiner Lebensgruppe richtig verstanden werden.

Beispiel: Sechs Jugendliche im Alter von 16–18 Jahren (vier Mädchen, zwei Jungen) leben in einer sozialpädagogischen Wohngemeinschaft, betreut von drei pädagogischen Mitarbeitern. Nachdem im Laufe des letzten halben Jahres drei der jetzigen Mitglieder neu eingezogen waren, kam es zu einer krisenhaften Entwicklung des Gruppenprozesses. Als sichtbares Anzeichen zeigten sich massive Eßstörungen, die nach und nach bis auf einen 16jährigen Jungen die gesamte Gruppe erfaßten.

Ein Mädchen, das vor ihrem Einzug wegen Magersucht (Anorexie) stationär behandelt worden war, begann als erste, heimlich große Mengen zu essen und wieder zu erbrechen (Bulimie oder Freß-Brech-Sucht). Sie magerte wieder auf 40 kg ab. Sie ist sehr leistungsorientiert und kritisch und hat großen Einfluß in der Gruppe. Die anderen Mädchen und in Ansätzen auch ein Junge zeigten nach und nach ebenfalls Erscheinungen der Bulimie mit dem typischen Kreislauf von Hungern – gierigem Essen – Erbrechen.

Der zwanghafte Umgang mit Nahrungsmitteln – als Hungern oder maßloses Essen – wurde zu einem beherrschenden Thema der Gruppe. Die meisten Gruppenmitglieder dachten fast ständig nur ans Essen oder daran, wie sie es vermeiden wollten. Es gab kaum noch geregelte Mahlzeiten. Alle naschten oder „fraßen" irgendwann in der Küche herum und horteten „ihre" Lebensmittel.

Die Eßproblematik hatte sich verselbständigt. Die Jugendlichen hatten sich selbst eine Fessel angelegt, indem sie eine Regel entwickelten, der alle mehr oder weniger gehorchten: Niemand darf viel essen! Im Kampf gegen den eigenen Körper und seine Bedürfnisse zeigt sich, ob jemand „besser“ ist als die anderen. Hier kann Selbständigkeit und Überlegenheit bewiesen werden.

Nachdem die Mitarbeiter die Tragweite des Problems erkannt hatten, wurde in einer Reihe von Teambesprechungen und Gruppensitzungen dann ein Konzept für das pädagogische Handeln entwickelt. Vier Ansatzpunkte für die geplanten Veränderungen wurden festgelegt:

1. Regulierung des Eßverhaltens. Das Problem des Erbrechens wurde vernachlässigt. Die Mitarbeiter gingen davon aus, daß es von selbst verschwinden würde, wenn es gelänge, den Teufelskreis von Hungern und gierigem Essen zu durchbrechen und das Eßverhalten zu differenzieren.
2. Vermeidung des Chaos in der Küche. Alle Gruppenmitglieder sollten sich daran gewöhnen, gemeinsam regelmäßig zu essen. Durch die gemeinsamen Mahlzeiten sollten sowohl die äußere Ordnung in der Küche als auch die innere Ordnung des Eßverhaltens unterstützt werden. Bis auf weiteres sollten folgende Regeln gelten:
   - Es gibt drei Mahlzeiten mit festen Anfangszeiten.
   - Bei jeder Mahlzeit ißt ein Mitarbeiter mit, der bei maßlosem Essen eines Jugendlichen eingreift.
   - Die warme Mahlzeit wird vom Abend auf den Mittag verlegt, da die meisten dann den größten Hunger haben. Der Kochdienst besteht aus einem Mitarbeiter und einem Jugendlichen.
   - Außerhalb der Mahlzeiten bekommen die Gruppenmitglieder nur Essen, wenn sie in begründeten Fällen später kommen und Bescheid gesagt haben.
   - Die Lebensmittel werden verschlossen aufbewahrt (um das Horten zu vermeiden).
3. Die Kochfertigkeiten der Jugendlichen sollten erweitert werden.
4. Beeinflussung der verdeckten Gruppenprozesse. Durch die gemeinsamen Mahlzeiten sollten die Gruppenmitglieder auch mehr miteinander konfrontiert werden.

An den nächsten Gruppensitzungen nahm eine mit Eßstörungen erfahrene Psychologin teil. Die Sitzungen sollten die soziale Wahrnehmung und Selbsterfahrung fördern. Besondere Absprachen mit einzelnen Gruppenmitgliedern ergänzten dieses Gruppenkonzept.

In diesem Beispiel bedeutet die Gruppe für die Mitglieder einerseits ein Risiko, eine Gefährdung. Denn die Gruppe schafft bzw. verstärkt Probleme. Andererseits bietet sie auch Möglichkeiten der Hilfe, des Lernens und des Reiferwerdens. Vordringliche Aufgabe der Mitarbeiter ist hier nicht die individuelle Hilfeleistung, sondern die Unterstützung der Lebensgruppe als Basis für alle. Diese Aufgabe besteht zunächst einmal darin, die Gruppe vor ihren eigenen zerstörerischen Zwängen zu schützen, die Ängste bei den Jugendlichen zu verringern und ihnen zu helfen, daß sie besser miteinander reden können. Solche Hilfen sind in dieser Phase ihres Gruppenprozesses besonders wichtig, weil die Mehrzahl der Gruppenmitglieder in mehr persönlich geprägten Situationen noch keine größeren Spannungen und Konflikte bewältigen kann.

Die massiven Störungen des alltäglichen Eßverhaltens zwingen die Mitarbeiter zum Reagieren. Sie bieten aber auch Anknüpfungspunkte für pädagogisch-therapeutische Behandlung. Die Gruppe war zur „Arena“ geworden: Zunächst tobten sich in ihr die verdrängten Ängste vor dem Urteil der Gruppe und der zwanghafte Kampf um das „Bessersein“ aus; später ist sie der Ort, wo die Mitglieder neue Erfahrungen sammeln und sich mit diesen gemeinsamen Erfahrungen auseinandersetzen können.

Sinnvolle Regeln für das gemeinsame Alltagsleben der Gruppe zu suchen, einzuüben und einzuhalten, ist überall ein vordringliches Problem in der Heimerziehung. Und die Aufgabe, solche Regeln zu finden und zur Geltung zu bringen, macht den Kern der didaktischen Arbeit im Hinblick auf die Gruppe aus. Dabei geht es letzten Endes darum, eine wünschenswerte Lebensform für die Gruppe zu finden. Eine Lebensform, die zumindest den drei folgenden Zwecken dient:

- das „Ich“ der Gruppenmitglieder zu unterstützen und ihr Alltagshandeln in einem gewissen Maße zu sichern,
- eine positive sozialisierende Wirkung auszuüben und
- die Kommunikation der Gruppe zu fördern.

Dieses Erziehungskonzept für die Gruppe ist kein Selbstzweck und kein Wert an sich, sondern ein Mittel, das den einzelnen Gruppenmitgliedern nützen soll.

Das pädagogische Konzept für die Gruppe ist zugleich das Fundament für die individuelle Erziehungsplanung. Bei Drillich heißt es dazu: „Wir wollen eine Gruppe bilden, in der jeder so gut wie möglich er selbst sein und den eigenen Bedürfnissen und Möglichkeiten entsprechend behandelt werden kann“ (Drillich 1972, S. 81). Die Ausgangsbedingungen von seiten der Gruppe für die individuelle Erziehungsplanung können mit folgenden Fragen erfaßt werden:

- Welche Beziehungen bestehen zwischen den Sozialpädagogen und dem einzelnen Kind/Jugendlichen?
- Was für ein Klima und was für Beziehungen bestehen in der Gruppe (Konkurrenz-Solidarität, Angst-Offenheit, Oberflächlichkeit-Tiefe, Egoismus-Rücksicht usw.)?
- In welchem Zusammenhang macht die Gruppe ihre gemeinsamen Erfahrungen? Wann und zu welchen Anlässen kommen die Mitglieder zusammen? Was tun oder erleben sie gemeinsam?
- Hat die Gruppe gemeinsame Interessen? Sind ihr diese voll bewußt?
- Wie regelt die Gruppe auseinanderstrebende Interessen?

- Wieweit fühlen sich die einzelnen Mitglieder der Gruppe zugehörig? Wie groß ist der Einfluß der Gruppe auf die einzelnen Mitglieder?
- Wer hat Führungsrollen inne?
- Wieweit kann die Gruppe Binnenkonflikte selbst regeln?
- Wieweit kann die Gruppe ernsthaft über Probleme sprechen/diszipliniert diskutieren?
- Was tragen die Beziehungen in der Gruppe zum Auftreten oder Verschwinden von Auffälligkeiten oder Störungen und zur Entfaltung der Persönlichkeit des Einzelnen bei?
- In welchen Punkten bildet die Identifikation mit einem oder mehreren Mitgliedern für ein anderes Gruppenmitglied einen Maßstab für das Fühlen, Denken oder Handeln?
- Wieweit sind die Erziehungsziele/Lernziele den Mitarbeitern und den Gruppenmitgliedern klar? Wieweit stimmen die Betroffenen ihnen zu?

Bisher war nur von der Lebensgruppe die Rede. Tatsächlich bedeutet sozialpädagogische Arbeit im Heim in vielen Fällen ein ganzes Netzwerk von Gruppen: für Wohnen und Alltagsarbeit, für Lernen (in Schule oder Berufsausbildung), für Therapie, Freizeit oder besondere Projekte. In mancher Hinsicht gehören Bewohner und Mitarbeiter zwei verschiedenen Gruppen an. Doch Freundschaften z.B. können quer durch diese beiden Ebenen hindurchgehen. – Für die ausführlichere Darstellung dieses vielfältigen Netzwerkes von Gruppenbeziehungen fehlt hier der Raum.

Weiterführende Literatur:

- AREND, D./HEKELE, K./RUDOLPH, M: Sich am Jugendlichen orientieren. Frankfurt/M. 1987
- KUPFFER, H./ZIETHEN, U. (Hrsg.): Erziehung verhaltensgestörter Kinder und Jugendlicher. Heidelberg, 2. Aufl. 1992
- KUPFFER, H./MARTIN, K.-R. (Hrsg.): Einführung in Theorie und Praxis der Heimerziehung. Heidelberg, 5. Aufl. 1994
- KLATETZKY, Th. (Hrsg.): Flexible Erziehungshilfen. Ein Organisationskonzept in der Diskussion. Münster 1994
- SPÄTH, K.: Der Hilfeplan im Spannungsfeld zwischen Bevormundung und Einbeziehung von Kindern, Jugendlichen und Eltern, in: Unsere Jugend 1992, S. 149-155
- UHLENDORFF, U.: Sozialpädagogische Diagnosen III. Ein sozialpädagogisch-hermeneutisches Diagnoseverfahren für die Hilfeplanung. Weinheim, München 1996

Entwicklungsberichte

Für den, der ihn schreiben muß, ist ein Entwicklungsbericht immer eine lästige Pflicht. Für den Beschriebenen hat er immer außerordentliche Bedeutung. Sehr oft hängen lebenswichtige Entscheidungen von ihm ab.

Das wesentliche Instrument bei der Entscheidung über eine Hilfe zur Erziehung ist der Hilfeplan. Sowohl die erste Entscheidung über die Art der Hilfe als auch die Überprüfung und Fortschreibung des ‚settings' der erzieherischen Hilfe erfolgt in der Regel im persönlichen Gespräch. Und allein schon aus Gründen des Datenschutzes sollte das Jugendamt keine unnötigen ausführlichen Berichte fordern. Ein Bericht ist aber zu schreiben, wenn z.B. beim Landessozialamt die weitere Übernahme der Heimkosten für einen behinderten Jugendlichen beantragt wird. In Einzelfällen soll ein Entwicklungsbericht auch Bestandteile oder Vorausinformationen zu speziellen Gutachten liefern (z.B. bei einem Schulwechsel, bei einer jugendpsychiatrischen Untersuchung, bei einem laufenden Strafverfahren usw.).

Entwicklungsbericht

1. Persönliche Daten

   - Geburtstag
   - Aufenthalt im Heim
   - evtl. Hinweis auf letzten Entwicklungsbericht

2. Entwicklungsprozeß des Kindes oder Jugendlichen

   - im Verhältnis zu den Eltern
   - zur Gruppe im Heim
   - zu den Mitarbeitern
   - zum Heim allgemein
   - zum sozialen Umfeld

(Dabei sollte möglichst konkret auf seine sozialen und kulturellen Fähigkeiten und Fertigkeiten eingegangen werden. Welche Veränderungen halten die Mitarbeiter für besonders wichtig?)

3. Schulische/berufliche Entwicklung

   - gegenwärtiger Stand
   - Perpektiven (mögliche Abschlüsse)

4. Vergleich des jetzigen Entwicklungsstandes mit dem angestrebten Erziehungsziel

   - Wie äußert sich das Kind/der Jugendliche selbst über seine Bedürfnisse und Ziele?

- Welche mittelfristigen Entwicklungsmöglichkeiten sehen die pädagogischen Mitarbeiter für das Kind/den Jugendlichen?
- Wieweit ist schon eine eigene Lebens- und Berufsperspektive vorhanden?

5. Die nächsten Entwicklungsschritte

- Was geschieht mit dem Kind/Jugendlichen in der Einrichtung? Wie geht man mit ihm um?
- Wovon versprechen sich die pädagogischen Mitarbeiter erzieherische (oder therapeutische) Erfolge?
- Welche Schritte sollen in der nächsten Zeit verwirklicht werden?

6. Vorschlag über den weiteren Aufenthalt des Kindes/Jugendlichen

- Was spricht dafür, daß das Kind/der Jugendliche noch weiter in der Einrichtung bleibt, bzw. welche Bedingungen sprechen für eine Veränderung seiner Lebenssituation?

Die Empfänger der Entwicklungsberichte benutzen diese als Grundlage für ihre Entscheidungen über den weiteren Lebensweg der Heimbewohner. Sie kennen die betreffenden Kinder oder Jugendlichen nur ausnahmsweise persönlich, sie haben häufig keinen eigenen Eindruck von ihnen und sind auf die Akten angewiesen.

Für die Sachbearbeiter in den Ämtern ist das Führen von Akten und das Entscheiden aufgrund von Schriftstücken ihre tägliche Arbeit. Es ist verständlich, daß es für sie etwas „Normales" ist, lange Abschnitte aus dem Lebensweg eines Kindes auf wenige beschreibbare Fakten und scheinbar sichere Tatsachen zu reduzieren, aus denen sie dann Schlüsse zu ziehen versuchen. Doch aus größerem Abstand betrachtet, erscheint das Verfahren wie das Ergebnis durchaus problematisch: Der Verfasser des Berichtes formuliert Sätze, schafft einen Text, um die Lebenswirklichkeit des betroffenen Kindes oder Jugendlichen zu erfassen und zu erhellen. Doch damit setzt ein widersprüchlicher Vorgang ein: Die sprachliche Formulierung schiebt die konkrete Wirklichkeit des betreffenden Menschen zugleich auch zurück, verdrängt, überdeckt und verzerrt die wirkliche Person. Und zwar passiert das nicht aus Unvermögen oder als vermeidbarer Fehler, sondern als notwendige Folge der Beurteilungen.

Beim Schreiben wähle ich Worte, baue Sätze, mache psychologische oder pädagogische Aussagen, führe Einzelheiten an und lasse andere weg – : So entsteht schließlich ein Bild der Person, das den wirklichen Menschen zugleich enthält und verfehlt. Dieses Bild, diese Festlegung der Person aber wird nun aufbewahrt, wird Bestandteil der Akte. Und es kommen fortlaufend weitere Berichte hinzu, bei denen nicht selten einzelne Tendenzen früherer Beurteilungen und Berichte übernommen werden. Dadurch verstärken sich bestimmte Umrisse und Betonungen in dem Bild, das die Akte vermittelt: Es entsteht die *„Aktenpersönlichkeit“,* die mal ein größeres, mal ein geringeres Maß an Ähnlichkeit mit der wirklichen Person in ihrem gegenwärtigen Zustand hat.

Wenn dann diese Aktenpersönlichkeit zur Grundlage von Entscheidungen gemacht wird, wird der Leser leicht dazu verführt, Beurteilungen oder Vermutungen einfach als soziale Tatsachen zu nehmen.

Ein weiterer Faktor, der die Problematik der Entwicklungsberichte noch verstärkt, besteht in der Gefahr von *Zuschreibungsprozessen.* In den meisten Fällen haftet einem Heimbewohner und seiner Familie allein schon dadurch ein Makel an, daß irgendein Vorfall „öffentlich“ geworden und Anlaß für eine Akte bei einer Sozialbehörde geworden ist. Mit dem Anlegen der Akte gerät der Sachbearbeiter der Behörde in einen Zugzwang: Er muß Informationen sammeln, um sich ein Bild zu machen. Er muß Verhaltensweisen, Entwicklungszustände und Lebenssituationen (Familiensituation) interpretieren und in einem Rahmen beurteilen, der ihm rechtlich vorgeschrieben ist. Da er (wenn ein Problem ein gewisses Gewicht hat) eine passende Hilfsmaßnahme anbieten muß, prägt diese vorgesehene Maßnahme oft schon die Beurteilungen und Berichte über den Fall. Verwickelte Problemlagen werden dabei in der Darstellung so zugeschnitten, daß sie den entsprechenden juristischen Begriffen und Bestimmungen unterzuordnen (zu „subsumieren“) sind. Eine Eingliederungshilfe (nach § 39 des Bundessozialhilfegesetzes) kommt z.B. infrage, wenn ein Problem der Persönlichkeit des Kindes zugeordnet und als „Behinderung“ definiert werden kann.

Bezeichnungen wie „gestört“, „verwahrlost“, „kriminell“ oder andere typisierende Eigenschaften haften den so bezeichneten Personen an wie ein Etikett, das ihnen aufgeklebt wird. Sie entstehen nicht durch Beobachtung, sondern durch Zuschreibung. Von solchen Zuschreibungsprozessen („Stigmatisierungen“) sind die unteren Schichten und bestimmte Randgruppen unserer Gesellschaft besonders häufig betroffen. (Zu Zuschreibungsprozessen in der Sozialpädagogik vgl. Homeier 1975, Schumann 1975.) Überall, wo Akten geführt werden, ist die Gefahr der Typisierung und Stigmatisierung groß. Das hat am allerwenigsten mit böser Absicht zu tun; es liegt in erster Linie schon im Verfahren der Aktenführung begründet. Und im Zusammenhang mit der Heimerziehung kommt es teilweise gegen den bewußten Willen einzelner Sachbearbeiter oder Gruppenerzieher zu negativen Zuschreibungsprozessen.

Seit den siebziger Jahren ist die Aktenführung in Jugendämtern mehrfach von Soziologen kritisch untersucht worden (z.B. Brusten 1973).

Aus den Ergebnissen dieser Untersuchungen können Sozialpädagogen konkrete Folgerungen ziehen, wenn sie mit ihren Berichten den betreffenden Kindern oder Jugendlichen nützen und nicht schaden wollen.

Beispiel: Zwei verschiedene Textfassungen, in denen das „Verhalten in der Gruppe“ beschrieben wird. Es geht um ein und dasselbe 12jährige Mädchen:

(A) „Silke ist eine labile Außenseiterin der Gruppe. Nur mit einem Mädchen tuschelt sie abends stundenlang im Bett. Mit verbissenem Eifer stürzt sie sich in alle Gruppenunternehmungen. Trotzdem wird sie nur selten von anderen Gruppenmitgliedern akzeptiert. Bei einer Erzieherin versucht sie sich einzuschmeicheln, während sie zu allen anderen Erziehern auf Distanz geht . . . “.

(B) „In den letzten 3 Monaten hatte Silke in der Gruppe eine Randposition. Sie ist meist mit den Mädchen zusammen, im letzten halben Jahr hat sich eine engere Bindung zu einer Freundin ergeben. Zu den anderen Gruppenmitgliedern hat sie zur Zeit keine intensiveren Beziehungen. Sie ist allerdings an allen Gruppenunternehmungen interessiert und hilft bereitwillig, wenn dazu Vorbereitungen nötig sind. Es ist ihr wichtig, dazuzugehören. Sie wünscht sich selbst, stärker in die Gruppe integriert zu sein.

Silke schließt sich besonders einer Erzieherin an und macht gern etwas mit ihr gemeinsam. Sie wird von dieser Mitarbeiterin so akzeptiert, wie sie ist. Zu den anderen Gruppenerziehern hat sie ein distanzierteres Verhältnis...“.

Text (B) macht abgestufte, sachlich beschreibende Aussagen über das Verhalten des Mädchens. Er berücksichtigt auch dessen Bedürfnisse und Wünsche. Der Ausschnitt (A) ist zwar keineswegs ein extrem negatives Beispiel, doch enthält er einige für das Mädchen schädliche und gefährliche Züge: Der Verfasser kann oder will sich von seinen negativen Gefühlen und Vorurteilen dem Mädchen gegenüber nicht freimachen. Sein Text enthält Pauschalurteile und negative Zuschreibungen.

Im folgenden sind einige *Gefahren* aufgezählt, die es ganz allgemein in den Entwicklungsberichten zu vermeiden gilt:

- Unter keinen Umständen traditionelle Zuschreibungen wie „verwahrlost“, „asozial“, „labil“, „seelisch gefährdet“, „zeigt schädliche Neigungen“ usw. verwenden.
- Keine ungesicherten Überlegungen irgendwelcher Art anstellen (z.B. über eine frühkindliche Hirnschädigung, über den Verdacht der Homosexualität, einen unaufgeklärten Diebstahl usw.). Denn, steht so eine Spekulation oder Verdächtigung erst einmal in der Akte, wird sie allzu leicht immer wieder berücksichtigt oder sogar als Tatsache übernommen, ohne jemals geprüft worden zu sein.
- Nicht aus vorliegenden Gutachten oder früheren Berichten abschreiben. Denn die Wiederholung in der Akte wird meistens als Bestäti-

gung für die Richtigkeit der Aussage angesehen und verleiht ihr in jedem Fall besonderes Gewicht.

- Nicht die „Imponiersprache“ von Fachwissenschaftlern nachahmen. Dadurch würde das Bild, das der Bericht zeichnet, nur verwischt. Direkte Eindrücke sind wichtiger. Der Adressat kann das Zustandekommen von Bewertungen nachvollziehen.

- Nicht zuviel schreiben. Denn die Fülle an Einzelheiten in dem Bericht muß von anderen ausgewertet und relativiert werden, die kein eigenes Bild von dem Kind oder Jugendlichen haben. Sie werden durch eine übergroße Fülle von Einzelheiten verwirrt.

Und nun die *positiven Regeln* für einen guten Entwicklungsbericht:

- Den Zweck des Berichtes berücksichtigen. Welche Informationen braucht der Empfänger? In welchem Zusammenhang wertet er den Bericht aus? Was kann er aus einzelnen Formulierungen herauslesen bzw. in sie hineininterpretieren?

- Der erste Entwurf des Berichtes sollte im Gruppenteam besprochen und evtl. ergänzt oder korrigiert werden. So kann vermieden werden, daß sich eine einseitige Sicht oder Einstellung oder ein augenblickliches Gefühl in dem Bericht niederschlagen.

- Wenn die Einsicht des Kindes oder Jugendlichen schon ausreicht, den Bericht mit dem Betroffenen besprechen, möglichst schon während des Stadiums der Überlegungen. Vor allen die eigenen Einschätzungen des Betroffenen, seine Wünsche, Hoffnungen und Perspektiven berücksichtigen.

- Der Bericht über ältere Kinder oder Jugendliche sollte so angelegt werden, daß er auf deren eigene Aussagen über sich selbst konzentriert bleibt. Die Beobachtungsdaten sollten in erster Lienie dazu verwendet werden, daß verwirrende Selbstaussagen geklärt, unvollständige vervollständigt und irrige zurechtgerückt werden können.

- Den Bericht so abfassen, daß ein intim-persönlicher Bereich des Kindes oder Jugendlichen respektiert wird. Der Bericht darf nicht Ausdruck totaler Kontrolle sein. (Dies Problem ist für den Bericht gegenstandslos, wenn es in der Erziehungspraxis gelöst ist.)

- Den Bericht in jedem Falle so formulieren, daß der Betroffene ihn lesen könnte, ohne daß das Vertrauensverhältnis zum Verfasser gestört wird.

- Der Beschriebene müßte sich in jedem Falle in dem Bericht wiederfinden können.

- Die betreffende Person in ihrer alltäglichen Umwelt beschreiben und ihre Wechselwirkung mit der Gruppe, den Mitarbeitern, dem Heim insgesamt und dem weiteren sozialen Umfeld (nicht in einer psychologischen Laborsituation).

- Flexibel mit einem vorliegenden Leitfaden oder Fragebogen umgehen. Denn durch die starre Anwendung eines sehr detaillierten Fragebogens oder eines psychologischen Beobachtungs- oder Begriffssystems wird der Lebens- und Handlungszusammenhang des beschriebenen Kindes oder Jugendlichen zerrissen.
- Das Ziel der Berichterstattung kann nicht darin bestehen, über einen längeren Zeitraum möglichst ähnliche, glatte, gradlinig fortlaufende Berichte zu produzieren. Nützlich können Berichte nur werden, wenn sie auch den sprunghaften oder verworrenen Entwicklungsprozeß eines Kindes oder Jugendlichen sorgfältig und engagiert nachzeichnen.
- In einem Heim mit gut entwickelter Erziehungsplanung ergibt sich der Inhalt des Entwicklungsberichtes weitgehend aus der laufenden Arbeit am Erziehungsplan und den Fallbesprechungen. Wo diese Arbeit weniger ausführlich gehandhabt wird, kann ein Entwicklungsbericht Anstoß dazu sein, daß sich die Mitarbeiterinnen und Mitarbeiter der Gruppe wieder einmal Gedanken über die Entwicklung und die Lebensperspektive des Betroffenen machen.

Übrigens: Manche Anfragen oder Berichtswünsche von Behörden lassen sich im persönlichen Gespräch am Telefon präzisieren oder sogar erledigen. Das ist einen Versuch wert.

- BRUSTEN, Manfred: Prozesse der Kriminalisierung – Ergebnisse einer Analyse von Jugendamtsakten, in: OTTO/SCHNEIDER (Hrg.): Gesellschaftliche Perspektiven der Sozialarbeit, 2. Halbband, Neuwied 1973, S. 85-125

5.2.4 Curriculumentwicklung

Anfänge der sozialpädagogischen Curriculumentwicklung

Jede Entwicklung eines Curriculums beginnt mit der Absicht, eine Situation zu schaffen, in der jemand etwas lernen können soll. Das hat die Curriculumentwicklung mit der Planung eines Vorhabens gemeinsam. Der Unterschied zur Planung einzelner Vorhaben besteht darin, daß das Curriculum eine längerfristige Perspektive und verschiedene Elemente (Vorhaben) umfaßt. Das Curriculum (Mehrzahl = „Curricula") sagt etwas darüber aus, was Kinder in einem längeren Zeitabschnitt lernen sollen, warum sie es lernen sollen, wann, wo und wie sie es am besten lernen. Der Begriff meint also einerseits die Summe der Lerninhalte einer bestimmten Institution bzw. eines bestimmten Lernabschnitts („Bildungsinhalte", „Bildungskanon"), zugleich aber auch die Struktur, wie diese Inhalte angeordnet, organisiert und auf welchen methodischen Wegen sie vermittelt werden sollen.

In der Sozialpädagogik spielt die Curriculumentwicklung als Form der didaktischen Planung seit Ende der 60er Jahre eine Rolle. Die ersten Beispiele stammen ganz überwiegend aus dem Vorschulbereich. Im Zuge der Reformbemühungen in der Vorschulerziehung ab 1965 (der Kindergarten als Bildungseinrichtung, Förderung der Chancengleichheit, Ausgleich von Defiziten aus der Familiensozialisation, Folgerungen aus der modernen Entwicklungspsychologie und aus der psychoanalytischen Theorie) entstanden auch neue Planungskonzepte für die Erziehung in Kindergärten und Vorklassen.

Die ersten sozialpädagogischen Curricula sind durch eine problematische Anlehnung an schuldidaktische Konzepte gekennzeichnet. (Bessere Alternativen waren zunächst nicht in Sicht.) Für einzelne, isoliert betrachtete Aspekte des kindlichen Verhaltens wurden Programme aufgestellt, die in ihrer Zielsetzung und den Inhalten weitgehend eine Vorverlegung des Grundschulunterrichts darstellten.

Ein anderer Ansatz aus dieser Anfangsphase der Curriculumentwicklung orientiert sich an Wissenschaftsdisziplinen *(= „disziplinorientierter Ansatz")* und geht von folgender Überlegung aus: Wegen der enormen Bedeutung der Wissenschaften in unserer Welt sind wissenschaftliches Denken und Handeln notwendig, um das Leben zu bewältigen. Deshalb sollten auch Kindern schon wichtige Grundgedanken, Begriffe und Verfahren der Wissenschaften – didaktisch angemessen – vermittelt werden (vor allem elementare Mathematik, elementare Physik).

Andere Curricula haben einen *funktionsorientierten* („entwicklungspsychologischen") Ansatz als gemeinsamen Grundgedanken: In vielerlei psychologischen Tests (Entwicklungs-, Schulreife-, Intelligenztests) sind heute formale Fähigkeiten festgeschrieben, die jeder Mensch braucht, wenn er alle möglichen Probleme und Situationen erfolgreich bewältigen will. Die Curricula dieses Typs enthalten nun Aufgaben, von denen man annimmt, daß sie die Entwicklung solcher Verhaltensweisen oder Persönlichkeitsmerkmale unterstützen und fördern. Im Vordergrund stehen dabei kognitive Verhaltensweisen wie Wahrnehmung, Verbalisieren, Begriffsbildung, Abstraktion, Verallgemeinern und Herstellen von Beziehungen usw.

Großen Einfluß auf die funktionsorientierten Curriculumentwürfe dieser Phase hatten die Ideen und Programme der sogenannten „kompensatorischen Erziehung“ in den USA. Das Ziel dieser kompensatorischen (= ausgleichenden) Bemühungen bestand darin, Lerndefizite und Entwicklungsverzögerungen auszugleichen, die bei Kindern aus benachteiligten oder verelendeten Bevölkerungsgruppen entstehen. Am bekanntesten wurden das „Head-Start“-Programm und die international vermarktete Fernseh-Vorschulserie „Sesamstraße“. Die Kritik an diesen Programmen trifft zugleich auch die funktionsorientierten Curricula der Bundesrepublik: „Die Forschungsergebnisse deuten darauf hin, daß für die Kinder der am stärksten verelendeten Gruppen keine Förderungsstrategie Erfolg haben dürfte, da sie ihre Aufmerksamkeit alleine auf das Kind oder auf die Eltern-Kind-Beziehung konzentriert“ (Bronfenbrenner 1974, S. 144). Notwendig wären vielmehr umfassendere sozialpädagogische Maßnahmen (intensive Elternarbeit, Familienhilfe) sowie Verbesserungen des gesamten Umfeldes der betroffenen benachteiligten Gruppen (Gesundheitsfürsorge, bessere Ernährung, Arbeit, bessere Arbeitsbedingungen usw.).

Ob die Ziele und Inhalte nun aus den Schulfächern, aus Wissenschaftsdisziplinen oder aus psychologischen Tests abgeleitet werden – bei allen Beispielen der sozialpädagogischen Curriculumentwicklung dieser ersten Phase findet sich das gleiche fragwürdige Merkmal: Immer wird nur ein Zusammenhang zwischen Zielen – Inhalten – Methode – Medien hergestellt und begründet; die Voraussetzungen der kindlichen Entwicklung aber werden vernachlässigt oder allenfalls als Randbedingung der Planung berücksichtigt. Deshalb wurden die von den Lebenssituationen und Handlungen der Kinder abgehobenen und isolierten kognitiven Programme schon bald als „falsche Vorschulerziehung“ kritisiert (z.B. Zimmer 1970).

Einen bedeutsamen Neuanfang bedeutet erst der *„situationsorientierte“* Ansatz der Münchner Arbeitsgruppe Vorschulerziehung: Das Curriculum „Soziales Lernen“ entwickelt zum ersten Mal ein spezifisch sozialpädagogisches Planungskonzept für die Vorschulpädagogik. Zum ersten Mal werden die besonderen institutionellen Voraussetzungen des Kindergartens und die Lebenssituationen von Vorschulkindern zur Grundlage der Planung gemacht. Es wird eine sozialpädagogische Didaktik angeboten, die den Kindergarten als Bildungsinstitution behandelt und auf die besonderen Aufgaben und Lernprozesse in ihm eingeht, ohne sie mit schulischem Lernen gleichzusetzen. In den Mittelpunkt tritt hier das, was in der Schule allenfalls Randbedingung war: nämlich die lebensgeschichtlich und gesellschaftlich zu bestimmende Situation der Kinder. Aus ihr ergeben sich die konkreten Ziele der sozialpädagogischen Vorschulerziehung. Das erklärt vermutlich das große Echo, das der situationsorientierte Ansatz fand. Wegen seiner grundsätzlichen Bedeutung wird er im folgenden Abschnitt ausführlicher vorgestellt.

Das Curriculum „Soziales Lernen" der Münchener Arbeitsgruppe Vorschulerziehung

Das situationsorientierte Curriculum „Soziales Lernen" wurde von der Arbeitsgruppe Vorschulerziehung des Deutschen Jugendinstituts in München in den Jahren 1971-1975 konzipiert und in Zusammenarbeit mit elf Kindergärten in Rheinland-Pfalz und Hessen entwickelt. Anschließend wurde es in verschiedenen Modellversuchen bundesweit erprobt und 1980 in einer überarbeiteten Fassung veröffentlicht. Seit 1973 wurde es in einer größeren Zahl von Büchern und Aufsätzen dargestellt und verbreitet.

Die Autoren der Arbeitsgruppe erheben den Anspruch, die Erziehungs- und Lernprozesse direkt auf die konkrete gesellschaftliche Wirklichkeit zu beziehen (statt auf schulische Lernbereiche oder Wissenschaftsdisziplinen). Das Ziel der vorschulischen Erziehung sehen sie darin, Kinder verschiedener sozialer Herkunft mit unterschiedlicher Lebens- und Lerngeschichte zu befähigen, in Situationen ihres gegenwärtigen und zukünftigen Lebens zunehmend selbstbestimmt und selbständig handeln zu können.

Um das Curriculum näher zu charakterisieren, werden im folgenden vier wesentliche Aspekte beschrieben:

- die Zielsetzung („Autonomie" und „Kompetenz"),
- der „Situationsbezug",
- die „didaktischen Einheiten" und
- der konkrete Planungsablauf.

1. Die Zielsetzung:

Die beiden Begriffe „Autonomie" und „Kompetenz" markieren die entscheidenden Punkte der Zielsetzung. Die Arbeitsgruppe geht davon aus, daß die bisherige gesellschaftliche Praxis in hohem Maße durch Fremdbestimmung gekennzeichnet ist: Erwachsene wie Kinder können ihre Lebenswirklichkeit nicht als von Menschen selbst hergestellt und deshalb veränderbar betrachten, sondern sie erleben sie weitgehend als schicksalhaft aufgezwungen und sich selbst als Rädchen in einem großen Getriebe. Diese grundlegende Erfahrung soll verändert werden. Die allgemeine Zielrichtung des Curriculums „Soziales Lernen" heißt: „Autonomie" (Selbständigkeit, Selbstbestimmung).

Die entscheidende didaktische Überlegung: Es soll von Situationen ausgegangen werden, in denen die Handlungsmöglichkeiten von Kindern eingeschränkt sind oder selbstbestimmtes Handeln in Frage gestellt wird und in denen die Kinder (und die an der Situation Beteiligten) die

Chance haben, jene Situationen informierter, angstfreier, selbstbewußter und solidarischer zu bestehen. Durch die sozialpädagogische Erziehungsarbeit sollen die Kinder lernen, ihre eigenen Bedürfnisse zu behaupten und die Erwartungen anderer wahrzunehmen und zu berücksichtigen.

Von diesem Gedanken her ergibt sich der Zusammenhang mit dem zweiten Zielbegriff, der „Kompetenz" (Können, Kenntnisse, Fertigkeit): Kompetenzen werden als Hilfsmittel zur Aufklärung und Beeinflussung fremdbestimmter Situationen aufgefaßt. Die Orientierungshilfen und Anregungen der pädagogischen Arbeit sollen die Kinder dabei unterstützen, bestimmte Fertigkeiten und Strategien zu entwickeln, mit deren Hilfe sie die alltäglichen Erfahrungen im Umfang mit Menschen und mit ihrer Umwelt verarbeiten können. In diesem Sinne betont das Curriculum „Soziales Lernen" den Zusammenhang von Autonomie und Kompetenz bzw. von technisch-instrumentellen Qualifikationen (Kompetenzen) und von sozialen Qualifikationen (Autonomie, Solidarität): Die Kinder sollen auch schon im vorschulischen Alter im konkreten Fall lernen, soziales Handeln und instrumentelle Kompetenzen miteinander verschränkt einzusetzen. „Sie sollen lernen, sich der sozialen Zusammenhänge, Voraussetzungen und Wirkungen ihrer Tätigkeiten jeweils bewußt zu werden" (Arbeitsgruppe Vorschulerziehung, 1976, S. 209).

2. Der Situationsbezug:

Der Grundgedanke des Situationsansatzes besteht aus einem Dreischritt von: Lebenssituation – Qualifikation – Curriculum (Lernsituationen). Lebenssituationen sind Probleme, Konflikte, Ängste, Freude, Hoffnungen, in denen die Kinder in der Gegenwart oder in absehbarer Zukunft stehen. Von diesen Situationen her werden die Qualifikationen bestimmt. Es wird gefragt, was die Kinder lernen müssen, um in den betreffenden Situationen möglichst autonom und kompetent zu handeln. Die Lernsituationen des Curriculums sollen dann dazu beitragen, diese Qualifikationen zu entwickeln.

Der Situationsbezug hat in diesem Ansatz also eine zweifache Funktion: Zum einen dient er als entscheidender Maßstab zur Bestimmung der Qualifikationen bzw. der konkreten Lernziele, die sich aus den Situationen ergeben; zum anderen wird die Erziehung an Situationsanlässe geknüpft, und das Lernen und Sammeln von Erfahrungen vollzieht sich in diesen Situationen selbst. In dieser zweiten Bedeutung wird der Situationsbezug auch als „didaktisches Prinzip" bezeichnet (Bambach/Gerstacker 1973).

Da die Situationen einen so entscheidenden Stellenwert haben, muß die Frage geklärt werden: Was sind wichtige Situationen? Es geht z.B. um Situationen,

– in denen Kinder sehr oft angstvoll reagieren und die deshalb traumatisch wirken können („Nachts allein zu Hause“, „Ich habe mich in der Stadt verlaufen“),
– in denen lebensgeschichtlich bedeutsame Erfahrungen gemacht werden („Als Neuer in der Gruppe“, „Ich bekomme einen Bruder oder eine Schwester“),
– in welche die Kinder in absehbarer Zukunft kommen werden („Wir machen Ferien“, „Ich komme in die Schule“),
– in denen Minderheiten von Kindern besonderer Unterstützung bedürfen („Behinderte Kinder“, „Gastarbeiterkinder“) oder
– in denen sich weitgehend alle Kinder einer bestimmten Altersstufe zurechtfinden müssen („Wochenende“, „Konflikte um das abendliche Zubettgehen“, „Fernsehen“).

Allerdings kommen nur solche Situationen infrage,

– die im Rahmen der erzieherischen Arbeit beeinflußbar sind und den Kindern Handlungsmöglichkeiten zeigen können. (Zum Problem der Auswahlkriterien vgl. Zimmer 1973, S. 31 ff., Arbeitsgruppe Vorschulerziehung 1976, S. 143 f.!)

Die Arbeit mit dem situationsorientierten Ansatz ist mit einem emanzipatorischen Interesse verknüpft. Nicht nur die leitende Zielsetzung („Autonomie“) des Curriculums, sondern auch schon die Arbeitsweise steht unter dem Anspruch der Emanzipation. Durch das situationsorientierte Curriculum sollen fremdbestimmte, „aufgesetzte“ Lernsituationen überwunden werden: Die Situationen des Curriculums werden in der unmittelbaren Praxis festgelegt. Die Kinder lernen in einem Milieu, das auf Emanzipation von fremdbestimmten Lernbedingungen ausgerichtet ist. Sie sollen nicht Objekt der Erziehung, sondern als Subjekte an Lernsituationen beteiligt sein.

3. Die didaktischen Einheiten:

Die Arbeitsgruppe Vorschulerziehung hat 28 Situationen ausgewählt und als Bausteine ihres Curriculums ausgearbeitet. Diese Bausteine werden als „didaktische Einheiten“ bezeichnet. Die Titel der didaktischen Einheiten kennzeichnen jeweils eine Situation oder einen Situationsbereich als möglichen Förderungsschwerpunkt im Rahmen des sozialen Lernens. Die Titel lauten z.B.: „Kinder im Krankenhaus“, „Kin der kommen in die Schule“, „Werbung“, „Wochenende“, „Verlaufen in der Stadt“, „Müll“, „Junge und Mädchen“, „Geburt und Zärtlichkeit“, „Kinder aus unvollständigen Familien“ (Arbeitsgruppe Vorschulerziehung 1980).

In der Situationstheorie werden Werte und pädagogische Zielformulierungen immer auf konkrete Situationen bezogen. Dadurch werden sie faßbarer und anschaulicher. An einem aktuellen Beispiel: Ökologisches Bewußtsein heißt dann z.B. nicht in erster Linie, den Kindern ein verantwortlicheres Bewußtsein vermitteln zu wollen, als wir Erwachsenen es besitzen, sondern konkret im Kindergarten ökologisch verantwortlich zu leben.

Die ausgearbeiteten und erprobten Einheiten sind als Beispiele dafür anzusehen, wie der Situationsansatz in die Praxis der Kindergartenarbeit umgesetzt werden kann. Da die konkreten Situationen von Kindern im Kindergarten höchst vielfältig sind und die pädagogische Arbeit sich ja auf die konkreten Situationen einer jeden Kindergruppe unmittelbar beziehen soll, kommt weder eine festgelegte Reihenfolge noch eine feste Gestaltung in Frage. Die didaktischen Einheiten können nicht einfach als festes Programm übernommen werden, sondern sie müssen jedesmal auf die konkrete Situation hin abgewandelt oder neu entworfen werden. Und es sind durchaus auch andere Situationen denkbar. Wichtiger als die vorliegenden Einheiten sind deshalb die leitenden Grundsätze des Curriculums. Denn nach denen können und sollen von allen Erzieherinnen und Gruppenteams selbst didaktische Einheiten entwickelt werden. Die vorliegenden didaktischen Einheiten sollen mit ihren Materialien und Anregungen zur Fortbildung von Erzieherinnen und zur Mitbeteiligung von Eltern an der Kindergartenpraxis dienen.

4. Der konkrete Planungsablauf:

Die curriculare Planung unterscheidet sich von der Planung einzelner Vorhaben vor allem durch die Anwendung der übergreifenden Prinzipien auf einen längeren Zeitraum der sozialpädagogischen Arbeit. Davon abgesehen entspricht die Planung bei den einzelnen Vorhaben (= Situationsbereichen oder didaktischen Einheiten) in der Abfolge der Arbeitsschritte weitgehend dem in Kapitel 5.2.2 beschriebenen Vorgehen:

- Analyse der Situationsanlässe
- Bestimmung der pädagogischen Zielsetzungen
- Durchführung von Projekten
- Durchführung von didaktischen Schleifen
- Bereitstellen didaktischer Materialien.

Folgende Einzelheiten sind dabei besonders zu betonen:

– Situative Anlässe ergeben sich aus dem Alltag der Kinder. Es können kleine alltägliche Begebenheiten, Vorkommnisse von aktueller lebensgeschichtlicher Bedeutung oder lokale Begebenheiten und Einrichtungen sein. Der Anstoß, eine bestimmte Situation aufzugreifen, kann von den Kindern, den Erzieherinnen, den Eltern oder außenstehenden Fachleuten (Beratern) kommen (Arbeitsgruppe Vorschulerziehung 1976, S. 73 f.). Haben sich die Beteiligten auf einen situativen Anlaß geeinigt, so besteht die nächste Aufgabe darin, die Situation zu erforschen. Dabei kann Material aus verschiedenen Quellen gesammelt werden:

Aussagen von Kindern,

Situationserkundungen von Erziehern mit Kindern,

Aussagen und Beobachtungen von Erziehern,

Aussagen von Eltern,

Beobachtungen in der Situation,

Aussagen von anderen Erwachsenen in der Situation,

Aussagen von außenstehenden Sachverständigen (Arbeitsgruppe Vorschulerziehung 1976, S. 45-64).

Für die Gespräche zwischen Kindern, Erzieherinnen und eventuell anderen Personen wird häufig der Begriff „Diskurs“ (Erörterung, Verhandlung) verwendet. Er meint sowohl Gespräche zum Thema als auch zur Planung, und er soll betonen, daß diese verschiedenen Gespräche unter gleichwertigen Partnern verknüpft und aufeinander bezogen werden müssen. Die Texthefte der meisten didaktischen Einheiten geben auch Anregungen dazu, wie solche Diskurse in Gang gebracht werden können.

— Die konkreten pädagogischen Zielsetzungen ergeben sich zum einen aus der Analyse der Situation und zum anderen im Hinblick auf die allgemeine Zielsetzung. Sie werden so formuliert, daß sie von allen am Diskurs Beteiligten verstanden und akzeptiert werden.

— Situative Anlässe sind der Ausgangspunkt für mehr oder weniger umfangreiche gegliederte Vorhaben. Bei den pädagogischen Anregungen zur Durchführung der didaktischen Einheiten wird teilweise auf Elemente der traditionellen Kindergartenpraxis zurückgegriffen (Gespräche, Geschichten, Collagen, Spiele, Rollenspiele, Projekte im Kindergarten ohne Eltern, Projekte im Kindergarten mit Eltern/Großeltern), andererseits wird über die enge Begrenzung des Kindergartens als Lernort hinausgewiesen bis in den Bereich von Gemeinwesenarbeit hinein (Projekte im Kindergarten mit anderen Erwachsenen; Projekte mit Eltern, die aus dem Kindergarten hinausführen; Projekte außerhalb des Kindergartens mit anderen Erwachsenen) (Arbeitsgruppe Vorschulerziehung 1976, S. 76-123).

Bei den Projekten handelt es sich um Vorhaben mit unterschiedlicher Vorgehensweise; nur ein kleinerer Teil stellt Projekte im strengen Sinne dar.

– Als „didaktische Schleifen“ werden solche kurzen Lerneinheiten („Stützkurse“) bezeichnet, in denen bestimmten Kindern bestimmte Kenntnisse und Fertigkeiten vermittelt werden, die sie zur Bewältigung einer konkreten Situation benötigen. Wenn die Kinder z.B. im Rahmen der didaktischen Einheit „Verlaufen in der Stadt“ telefonieren sollen, so ist die Vermittlung der Ziffern 0 bis 9 erforderlich (was aber nicht systematischen Mathematikunterricht rechtfertigt).

– Jede didaktische Einheit wird in zwei Sammelmappen angeboten: Eine Mappe enthält den Textteil, der auch jedes Mal Hinweise „zum Umgang mit didaktischen Materialien“ umfaßt; die andere Mappe enthält den Materialteil: Kindergeschichten, Fotokarten, Fotoposter, Bildkarten (mit graphischen Darstellungen für Kinder), Bildposter und evtl. eine Tonkassette; zu einem Teil der Einheiten gibt es Real- oder Fantasiefilme (10-20 Minuten, 8 mm, Magnetton). Diese Materialien sollen die in den Kindergärten vorhandenen Medien und Materialien nicht verdrängen oder ersetzen, sondern ergänzen. Häufig wird angeregt, Gegenstände aus dem Alltag der Kinder oder der Erwachsenen einzubeziehen.

Wichtige Hinweise zur kritischen Diskussion des situationsorientierten Ansatzes und seiner Verwirklichung in der Praxis finden sich schon bei Geulen, 1975 und bei Hebenstreit, 1980, S. 132 ff.

Die ersten Entwürfe zum Situationsansatz entstanden in den 70er Jahren. Aus der damaligen gesellschaftstheoretischen Kritik entwickelte sich die zentrale Forderung, daß Kindern Sachkompetenzen immer in sozialen Zusammenhängen und nicht isoliert von ihrer Bedeutung vermittelt werden sollten. Auf diesem Hintergrund ist der „rote Faden“ des Curriculums „Soziales Lernen“ zu sehen: Die Vermittlung von Fähigkeiten und Fertigkeiten ist nur sinnvoll im Zusammenhang mit der Befähigung zum selbständigen und sozial-verantwortlichen Handeln. Dabei verfolgte man anfangs die Absicht, pädagogische Ziele aus der gesellschaftlichen Wirklichkeit abzuleiten. Inzwischen sind viele Sozialpädagoginnen zu der Einsicht gelangt, daß es manchmal wichtiger ist, von einer gedachten als nur von der realen Wirklichkeit auszugehen. Und oft reagieren pädagogische Ziele, die aus der gesellschaftlichen Wirklichkeit abgeleitet werden, auf gesellschaftliche Defizite und Gefahren. Sie sind nicht selten eine Umkehrung dessen, was man sich so nicht mehr weiter wünscht. Das hat zu neuen Akzenten und zu einer gewissen Weiterentwicklung des Situationsansatzes geführt. Eine besonders wichtige Entwicklungslinie wird als „präventive Kindergartenpädagogik“ bezeichnet (Wolf-Wedigo Wolfram, 1995).

Unterschiedliche Konzepte der Curriculumentwicklung

Inzwischen bestimmen höchst unterschiedliche Konzepte die sozialpädagogische Curriculumentwicklung in Deutschland. Dabei wird manchmal die Frage aufgeworfen, was denn von diesen verschiedenen Ansätzen, Vorgehensweisen und Formen noch als „Curriculumentwicklung“ bezeichnet werden soll und was nicht. Ein echtes Definitionsproblem besteht allerdings wohl kaum. Denn tatsächlich hat sich parallel zur Entwicklung vielfältiger Curriculumformen in der Praxis auch die Bedeutung des Begriffs erweitert: Im Sprachgebrauch von Erziehungswissenschaftlern, Fachberatern oder Lehrmittelverlagen werden heute auch Lernplanungen als „Curriculum“ bezeichnet, die nur einzelne ausgewählte Elemente enthalten. Bei den heutigen Curricula bestehen deshalb in zwei Punkten erhebliche Unterschiede: einerseits im Hinblick auf den *Prozeß der Entwicklung* (Wer wählt mit welchem Verfahren Lern- oder Erziehungsziele aus und formuliert sie wie? Wer entscheidet über sie? Wer erstellt mit welchem Interesse welche Medien und Lernmaterialien? Wer beurteilt deren Qualität?) und andererseits im Hinblick auf die *Form der Produkte* (Lernziele können als bloße Leitideen formuliert sein oder als konkrete Aufgabenbeschreibung, oder sie können umgesetzt sein in eine bestimmte Folge von Spielen oder in andere Lernmaterialien usw.).

Geschlossene und offene Curricula

Bei der Entwicklung und Anwendung von Curricula haben sich zwei entgegengesetzte Tendenzen als besonders wichtig erwiesen. Sie werden mit den Begriffen „geschlossenes“ und „offenes“ Curriculum gekennzeichnet (vgl. Brinkmann 1975).

Im *geschlossenen* Curriculum werden möglichst genau beschriebene Lernziele vorgegeben, die durch eine weitgehend festgelegte Abfolge von Lernschritten erreicht werden sollen. Lehrende wie Lernende sind an die vorgegebene Organisation des Curriculums gebunden – : sozusagen „vorgefertigte“ Lernprozesse. Dem lernbereichsorientierten, disziplinorientierten und dem funktionsorientierten Ansatz entspricht mehr oder weniger diese geschlossene Form eines Curriculums.

Eine häufig anzutreffende Abwandlung dieses Typs besteht darin, daß sich Entwicklungsgruppen oder Verlagsmitarbeiter darauf beschränken, zu enger begrenzten Lernbereichen didaktische Materialien für Gruppenaktivitäten zu erstellen. (Zunächst vor allem Trainingsprogramme zur Wahrnehmungs-, Denk- oder Sprachförderung, Lernpakete zur Verkehrserziehung usw.) Die angebotenen Materialien beschränken sich inzwischen keineswegs auf die Förderung kognitiver Funktionen. Auch zum Bereich des sozialen Lernens sind Programme auf dem Markt, die durch Regel-, Rollen- und Interaktionsspiele die Selbst- und Fremdwahrnehmung, kooperatives Handeln oder den angemessenen Umgang mit Konflikten fördern sollen. Bekannte Beispiele dazu: die „Fall-Bei-Spiele“ (Kreiter/Klein 1975), „Das Helfer-Spiel“ (Tausch u.a. 1975), „Hauen ist doof.“ 162 Spielideen gegen Aggression im Kindergarten (C.A. Smith, 1993), Arbeitsmappe „Der wütende Willi“ (Lisner, 1995).

Offene Curricula haben mehr den Charakter von Vorschlägen. Sie bestehen aus inhaltlichen und methodischen Angeboten, die aufgegriffen und auf die eigene sozialpädagogische Praxis bezogen werden können. Dabei werden sie abgewandelt und an die Lernsituation und die Lernbedürfnisse der jeweiligen Zielgruppe angepaßt.

Die curriculare Planung im sozialpädagogischen Bereich hat ganz überwiegend den Charakter der offenen Planung. Das ergibt sich zum einen aus der Verschiedenartigkeit der Ausgangspunkte und zum anderen aus der Absicht, eine umfassende (strukturelle) Entwicklungsförderung zu leisten (und nicht die Vermittlung festgelegter Inhalte, wie in der schulischen Unterrichtsplanung). Es geht um die Planung eines offenen Prozesses: Der Sozialpädagoge muß ja abwarten, in welcher Weise die Gruppenmitglieder seine gezielten Angebote verarbeiten. Das konkret entwickelte Curriculum enthält nicht für alle Kinder verpflichtende Elemente, sondern allenfalls zu einem gewählten Thema verschiedene, differenzierte Angebote, die z.B. das Kind im Kindergarten ganz, teilweise oder auch gar nicht annehmen kann. Entscheidende Schritte der Planung werden also unmittelbar in der Praxis, gleichsam „vor Ort" vollzogen. Deshalb wird hier auch von „praxisnaher" Curriculumentwicklung gesprochen. Dieser Form, ein Curriculum zu organisieren, entspricht der situationsorientierte Ansatz. Von Mitarbeitern der Arbeitsgruppe Vorschulerziehung werden dafür folgende Merkmale als wesentlich angesehen:

- Offene Planung bezieht sich auf Erfahrungsbereiche der Kinder.
- Lernen von sozialem Handeln und Sachkompetenz dürfen nicht getrennt werden.
- Kinder sollen, soweit möglich, an Planungsschritten beteiligt werden.
- Offene Planung bedeutet, Angebote für verschiedene Untergruppen vorzusehen.
- Offene Planung bedeutet, daß der Erzieher ständig informiert.
- Offene Planung bezieht Lernorte und Bezugspersonen außerhalb des Kindergartens ein.
- Offene Planung bedeutet, mit Kollegen und Eltern zusammenzuarbeiten.
- Offene Planung verändert die Rolle des Erziehers: Sie relativiert seine alleinige Entscheidungsfunktion, fordert flexible Erfassung unterschiedlicher Lebenswelten (Colberg-Schrader/Krug 1977, S. 36 ff.).

Eine große Vielfalt offener Curriculumentwürfe hat sich seit der Ausarbeitung des Situationsansatzes in den verschiedenen Feldern der Jugendarbeit ergeben. Dabei sind offene Curricula eine notwendige Konsequenz aus der für die Jugendarbeit zwingend erforderlichen Orientierung an den Bedürfnissen und der Selbstbestimmung der Teilnehmer: Die Lebensinteressen und die Gruppeninteressen der Jugendlichen bestimmen das Curriculum. Zugespitzt läßt sich formulieren: Das Curriculum orientert sich am Lern- und Erfahrungsprozeß der Gruppe. Die Lernsituation als die gemeinsame Situation der Gruppenmitglieder (evtl. unter Einschluß des Leitungsteams) wird der entscheidende didaktische Faktor. In diese Lernsituation können sich die Teilnehmerinnen und Teilnehmer so einbringen, wie sie wolle. Sie können ihre eigenen Lernschwerpunkte setzen. Dabei wird die verbindende Klammer des Curriculums weitgehend aufgelöst in Richtung auf eine Analyse einzelner Situationen. Bei einzelnen Konzepten wird dabei ausdrücklich auf den Situationsansatz der Arbeitsgruppe Vorschulerziehung Bezug genommen (z.B. bei Stapelfeld/Hoppe 1980, Bielefeld u.a., 1982). Anderswo wird dieser Ansatz unter den Stichworten „Alltagsbezug", „Lebenswelt" (Damm 1981), „Lebensgeschichte" oder „Umweltaneignung" variiert und mit sozialisationstheoretischen Überlegungen verbunden.

Zur Einführung in Curriculumprobleme der Vorschulerziehung:

- ARBEITSGRUPPE VORSCHULERZIEHUNG: Anregungen I. Zur pädagogischen Arbeit im Kindergarten. München 1973
- KAZEMI-VEISARI, E.: Offene Planung im Kindergarten. Ideen und Hilfen. Freiburg/Brg. 1996
- COLBERG-SCHRADER, Hedi/KRUG, Marianne: Lebensnahes Lernen im Kindergarten. Zur Umsetzung des Curriculums Soziales Lernen. München 1982
- WOLFRAM, W.-W.: Präventive Kindergartenpädagogik. Weinheim, München 1995

Zur Curriculumentwicklung in der Jugendarbeit:

- DAMM, Diethelm: Wenn der Alltag zur Sprache kommt. Die Lebenswelt der Jugendlichen als Inhalt der Jugendarbeit. München 1981
- SIELERT, Uwe: Emanzipatorische Jugendarbeit. Theoretische Grundlegung, curriculare Ausdifferenzierung. Rheinstetten 1976
- KLEES, Renate u.a.: Praxishandbuch für die Jugendarbeit. (Teil 1: Mädchenarbeit, Teil 2: Jungenarbeit) Weinheim, München 1989

5.2.5 Konzeptentwicklung

Gegenüber dem Curriculum „Soziales Lernen" und seinem Situationsansatz wird öfter eingewandt: Diese Form curricularer Planung – selbst wenn sie noch so gewissenhaft ausgeführt werde – könne längt nicht alles erfassen, was sich im Kindergarten abspielt und für das Leben und Lernen der Kinder wichtig sei. Dieser Einwand ist zutreffend; und er gilt zweifellos ebenso für alle anderen Formen der Curriculumentwicklung wie auch für die drei übrigen Typen didaktischer Planung überhaupt, also für die Behandlung von Situationen, die Planung von Vorhaben, die individuelle Erziehungsplanung wie für die Curriculumentwicklung. Er gilt sogar noch dort, wo alle vier Aufgaben didaktischer Reflexion nebeneinander bearbeitet werden und sich gegenseitig ergänzen. Es fehlt auch dann noch die Klammer, die das Ganze zusammenhält: das Konzept.

Der Begriff des Konzeptes in der Sozialpädagogik

Das Wort „Konzept" (oder auch „Konzeption") stammt aus der Denkpsychologie und wurde aus dem Englischen übernommen. Es bezeichnet ursprünglich den Vorgang, daß bestimmte Gesichtspunkte, Eigenschaften oder Beziehungen von Gegenständen oder Sachverhalten in einen Zusammenhang gebracht werden.

Aus der Psychologie drang der Begriff in alle möglichen Bereiche der Sozialwissenschaften ein. Er meint hier meistens die Grundsätze oder den grundlegenden Plan eines bestimmten Handelns. In der Sozialpädagogik wird der Begriff „Konzept" mit zwei verschiedenen Bedeutungen verwendet: einerseits im Sinne von „Handlungskonzepten", andererseits im Sinne von „Arbeitsfeldkonzepten".

Die Versuche, Formen des sozialpädagogischen Handelns im Sinne von *Handlungskonzepten* oder *Arbeitsformen* zu unterscheiden und abzugrenzen, gehen von den Problemen, Zielen und typischen Mustern des zielgerichteten Handelns aus. Dabei lassen sich unter vorwiegend formalen Gesichtspunkten etwa folgende Konzepte sozialpädagogischen Handelns unterscheiden:

die psychoanalytischen Konzepte,

die klientenorientierten Beratungskonzepte,

das kommunikationstheoretisch orientierte Beratungskonzept,

das gruppendynamische Konzept,

das Konzept der Gruppenpädagogik
(Geißler/Hege 1985).

Es ist üblich, diese Handlungskonzepte auch als „Methoden" zu bezeichnen. Sie lassen sich ordnen nach:

- Methoden der Einzelarbeit
- Methoden der Gruppenarbeit und
- Gemeinwesenarbeit.

Andere Handlungskonzepte gehen von inhaltlichen Gesichtspunkten und dem vorherrschenden Verständnis der sozialpädagogischen Aufgabe aus. So lassen sich in der offenen Jugendarbeit folgende Konzepte oder Ansätze unterscheiden:

Freizeitpädagogik,

Spielpädagogik,

Problembezogene Arbeit,

Produktorientierte Arbeit,

Erlebnispädagogik.

Sozialpädagogisches Handeln ist in all diesen Konzepten vor allem auf Prozesse im zwischenmenschlichen Bereich oder auf methodische Aspekte ausgerichtet; die Praxis in den verschiedenen sozialpädagogischen Institutionen mit ihren unterschiedlichen Rahmenbedingungen kommt weniger in den Blick.

In einem anderen Sinne wird der Begriff des Konzeptes verwendet, wenn der Arbeitsbereich, das *Feld,* in dem sozialpädagogisch gehandelt wird, zum Kriterium gemacht wird, um einzelne Konzepte zu unterscheiden (zum Begriff des Feldes vgl. Kap. 2.2).

Um die allgemeine didaktische Struktur einzelner sozialpädagogischer Arbeitsfelder geht es z.B. in folgenden Büchern: „Arbeitsfeld Kindergarten" (Colberg-Schrader/Krug 1977), „Leben und Lernen in Kindertagesstätten" (PG Ganztagseinrichtungen 1984), „Arbeitsfeld Hort" (Ehrhardt-Plaschke 1978), um das Arbeitsfeld des Erziehungsheimes geht es bei Kupffer 1994, Schweitzer u.a. 1977 oder Flosdorf 1988, um die Offene Jugendarbeit bei Böhnisch/Münchmeier 1990. All diese Bücher wollen zur Entwicklung eines eigenen Konzeptes für die einzelnen Einrichtungen anregen und anleiten. Auch Praxisberichte über eine bestimmte sozialpädagogische Einrichtung haben öfter die Form einer konkreten Arbeitsfeldanalyse. Der Begriff des Arbeitsfeldes erweist sich dabei als besonders gut geeignet, um Praxissituationen und ihre typischen Strukturen und Veränderungen zu erfassen. Deshalb erscheint es zweckmäßig, die Entwicklung des didaktischen Gesamtkonzeptes einer sozialpädagogischen Einrichtung auf das Arbeitsfeld zu beziehen.

Das Konzept einer sozialpädagogischen Einrichtung als didaktische Aufgabe

Wenn in einer sozialpädagogischen Einrichtung von „unserem Konzept" die Rede ist, dann wird häufig zunächst einmal auf einige erzieherische Grundsätze hingewiesen („Es kommt uns auf die Selbständigkeit der Kinder an". – „Wir haben einen demokratischen Erziehungsstil".) und auf die notwendigen Maßnahmen zu ihrer Verwirklichung. Doch es geht durchaus noch um mehr. Das pädagogische Konzept erschließt das ganze Arbeitsfeld, und zwar in einer bestimmten Weise: Es ist besonders an den Problemen des Lernens und des erzieherischen Handelns interessiert. Und es beschreibt zugleich auch den Lebens- und Erfahrungsraum der Gruppenmitglieder.

Was nützt solch ein Konzept? Wozu kann es dienen, wenn man das aufschreibt, was man im Alltag tut und warum man es tut? Es hat eine zweifache Wirkung. Zum einen wirkt es nach „innen“: Es bietet einen Anlaß, um miteinander über die Arbeit zu reden. (Das gilt insbesondere, während das Konzept erarbeitet und diskutiert wird.) Dabei kann der Diskussionsstand im Team deutlicher geklärt werden. Es wird festgehalten, was tagtäglich in der sozialpädagogischen Einrichtung geschieht, aber nicht sichtbar wird: der gedankliche Entwurf, gleichsam der Grundriß des alltäglichen Handelns. Durch das Klären und Festhalten des Konzeptes werten die Mitarbeiter ihre Arbeit auf – für sich selbst wie für andere. Wenn das Konzept „steht“, gibt es den Mitarbeitern Rückhalt und Sicherheit. Es zeigt, wie die alltägliche Arbeit „eigentlich“ gemeint ist. Es bedeutet auf keinen Fall eine Fessel; es geht nicht darum, was in einer bestimmten Situation konkret zu tun ist, sondern darum, wie bestimmte Entscheidungen zustande kommen sollen und warum z.B. welche Freiräume für Gruppenmitglieder und Sozialpädagogen wichtig sind. Ein solcher Leitfaden kann zudem für neue Mitarbeiter oder Praktikanten den Einstieg in ihre Arbeit sehr erleichtern.

Zum anderen kann das Konzept nach „draußen“ wirken: Es ermöglicht, die eigene sozialpädagogische Arbeit für die Zielgruppe, die anzusprechenden Gruppenmitglieder oder Familien, besser darzustellen. Es hilft den Mitarbeitern bei der Argumentation gegenüber dem Träger, anderen Einrichtungen, Behörden oder Schulen, wenn sie den Stellenwert ihrer sozialpädagogischen Arbeit klarmachen wollen. Auch in der Diskussion mit Kolleginnen/Kollegen aus anderen Einrichtungen hilft das Konzept, Grundzüge der eigenen Arbeit zu verdeutlichen. Es ist Bestandteil der Öffentlichkeitsarbeit.

Ein gutes Konzept muß im Sinne der Arbeitsfeldanalyse über den „Tellerrand“ der Einrichtung hinausblicken. Es kann nicht an der Haustür haltmachen, sich auf das Innenleben der Einrichtung beschränken. Die *Lebenswelt der jeweiligen Zielgruppe* mit ihren Konflikten und Problemen, die Lebensgeschichte und der Entwicklungsstand ihrer Mitglieder muß ihr Ausgangspunkt sein.

Das Wesen des Konzeptes besteht darin, die Gestaltung eines sozialpädagogischen Ortes durchsichtig zu machen. Dazu muß das Konzept alle wesentlichen (strukturellen) *Erfahrungsbereiche, Organisationsphasen und Situationen* der sozialpädagogischen Arbeit erfassen. Das bedeutet, daß die Konzeption eines Kindergartens z.B. sich nicht nur mit den thematischen Angeboten beschäftigt, sondern auch mindestens noch mit dem Frühdienst und dem Kommen der Kinder – dem Freispiel – dem Frühstück – dem Stuhlkreis. In einer Tagesstätte etwa können noch die Situationen des Mittagessens und der Ruhezeit (evtl. Schlafen) hinzukommen.

Oder in einem Heim geht es z.B. um das Wecken und Aufstehen – die Mahlzeiten – Schule und Lernen – Hausaufgaben – Spielgruppen und Freizeitangebot – das Waschen und Baden – Zubettgehen und Schlafen – um Gruppengespräche – Therapiestunden – um Wartezeiten – um Feste – um Besuche zu Hause – und anderes mehr. Die Planung des pädagogischen Konzeptes bliebe bruchstückhaft, wenn sie sich hier nur auf einzelne Bereiche, wie z.B. „Schule", „Freizeit" und „Ämter in der Gruppe" beziehen würde. Damit würde sie sich mit einem gewissen Ausschnitt aus der Arbeit der Lehrer und Erzieher begnügen. Die Fülle sonstiger Tätigkeiten würde nicht einmal beachtet, geschweige denn angesprochen. Das Konzept bliebe unwirksam für die ausgesparten Bereiche und damit für vieles, was sich zwischen Erziehern und Kindern abspielt. Der Bereich reflektierter und geplanter sozialpädagogischer Arbeit reicht so weit wie das Konzept.

Bisher war von Organisationsphasen, Bereichen und Alltagssituationen der Interaktion zwischen Erwachsenen und Kindern/Jugendlichen oder den Gruppenmitgliedern untereinander die Rede. Diese Interaktionen spielen sich in einem Feld ab, das durch die organisatorischen, räumlichen (vgl. Höntschik 1985) und persönlichen Voraussetzungen und Rahmenbedingungen gebildet wird. Der jeweilige konzeptionelle *Rahmen* eröffnet bestimmte Möglichkeiten des Spielens, Erkundens, Redens, der Beobachtung, Kritik oder Zusammenarbeit – und andere Möglichkeiten versperrt er.

Mustergliederung (für das Konzept einer Kindertagesstätte)

1. Vorwort
(Adressaten, Tradition der Einrichtung, pädagogischer Schwerpunkt)

2. Rahmenbedingungen (Räume, Personal, Zeiten, Lage . . .)

3. Lebenssituation der Kinder und Eltern

4. Ziele für die pädagogische Arbeit mit Kindern (und Begründung)
   - 4.1 Entwicklungsbedingungen und -möglichkeiten des Kindes in der Einrichtung
   - 4.2 Soziale Kontakte zwischen den Kindern und zwischen Kindern und Erwachsenen
   - 4.3 Angebote und integrative Förderung in verschiedenen Entwicklungsbereichen
   - 4.4 Gesundheit und Ernährung
   - 4.5 . . .

5. Mögliche Formen pädagogischer Arbeit
(Freispiel, Projekte, Angebote, Schulvorbereitung, Schularbeiten, Außenaktivitäten)

6. Exemplarischer Tageslauf

7. Ziele und Formen der Zusammenarbeit mit den Eltern (und Begründung)

8. Zusammenarbeit der Mitarbeiterinnen
   8.1 Zuständigkeiten
   8.2 Mitarbeiterbesprechungen
   8.3 Fortbildung

9. Zusammenarbeit mit anderen Institutionen

nach: Irskens/Preissing, 1987, S. 19 f.

Auf diese Rahmenbedingungen und die grundlegenden *Ziele* der sozialpädagogischen Arbeit sind vor allem die verschiedenen Formen der *„Erwachsenenarbeit“* ausgerichtet: das Gespräch im Kollegenkreis (Teamsitzung, Fallbesprechung, Konferenz usw.), Beratung, Supervision, Elternarbeit, die Tätigkeit von Elternrat, Kindergartenrat oder Heimbeirat, Auseinandersetzung mit dem Träger usw. Wo diese Erwachsenenarbeit nicht abgehoben und distanziert von dem Gruppenleben abläuft, sondern vielmehr als Bestandteil des gemeinsamen Bemühens, die Situation der Kinder oder Jugendlichen zu verbessern, da hat sie eine wichtige Funktion: In den Verhandlungen der Erwachsenen (teilweise unter Beteiligung der Gruppenmitglieder) kommen konkrete gesellschaftliche Interessen zur Sprache. Es wird bewußt, in welchem Maß die sozialpädagogische Arbeit und ihre Ausrichtung gesellschaftlich bestimmt sind.

Aus der Systemtheorie wissen wir, daß *Offenheit* ein entscheidender Punkt für das Leben einer Einrichtung ist. Ein offenes System gilt als lebens- und entwicklungsfähig. Es geht dabei um Offenheit in dreierlei Hinsicht:

1. Offenheit nach außen: Hier geht es um die Verbindung mit dem Dorf oder der städtischen Nachbarschaft, als Gastfreundschaft und Bereitschaft, Kinder und Erwachsene anderer Familien einzuladen. Solche Offenheit ist ein wesentliches Kriterium einer lebendigen Lebensform. Sie findet ihre Grenze am Schutzraum des inneren sozialen und kulturellen Kernes, der schneller oder weniger schnell in Gefahr gesehen wird. Eine Einrichtung der Drogenhilfe braucht einen engeren Schutzraum als ein Hort, die Wohngemeinschaft mit eigener Landwirtschaft kann sich mehr Offenheit erlauben als die Kleinfamilie.

2. Offenheit nach innen: Hier steht die Offenheit in Spannung zu der notwendigen Abgrenzung gegeneinander. Also der Anspruch, „sich alles zu sagen“ - oder das Leben von distanzierten Individuen nebeneinander zu führen. Unterschiedliche Erwartungen im Hinblick auf die Offenheit und unterschiedliche kommunikative Fähigkeiten führen hier nich selten zu großen Konflikten.

3. Offenheit als Integration verschiedener Menschen: Welche Kinder kann eine Wohngruppe aufnehmen und verkraften? Wieviele Ausländer sind in einer ländlichen Jugendgruppe integrierbar? Meistens sind es Rücksichten auf das schon Bestehende, auf Schwächere oder die eigenen Ziele, die Offenheit einschränken, gelegentlich auch Vorurteile oder schlechte Erfahrungen. Deswegen ist „hier auch ein besonders zähes Ringen zu beobachten, etwa zwischen Mitarbeitern und der Amtskirche, zwischen einer kleinen modernen Einrichtung und einer traditionellen Bevölkerung, zwischen Randgruppenarbeit und traditioneller Jugendarbeit. Große Verbände haben es offenbar besonders schwer, ihren Gliedeinrichtungen gegenüber die notwendige Offenheit aufzubringen“ (Frommann, 1987, S.118).

Es reicht jedoch nicht aus, die verschiedenen Bereiche und Aspekte des Arbeitsfeldes zu betrachten und zu berücksichtigen; es kommt auch darauf an, wichtige Grundsätze in den verschiedenen Bereichen durchgehend zur Geltung zu bringen. Die Konzeptentwicklung soll dazu beitragen, den sozialpädagogischen Alltag *einheitlich und konsequent* zu gestalten.

Beispiel: In einem Hort versuchen die beiden Erzieherinnen, nach dem situationsorientierten Ansatz zu arbeiten. Die Planung von Projekten kostet sie eine Menge Zeit und Mühe. Deshalb empfinden sie die Hausaufgaben der Kinder seit einiger Zeit als besonders störendes und lästiges Problem, das sie nicht in den Griff bekommen. „Die blöden Hausaufgaben machen den ganzen Nachmittag kaputt“, sind sich Kinder und Mitarbeiterinnen einig. Bis eine Kollegin von einer Fortbildungsveranstaltung den Gedanken mitbringt, die Hausaufgabenbetreuung doch auch einmal wie eine „Lebenssituation“ anzugehen: „Ziel der Veränderung sollte es sein, die schulähnliche Situation aufzuheben. Einige Erleichterungen für Kinder und Erzieher sind möglich. Will man den Anspruch des sozialen Lernens nicht auf den Freizeitbereich beschränken, so kann auch die Hausaufgabensituation ein Übungsfeld für soziales Verhalten sein. Die Kinder können sich mehr untereinander helfen, sich gegenseitig etwas erklären und bei Unklarheiten selbst Hilfsmittel . . . nehmen“ (Ehrhardt-Plaschke 1978, S. 32). Zur Veränderung der Situation gehört deshalb die Anschaffung von Wörterbüchern und verschiedenen Schülerlexika. Welche weiteren Hilfsmittel nützlich sein können, soll mit den Lehrern beraten werden. Mit den Lehrern und Eltern soll auch darüber gesprochen werden, wie weit es möglich ist, den Umfang der Hausaufgaben zu verringern. Ein Schulpsychologe hat den Erzieherinnen zugesagt, sie im Hort zu besuchen und ihnen methodische Tips zu den Hausaufgaben zu geben. Am wichtigsten ist es aber, die Kinder bei der Gestaltung der Hausaufgabensituation zu beteiligen. Dazu wurde das Thema mit den Kindern aufgegriffen: Was stellen sie sich vor, wie die Zeit geregelt, wie die Arbeit organisiert und welche Unterstützung bei den verschiedenen Aufgaben gegeben werden soll?

Eine Konzeption, die (wie in diesem Beispiel) Konsequenz in den sozialpädagogischen Alltag bringen will, ist eine wichtige Orientierungshilfe für die Mitarbeiter. Doch ihr Nutzen ist zweifelhaft, wenn die pädagogischen Zielvorstellungen nicht *realistisch* auf die Ausgangssituation und die organisatorischen Vorbedingungen der Einrichtung bezogen sind. Andernfalls überfordern sich die Mitarbeiter zunehmend mehr und geraten leicht in einen Teufelskreis von Unzufriedenheit, Resignation und immer neuen und womöglich höheren Ansprüchen.

Didaktische Aufgabe der Konzeptentwicklung für eine bestimmte sozialpädagogische Einrichtung

1. Die Planung eines didaktischen (Gesamt-)Konzeptes dient folgender Zielsetzung: Es geht darum, die sozialpädagogische Praxis (im Rahmen einer einzelnen Einrichtung) umfassend zu reflektieren und entsprechend gesellschaftlichen und pädagogischen Begründungen zu verbessern.
2. Die Einstellung bei dieser Planung sollte so sein, wie sie dem Konzept, der betroffenen Zielgruppe und den Mitarbeitern am ehesten nützt: kritisch.
3. Die Planung des Konzeptes muß von der Wirklichkeit der augenblicklichen Situation in der Einrichtung ausgehen.
4. Das Konzept soll möglichst umfassend sein: Es muß alle wesentlichen Aspekte der Praxis berücksichtigen und beeinflussen (Probleme und Konflikte der Zielgruppe, Alltagssituationen, Organisationsphasen, Lern- und Erfahrungsbereiche, Entscheidungsgremien usw.).
5. Damit die Struktur dieser Praxis deutlich wird, kommt es vor allem darauf an, die Beziehungen zwischen den einzelnen Faktoren und Bereichen zu verfolgen und zu untersuchen, wo die wesentlichen Grundsätze der pädagogischen Arbeit durchgehend verwirklicht werden und wo nicht.
6. Das pädagogische Konzept muß auf drei Ebenen entwickelt werden:
   - als pädagogisches Gesamtkonzept der Einrichtung,
   - als pädagogisches Konzept für Teilbereiche (z.B. eine Gruppe) und
   - als individuelles Erziehungskonzept (vgl. 5.2.3 „Individuelle Erziehungsplanung“).

Es wäre allerdings ein Mißverständnis, wenn man Teilkonzepte und individuelle Konzepte aus dem entwickelten Gesamtkonzept „ableiten“ wollte. Sie müssen vielmehr in einem eigenen Such- und Denkansatz entwickelt werden. Zwischen den einzelnen Ebenen besteht ein Verhältnis wechselseitiger Beeinflussung: Der individuelle Erziehungsplan für ein bestimmtes Kind hat Auswirkungen auf die Gruppe und auf das Gesamtkonzept und umgekehrt!

7. Das Konzept soll praktikabel sein. Soweit es geplante Erziehungs- und Lernprozesse beschreibt, muß es deshalb im Sinne einer offenen Prozeßplanung gestaltet sein.
8. Die Forderung nach umfassender Erschließung des pädagogischen Feldes darf nicht zu einem Perfektionszwang im Hinblick auf die Einzelheiten führen. Das entscheidende Kriterium für die Ausarbeitung des Konzeptes: Der didaktische Zusammenhang muß so weit festgelegt und auch so formuliert sein, daß er zumindest von allen Mitarbeitern durchschaut und nachvollzogen werden kann.

Für Form, Umfang und Inhalt eines *schriftlich formulierten Konzeptes* gibt es keine allgemeingültigen Regeln. Darüber muß das jeweilige Arbeitsteam entscheiden, nachdem geklärt ist,

- wozu das Konzept gebraucht wird (Zweck)
- für wen es bestimmt ist (Adressat) und
- wieviel Zeit für die Diskussion und Formulierung aufgewandt werden kann.

Es gelingt in der Regel nicht, in einer größeren Gruppe gemeinsam zu formulieren. Dagegen hat sich das folgende Vorgehen bewährt: Nach einer ersten Diskussionsrunde (Vordiskussion) verfassen ein oder zwei Mitarbeiter einen Textentwurf, der dann vom gesamten Team noch einmal diskutiert, verbessert und ergänzt werden kann.

Wegen der unterschiedlichen Zwecke und Adressaten des Konzeptes scheint mir für den schriftlichen Text ein „Baukasten-System“ empfehlenswert: Damit ist hier eine Sammlung verschiedener Blätter (oder großer Karteikarten) in einem Schnellhefter oder Ringhefter gemeint. Die einzelnen Blätter enthalten ausformulierte Texte, Stichworte, Schemazeichnungen oder anderes Material zu einzelnen Aspekten des Konzeptes. Da können z.B. für den Träger oder für bestimmte Behörden auf drei Seiten die übergreifenden Zielsetzungen und die grundlegenden Arbeitsweisen beschrieben sein. Für die Eltern eines Kindergartens kann der Text recht konkret über die Leistungen und Anforderungen der Einrichtung informieren. Fotos oder Zeichnungen können den Text veranschaulichen. Auch als Dia-Schau oder Video-Clip ist ein Konzept denkbar. Die Information über geplante Ferienmaßnahmen in einem Freizeitheim z.B. muß besonders auf die Einstellungen und die Sprache der anzusprechenden Besucher abgestimmt sein.

Aufzeichnungen über einzelne Organisationsphasen oder Alltagssituationen (wie z.B. Fernsehen oder Einschlafen im Heim), die für die interne Diskussion im Team bestimmt sind, können eventuell auf einem längsgeteilten Blatt zweckmäßig sein: links einzelne Gesichtspunkte oder Alternativen zur Situation, rechts ein didaktischer Kommentar in Form von Bemerkungen, Erläuterungen, Vor- und Nachteilen usw.

Ein Konzept ist also kein perfekt ausformuliertes, fertiges Anweisungsbuch, sondern ein Arbeitstext, der im Laufe der Zeit immer wieder überarbeitet werden muß.

Die laufende Fortentwicklung des Konzeptes

Freilich: In der Praxis hat die konzeptionelle Planung einen sehr unterschiedlichen Stellenwert; sie wird mit unterschiedlichem Aufwand und Engagement betrieben. Diese Tatsache ist nicht zu übersehen, wenn man in sozialpädagogischen Einrichtungen nach Konzepten fragt. Und Gründe dafür sind auch zu finden. Zumindest ist es keineswegs zufällig, wie hoch der Aufwand und das Engagement für die Konzeptplanung im einzelnen sind; es entspricht vielmehr der folgenden Tendenz:

Je mehr eine sozialpädagogische Einrichtung ihre vordringliche Aufgabe darin sieht, Anpassung zu fördern und Aufsichts- und Kontrollfunktionen auszuüben, desto geringer ist der Stellenwert der Konzeptarbeit. Der Alltag verläuft routiniert und an festen Regeln orientiert. Je mehr eine sozialpädagogische Einrichtung dagegen Bildungs-, Förderungs- oder therapeutische Leistungen als ihre primäre Aufgabe ansieht, desto höher ist der Stellenwert der Konzeptplanung und desto mehr Kommunikation und Zusammenarbeit der Mitarbeiter sind notwendig. Denn zum einen muß das zunächst mehr oder weniger formale Konzept mit Leben erfüllt werden – und das bedeutet: Auseinandersetzungen, Sympathien, persönliche Beziehungen und den mühsamen Weg der Verständigung. Zum anderen ist das Konzept ein Entwurf, der ständig überarbeitungsbedürftig ist. Das heißt also: Wer sich bei der Entwicklung des Konzeptes engagiert, muß sich auch um die Fortentwicklung kümmern.

Das Konzept muß immer von neuem den veränderten Verhältnissen und der sich verändernden Zielgruppe angepaßt werden. Das gilt nicht nur für das pädagogische Handeln im engeren Sinne, sondern auch für die organisatorischen und räumlichen Rahmenbedingungen.

Den Glücksfall einer weitgehend freien Konzeptentwicklung gibt es immer nur einmal: zu Beginn, beim Neuaufbau einer Einrichtung. Danach finden die Planenden immer schon einen Standort, Räume, bestimmte Versorgungsleistungen, Personalstrukturen, Normen usw. vor. Auf dieses institutionalisierte Gerüst müssen sie sich beziehen, bei ihm müssen sie anknüpfen mit ihren eigenen Vorstellungen. Und die Gefahr ist immer wieder groß, sich einfach mit den gegebenen Zuständen, dem vorhandenen Konzept – oder der Konzeptionslosigkeit – abzufinden. Denn in der Routine des Alltags verblassen die Konturen eines einmal formulierten Konzeptes schnell, Grundsätze geraten in Vergessenheit, Ideen verlieren ihre motivierende Kraft. Das Beharrungsvermögen einer jeden organisierten Institution, die bewährten Rezepte, die alten Gewohnheiten („Das haben wir schon immer so gemacht!"), die Angst vor dem unsicheren Neuen setzen der Fortentwicklung des Konzeptes oft erheblichen Widerstand entgegen.

Beispiel: In den 70er Jahren führten die Kritik an der bestehenden Heimerziehung und der verstärkte Trend zur Unterbringung in Pflegefamilien dazu, daß in Heimen zunehmend Kinder und Jugendliche mit erheblichen Verhaltensstörungen zurückblieben. In einem großen Fürsorgeerziehungsheim für männliche Jugendliche ging es in diesem Zusammenhang um eine neue Konzeption.

Über 100 Jahre lang galt hier das Torfstechen in frischer Luft als wichtiges Erziehungsmittel. Daran hatten auch die fortschrittlichen Gedanken einzelner jüngerer Erzieher und die Kritik der Öffentlichkeit zunächst nicht viel ändern können. Nun machte ein neuer Heimleiter sich mit Unterstützung des Trägers daran, diese fragwürdige Tradition zu überwinden. Nach vielerlei Konflikten, nach Besuchen in anderen Heimen und der Auseinandersetzung mit deren Konzepten, nach einer langfristigen heiminternen Fortbildung für alle Mitarbeiter und der Einstellung spezieller Fachkräfte (Heilpädagogen, Therapeuten, Psychologen) kam langsam die Entwicklung eines neuen Konzeptes in Gang. Nach fünf Jahren zeichneten sich erste Erfolge ab: Die Umwandlung des Fürsorgeheimes in ein heilpädagogisches Heim war abgeschlossen; verbunden mit Um- und Neubauten, wurde ein Stufenplan entwickelt, der mit einer Phase des Kennenlernens, der Beobachtung und Untersuchung beginnt und über verschiedene Wohn- und Erziehungssituationen zu einer zunehmenden Stabilisierung der Jugendlichen führen soll. Das heilpädagogische Schülerheim als Mittelpunkt wird ergänzt durch zwei Außengruppen und betreute Wohngemeinschaften.

Dabei entwickelte sich die neue Konzeption teilweise als Umgestaltung vorhandener Gebäude und Situationen; teilweise war auch erst der gedankliche Entwurf vorhanden, nach dem dann gebaut und organisiert wurde.

Die weitreichende Umgestaltung einer sozialpädagogischen Einrichtung wie in diesem Beispiel kommt in der Regel nur unter massivem äußeren Druck, durch gesellschaftliche Anforderungen, veränderte Problemlagen, öffentliche Kritik und ein verändertes Bewußtsein zustande. Sie ist eher ein Sonderfall als die durchschnittliche didaktische Aufgabe, bei der es um die ständige Fortentwicklung des Konzeptes geht. Trotzdem enthält das Beispiel Hinweise darauf, wie die laufende Fortentwicklung des Konzeptes überhaupt in Gang kommen oder lebendig bleiben kann:

- Die Einstellung eines neuen Mitarbeiters z.B. oder die Aufnahme einer neuen Gruppen können zum Anlaß werden, die bisherige Verteilung von Zuständigkeiten und Rollen zu überdenken.
- Fortbildung (möglichst gemeinsam für das ganze Team einer Gruppe) schafft Distanz vom Alltag und Gelegenheit zu kritischen und grundsätzlichen Überlegungen.
- Erfahrungsaustausch mit anderen Einrichtungen zeigt neue Möglichkeiten und fordert zum Vergleichen mit der eigenen Praxis auf.
- Beobachtungen, Fragen oder Vorschläge einer Fachberaterin oder eines Fachberaters z.B. können ein Anstoß sein, das Gespräch über die Konzeption wieder einmal aufzunehmen.
- Darüberhinaus gibt in vielen Fällen die regelmäßige Supervision Anstöße für die Weiterentwicklung des Konzeptes (vgl. 6.3).

Solche von außen kommenden Anregungen und Unterstützungen sind wichtig. Doch sollten sie nicht dazu führen, die kleinen alltäglichen Anstöße zu übersehen und zu vergessen. Die Mitarbeiter sollten nicht erst hinhören, wenn ein Konflikt öffentlich wird und sich vielleicht in einem bösen Zeitungsartikel niederschlägt. Schon alltägliche Äußerungen eines Kindes, Jugendlichen oder eines Mitarbeiters können wichtige Signale enthalten. Der Vorschlag „Schmeißt doch mal ein paar Stühle raus!" kann unter Umständen in einer Kindergartengruppe eine ganze Lawine des Umräumens, Neugestaltens oder sogar organisatorischer Veränderungen auslösen – wenn er nur gehört wird. Oder im 1. Beispiel wird die alltägliche Situation der Hausaufgabenbetreuung zum Thema gemacht und von den Erzieherinnen und Kindern gemeinsam bearbeitet.

Wo in diesem Sinne die Gestaltung von Alltagssituationen, Organisationsphasen oder Entscheidungsprozessen, also Faktoren der Konzeptentwicklung, auch zum Inhalt der sozialpädagogischen Arbeit gemacht werden, da bestehen besonders günstige Bedingungen dafür, daß die Konzeptentwicklung in Bewegung bleibt.

Vielleicht trägt es auch zu einer realistischeren, flexiblen Einstellung bei, wenn sich die Mitarbeiter immer wieder klarmachen, daß es für das Konzept ein bestimmtes Ideal nicht geben kann: Die Konzeptentwicklung ist also immer auf dem Wege, sie kommt nie endgültig ans Ziel. Als Motto könnte über diesem Kapitel stehen: „Bei allem fragen: Wie könnte dieses besser eingerichtet werden?" (Georg Christoph Lichtenberg).

Einführende Literatur:

- DEINET, Ulrich/STURZENHECKER, Benedikt (Hrsg.): Konzepte entwickeln. Anregungen und Arbeitshilfen zur Klärung und Legitimation. Weinheim, München 1996
- IRSKENS, Beate/PREISSING, Christa: Damit wir wissen, was wir tun! Methoden zur Erstellung eines pädagogischen Konzeptes im Team (= MSP 15). Frankfurt 1987
- KRENZ, Armin: Die Konzeption – Grundlage und Visitenkarte einer Kindertagesstätte. Freiburg/Brg. 1996

6. Rahmenbedingungen didaktischer Arbeit

6.1 Arbeitsteilung und Didaktik

Zunächst einmal geht es um die Frage: Welche Berufsgruppen mit welchen Positionen sind in sozialpädagogischen Einrichtungen tätig? Und welche von ihnen beschäftigen sich mit den didaktischen Aufgaben?

Geht man von der durchschnittlichen Situation in sozialpädagogischen Arbeitsfeldern mit ihrer typischen Arbeitsteilung aus, so lassen sich mindestens vier verschiedene Positionen und Funktionsbereiche (Rollen) unterscheiden:

In jeder sozialpädagogischen Einrichtung, in der es Gruppen gibt, gibt es auch Mitarbeiterinnen und Mitarbeiter, die diesen Gruppen zugeordnet sind und deren Aufgabe der *Erziehungsdienst* oder *Gruppendienst* ist. Meistens ist einer dieser Mitarbeiter als Gruppenleiter auch für übergreifende Aufgaben zuständig.

Außerdem gibt es in der Regel mindestens eine Position der *Leitung*. Je nach der Größe der Einrichtung ist diese Leiterin/dieser Leiter entweder ganz vom Gruppendienst freigestellt oder teilweise entlastet. Sie/er wird meistens von einem Stellvertreter unterstützt. In großen Einrichtungen, besonders in größeren Erziehungsheimen oder Freizeitheimen, sind die Leitungsaufgaben noch wieder unterteilt in Erziehungsleitung (pädagogische Leitung) und Verwaltungsleitung. Darüber gibt es manchmal noch eine Gesamtleitung, einen Vorsteher o.ä.

Fast jede sozialpädagogische Einrichtung arbeitet mit einem Arzt zusammen, mit mindestens einer Beratungsstelle, mit Sachbearbeitern des Jugendamtes, des Sozialamtes oder anderer Behörden. Für spezielle Aufgaben sind häufig auch spezielle Fachkräfte angestellt, vor allem Therapeuten für die verschiedensten Gebiete. Diese Spezialisten mit besonderen Aufgaben werden als *„Fachdienste“* zusammengefaßt.

Ab und zu kommt es vor, daß *Wissenschaftler* zu Forschungszwecken in sozialpädagogische Einrichtungen kommen, um zu beobachten, zu untersuchen, Akten auszuwerten oder Befragungen durchzuführen. In selteneren Fällen nehmen sie an der tagtäglichen pädagogischen Arbeit teil und bezeichnen ihre Arbeitsweise dann als „Handlungsforschung“ (vgl. Haag u.a. 1972).

Für das, was pädagogisch geschieht, was Kinder und Jugendliche in einer sozialpädagogischen Einrichtung erleben, sind oft noch andere Mitarbeiter unerwartet wichtig: Manchmal ist es der Hausmeister, eine Köchin, ein Gärtner oder ein Praktikant, zu denen ein Kind besonderes Vertrauen und eine wichtige Beziehung hat.

Einrichtungen, die einen Werkstattbereich haben (größere Erziehungsheime für Jugendliche, Kinderdörfer, Werkstätten für Behinderte), haben meistens auch handwerklich ausgebildete Mitarbeiter für diesen Bereich. Heime, denen eine Schule angegliedert ist, haben dann auch Lehrer unter ihren Mitarbeitern.

In einem etwas vereinfachten Modell (in dem die Lehrer, die Mitarbeiter der Werkstätten und der hauswirtschaftlichen Arbeitsbereiche nicht berücksichtigt sind) lassen sich folgende Funktionsbereiche unterscheiden:

1. Erziehungsdienst (Gruppendienst)
2. Leitung/Verwaltung
3. Fachdienste
4. Wissenschaft.

In der gegenwärtig vorherrschenden Praxis sind diese verschiedenen Funktionen fast immer deutlich voneinander getrennt und verschiedenen Personen, teilweise sogar verschiedenen Institutionen zugeordnet.

Die hier skizzierte Form der Arbeitsteilung wird bei den sozialpädagogischen Mitarbeitern wie bei den betroffenen Zielgruppen vielfach als unbefriedigend erlebt. Insbesondere werden die Beziehungen und die Zusammenarbeit zwischen den vier verschiedenen Funktionsbereichen häufig als problematisch angesehen. Immer mehr Erzieher, Sozialpädagogen, Heilpädagogen und Therapeuten geraten in Zweifel: Vermehren sie durch die spezialisierte Form ihrer Arbeit nicht eher die Probleme in ihren Arbeitsfeldern? Verschlimmern sie nicht manchmal diejenigen Auffälligkeiten und Störungen, deren Beseitigung oder Vorbeugung eigentlich ihre Aufgabe sein sollte? Die Spezialisierung der Arbeit verletzt ja nicht nur den ganzheitlichen Anspruch des Arbeitsfeldes; sie führt auch zu einem Machtgefälle innerhalb der Einrichtung und entfremdet die Mitarbeiter untereinander und von den Kindern und Jugendlichen ihrer Zielgruppe.

Die Arbeitsteilung im sozialpädagogischen Bereich enthält vor allem drei Probleme:

1. Wer besitzt bei welchen Fragen die *Entscheidungsbefugnis?* In Einrichtungen mit einer stark ausgeprägten Hierarchie z.B. werden die weitreichenden Entscheidungen über die Lebenssituation einzelner Kinder/Jugendlicher (z.B. Heimaufnahme, Gruppenzuweisung, Erziehungsplan) oder über die Verwendung der zur Verfügung stehenden Gelder auf der Ebene „Leitung/Verwaltung“ getroffen. Zum Teil besitzen psychologische oder psychiatrische Spezialisten die alleinige Befugnis zu einer „Diagnose“ und den daraus abgeleiteten Entscheidungen über ein Kind, ohne darüber hinaus an der didaktischen Arbeit beteiligt zu sein. Dem Erziehungsdienst bleibt vielfach nur noch die Ausführung und die Verantwortung und die Entscheidungsbefugsnis für die „kleinen“ Probleme des pädagogischen Alltags. Die Einrichtungen, in denen das anders ist, in denen die pädagogisch wichtigen Entscheidungen im Gruppenteam oder in der Mitarbeiterkonferenz fallen, sind wohl immer noch in der Minderzahl.
2. Welche *Kompetenzen* im Hinblick auf die didaktische Arbeit besitzen die Inhaber der verschiedenen Positionen und Rollen? In den meisten sozialpädagogischen Einrichtungen muß der größte Teil der didaktischen Arbeit vom Erziehungsdienst geleistet werden. Diese Mitarbeiter sind überwiegend Erzieherinnen und Erzieher. Als Absolventen der Fachschulen (oder Fachakademien) haben sie die kürzeste Ausbildungszeit aller sozialpädagogischen Berufe. Zugleich ist ihre Ausbildung besonders breit angelegt, da ihnen eine globale Befähigung für alle sozialpädagogischen Arbeitsfelder vermittelt werden soll. Die von den Absolventen erreichte didaktische Kompetenz hat ein sehr unterschiedliches Niveau; sie hängt vor allem von der Fähigkeit ab, die in eine Vielzahl von Fächern zersplitterten Ausbildungsinhalte zu integrieren und in eine ganzheitliche Sicht der Erziehungssituation einzubringen.

   Mitarbeiter in Leitungspositionen sind heute nur in seltenen Fällen aus dem Erziehungsdienst aufgestiegen. Als Absolventen der Fachhochschulen oder Universitäten verfügen sie eher über Kenntnisse bestimmter Beratungskonzepte oder pädagogisch-therapeutischer Arbeitsformen („Methoden“) als über Denkmuster einer ganzheitlich ausgerichteten Didaktik.

   Verwaltungsmitarbeiter haben meistens wenig Verständnis für pädagogische Argumente und didaktische Zusammenhänge. („Mit ein bißchen weniger Geld (Material, Einrichtung . . .) müßt ihr doch auch auskommen!“) Das „Pädagogische“ bringt sie nur in Konflikte mit dem Grundsatz, die vorhandenen Mittel sparsam zu verwenden.

   Fachdienste und Wissenschaftler sind stark geprägt durch ihre lange Fachausbildung, in der sie es sich angewöhnen mußten, praktische Probleme auf isolierte Einzelaspekte zu beschränken. Vielfach haben sie nicht genügend Überblick und Verständnis für die Gesamtheit der verschiedenen didaktischen Aufgaben. Das gilt besonders zu Beginn einer sozialpädagogischen Tätigkeit oder wenn sie sich in einer isolierten Arbeitssituation befinden.

3. Wie verläuft die *Zussammenarbeit* zwischen den verschiedenen Funktionsbereichen? Ein Hindernis für die Zusammenarbeit bei den didaktischen Aufgaben besteht in der Arbeitszeitregelung des Erziehungsdienstes. Da die Mitarbeiter des Erziehungsdienstes in den meisten Einrichtungen weder genügend Zeit für die laufende didaktische Arbeit noch für die Fortbildung haben (obwohl sie den größten Teil der didaktischen Aufgaben erledigen müssen), behindert das auch die Zusammenarbeit dieser Mitarbeiter mit den anderen Funktionsbereichen.

   Der Leiter/die Leiterin hat in den meisten Fällen eine zwiespältige Rolle, in der er/sie gegensätzliche Erwartungen des Trägers und der Mitarbeiter zu erfüllen hat.

   In den meisten Einrichtungen herrscht die Meinung: Leitung muß sein. Aber sie muß sich rechtfertigen und befragen lassen; sie muß infrage gestellt werden. Das entscheidet oft darüber, ob die Leiterin oder der Leiter „in Ordnung" ist. Es kann auch darum gehen, ob sie nicht noch etwas abgeben müssen, ob sie Informationen zurückhalten, ob sie offen genug sind, sich in die informelle „Erfahrungshierarchie" einzuordnen.

   Ein weiterer Faktor, der insbesondere für die Zusammenarbeit in Erziehungsheimen entscheidend ist, besteht in dem beruflichen Selbstverständnis der Fachdienste und in der Form, wie sie in die sozialpädagogische Arbeit einbezogen sind:

   - ob sie als *Spezialisten* nur für Diagnosen und isolierte Therapiemaßnahmen zuständig sind
   - oder ob sie mit verschiedenen *gruppenübergreifenden* Aufgaben betraut sind (Erziehungsplanung, Therapiemaßnahmen, Beratung, Supervision) und an allen Besprechungen beteiligt sind
   - oder ob sie voll in den Gruppendienst *integriert* sind. In diesem Falle wären Psychologen nicht mehr als Psychologen oder Psychotherapeuten tätig, sondern sie würden ihre spezifische Fachkompetenz in das Gesamt-Team bzw. in die gemeinsame Arbeit einer Mitarbeitergruppe einbringen.

Wie diese drei Probleme im Einzelfall konkret gelöst sind, das prägt die alltägliche Arbeitssituation in der jeweiligen Einrichtung und entscheidet über das Niveau der didaktischen Arbeit.

Die zunehmende Arbeitsteiligkeit in sozialpädagogischen Arbeitsfeldern führt dazu, daß immer mehr Menschen – und auch mit unterschiedlichen Einstellungen und Sichtweisen – am Erziehungsprozeß beteiligt sind. Infolgedessen treten Probleme der Zusammenarbeit immer mehr in den Vordergrund. Für deren Lösung werden zuweilen große Hoffnungen auf die Teamarbeit gesetzt.

6.2 Arbeiten im Team

Zur Unterscheidung von „Team" und „Pseudoteam"

Es ist schon eine merkwürdige Sache: „Erfunden" in kapitalistischen Industriebetrieben und in der U.S. Air Force, wird die Idee der Teamarbeit heute vielfach als besondere Spezialität der Sozialpädagogen angesehen. Kommt in Gesprächen unter sozialpädagogischen Kolleginnen oder Kollegen die Rede auf Teamarbeit, dann geht bei vielen ein Leuchten über das Gesicht, und der Ton wird geradezu feierlich. Allerdings äußern andere auch Skepsis und Resignation („Hab' noch nie erlebt, daß sowas funktioniert hat!"). Zudem breitet sich die Angewohnheit immer mehr aus, jede Mitarbeitergruppe als „Team" und jede Dienstbesprechung als „Teamarbeit" zu bezeichnen (so z.B. auch bei Deneke u.a. 1980, Fischer 1983). Der Team-Begriff wird also in der Sozialpädagogik (wie in der Umgangssprache auch) sehr unterschiedlich verwendet.

Einigkeit herrscht so weit: Es geht immer um eine überschaubare kleine Zahl von Personen; Bayern und Hessen bilden niemals ein Team, ebensowenig eine Heimkonferenz von 40 Mitarbeitern. Doch innerhalb des Bereichs der Kleingruppen wird nahezu alles gelegentlich als Team bezeichnet: Die Leiterin eines Kindergartens arbeitet mit den Gruppenleiterinnen, den Zweitkräften und den Hilfskräften als Team zusammen; die Jugendlichen im Vorstand eines Jugendzentrums bilden ebenso ein Team wie die Erzieher, Lehrer und Therapeuten eines heilpädagogischen Heimes; und auch der Vorstand eines Wohlfahrtsverbandes unter Leitung des tatkräftigen Vorsitzenden wird als „gutes Team" gelobt.

Zur weiteren Klärung gehe ich von dem überwiegenden soziologischen Sprachgebrauch aus und unterscheide zunächst „Gruppe" und „Team". Das Team ist als Sonderform einer Kleingruppe mit folgenden Merkmalen zu sehen: Das Team

- arbeitet über einen längeren Zeitraum hinweg regelmäßig zusammen,
- ist gekennzeichnet durch gleichberechtigte Zusammenarbeit ohne offiziellen Führer; keiner tritt dauernd hervor und die Beiträge jedes einzelnen werden als wichtig angesehen,

– erreicht eine zusätzliche Leistungssteigerung im Hinblick auf das gemeinsame Arbeitsziel

– durch bewußte Regelung und Intensivierung der Gruppenprozesse.

Wenn man die besondere Qualität von Teamarbeit (team-work) mit einem deutschen Begriff wiedergeben will, ist „Gruppenarbeit“ dafür zu allgemein und zu blaß; treffender wären schon „Mannschaftsleistung“ oder „Gemeinschaftsarbeit“.

Von diesem Begriff des Teams unterscheiden sich jene Arbeitsgruppen sehr deutlich, bei denen diese Kennzeichen nicht vorhanden sind und bei denen bloß durch moralische Appelle und verbale Beschwörungen Gemeinschaftsgefühl erzeugt werden soll, um die Gruppenleistung zu steigern. Es scheint zweckmäßig, solche Kleingruppen zur Unterscheidung von wirklichen Teams als „Pseudoteams“ zu bezeichnen.

In den meisten sozialpädagogischen Einrichtungen spielt zumindest der Begriff der Teamarbeit eine Rolle, und vielfach hat auch die gemeinte Sache eine gewisse Bedeutung. Vermutlich wird das Bedürfnis nach Zusammenarbeit im Team aus sachlichen Gründen noch weiter wachsen: Denn neben der allgemeinen Zusammenarbeit mehrerer Sozialpädagogen für eine Gruppe wird mit der wachsenden Zahl auffälliger und problembeladener Kinder und Jugendlicher in den sozialpädagogischen Arbeitsfeldern verstärkt eine *interdisziplinäre* Zusammenarbeit der Sozialpädagogen mit verschiedensten Spezialisten notwendig werden. Deshalb lohnt es, sich aus der Sicht der neueren Kleingruppenforschung ein möglichst realistisches Bild der Teamarbeit zu machen.

Vorteile wirklicher Teamarbeit

Will man Teamarbeit mit anderen Arbeitsformen vergleichen, so kann man sich auf zwei verschiedene Ebenen beziehen:

1. Ebene: Teamarbeit oder Einzelarbeit
2. Ebene: Team oder hierarchisch geordnete Gruppe.

Dabei gehe ich zunächst davon aus, daß der wesentliche Inhalt der Teamarbeit in den didaktischen Aufgaben besteht. Was kommt unter welchen Bedingungen für diese Sache als Ergebnis heraus?

Arbeiten im Team oder Arbeiten als einzelner: Mit dem bloßen Denken ist es in der sozialpädagogischen Arbeit nicht getan: Schon um mich selbst nur zu spüren, muß ich etwas unternehmen, und ich kann mich nur genauer und tiefer wahrnehmen, wenn ich Handlungs- und Gesprächspartner habe. Tätigkeit und Kooperation sind also Bedingungen schon für die Selbstwahrnehmung; erst recht sind sie erforderlich, um praktisch bedeutsame pädagogisch-psychologische oder didaktische Einsichten zu gewinnen. Als bloßes Vorstellen, als Sich-beschäftigen-mit . . . bliebe es beim passiven Hinnehmen des Gegebenen. Tiefere

Wahrnehmungen und Einsichten sind auf den sozialen Austausch, auf Zusammenarbeit und gemeinsame Praxis angewiesen. Von diesem Grundgedanken gehen die Befürworter der Teamarbeit aus (Bader u.a. 1979, Dörner/Plog 1978).

Als Vorteile der Teamarbeit gelten vor allem:

- Die Wahrnehmung wird vervollständigt
- Einstellungen und Herangehensweisen an Probleme ergänzen sich
- Erinnerungen und Erfahrungen ergänzen sich
- die Phantasie wird angereichert
- Kenntnisse ergänzen sich
- Methoden und Techniken ergänzen sich
- das didaktische Urteilsvermögen wird verbessert (zumindest unter günstigen Umständen)
- die Ausrichtung an den jeweiligen Zielen wird besser kontrolliert.

Der Einzelne hat besonders für Gedanken, die er selbst entwickelt hat, oft einen „blinden Fleck". Wegen selektiver Wahrnehmung oder vorurteilshafter Einstellungen sieht er unter Umständen auch naheliegende Einwände nicht. Solche persönlich begründeten Einseitigkeiten gleichen sich im Team teilweise aus. Mitunter kann das Team von Anfang an bestimmte Fehler vermeiden, die ein einzelner machen würde und die ihn vielleicht viel Zeit kosten würde. Ein weiterer wichtiger Vorteil: Das Team entlastet den einzelnen in sachlicher und psychischer Hinsicht. Im Team wird der einzelne leichter über Enttäuschungen und depressive Phasen hinweggetragen, wie sie sich im Verlaufe sozialpädagogischer Arbeit fast unvermeidlich ergeben.

Team und hierarchisch geordnete Gruppe: Zum Vergleich des „echten Teams" (mit völlig gleichrangiger Zusammenarbeit) mit der hierarchisch strukturierten Arbeitsgruppe fehlen wissenschaftliche Untersuchungen; wir sind auf unsere Einzelerfahrungen und auf plausible Überlegungen angewiesen.

Immerhin: Es scheint einigermaßen sicher, daß die meisten der aufgezählten Vorteile der Teamarbeit für hierarchisch geordnete Arbeitsgruppen nicht gelten. Offensichtlich um so weniger, je größer die *erlebten* Rangunterschiede sind: Wo ein stärkeres Ranggefälle in einer Gruppe erlebt wird, kommt es kaum zu einem offenen und fruchtbaren Austausch. Die Rangniederen schielen ängstlich nach denen, die das „Sagen" haben. Und die Beschäftigung mit den Sachfragen wird durch psychische Barrieren für alle Beteiligten außerordentlich erschwert: nichts von „Wir-Gefühl", keine Anreicherung, Ergänzung, Verbesserung durch Gruppeninteraktion – sondern der Entscheidungsprozeß wird zum Kampfplatz für Gruppenprozesse.

Das Scheitern der Teamarbeit liegt hier in der Form der Kommunikation begründet. In jeder Kleingruppe werden menschliche Beziehungen hergestellt. Das vollzieht sich auf dem Weg über Kommunikationsprozesse. Kommunikation hat immer mehrere Aspekte, zumindest einen Inhalts- und einen Beziehungsaspekt: Mit „Beziehungsaspekt" sind die Beziehungen der Beteiligten auf der Gefühlsebene gemeint; als „Inhaltsaspekt" wird die in der Gruppe behandelte Sache bezeichnet, in diesem Falle: die didaktischen Sachfragen. Inhaltsaspekt und Beziehungsaspekt sind aber nicht einfach parallel vorhanden, sondern grundlegend ist der Beziehungsaspekt: Er schafft oder verhindert das Klima für sachliche Arbeit. Deshalb ist echte Teamarbeit nicht möglich, wo Machtstreben, Konkurrenz, Mißtrauen oder Unselbständigkeit erlebt werden. Denn die Mitglieder brauchen zuviel seelische Energie für die Sicherung ihres Status in der Gruppe, die ihnen bei der Auseinandersetzung mit der Sache dann fehlt.

Es gibt freilich die Fälle, in denen sich aus einer formal ungleichrangigen Arbeitsgruppe (etwa bestehend aus Kindergartenleiterin, Gruppenleiterin, Zweitkraft und Berufspraktikantin) ein echtes Team entwickelt. Das setzt dann aber gerade voraus, daß die Rangunterschiede nicht mehr erlebt, sondern gleichgültig werden.

Nachteile und Schwierigkeiten der Teamarbeit

Unter Umständen hat die langfristige enge und gleichberechtigte Zusammenarbeit als Team für den einzelnen, für das Team und für das Ergebnis, die didaktische Planung, eine ganze Reihe von Nachteilen. (Diese Nachteile betreffen grundsätzlich jede Kleingruppenarbeit, treten aber beim Team besonders deutlich hervor.)

Teamarbeit fordert *Anpassung:* Da sich Arbeitstempo, -techniken und -gewohnheiten bei den Mitgliedern eines Teams unter Umständen erheblich unterscheiden, muß sich in der Regel jeder einzelne in irgendwelchen Punkten für die Arbeit im Team umstellen – oder aber sehr lange suchen, bis er ein zu ihm passendes Team gefunden hat. Vor allem für ältere Mitarbeiter mit ausgeprägten und festgelegten Arbeitsgewohnheiten ist intensive Teamarbeit nicht selten eine psychische Überforderung.

Der *Zeitaufwand* ist groß: Zum einen dauert es verhältnismäßig lange, bis ein Team sich überhaupt eingespielt hat; zum anderen braucht jeder einzelne Entscheidungsvorgang im Team – wenn es sich nicht nur um eine reine Routineangelegenheit handelt – viel Zeit, bis alle Sachgesichtspunkte beschrieben, alle Alternativen geprüft und alle Mitglieder des Teams beteiligt gewesen sind.

Teamarbeit setzt bei jedem einzelnen ein großes Maß von *Selbstkritik* und an realistischer Einschätzung der eigenen Stärken und Schwächen voraus. Hochstapelei bei den eigenen Kenntnissen, Erfahrungen oder erzieherischen Erfolgen stört die enge Zusammenarbeit erheblich. Eine verständnisvolle und realistische Haltung gegenüber den (begrenzten) Fähigkeiten der übrigen Teammitglieder ist ebenfalls eine notwendige Voraussetzung.

Auch die *Einstellung zur sozialpädagogischen Arbeit* überhaupt und zu wesentlichen Handlungskonzepten (vgl. 5.2.5) muß von vornherein weitgehend übereinstimmen. Ist das nicht der Fall, muß die Übereinstimmung erst in mühsamer Anstrengung erarbeitet werden – wenn sie überhaupt zu erreichen ist – oder langwierige Konflikte belasten die Zusammenarbeit.

Als *die* Team-Gefahr gilt in manchen Darstellungen die sogenannte *„Verantwortungsdiffusion“:* Keiner weiß so recht, was seine Aufgabe ist, wofür er zuständig ist und zur Verantwortung gezogen werden kann. Vermutlich braucht jeder Mensch einen überschaubaren Aufgabenbereich. Es kann äußerst überfordernd sein, sich immer für alles verantwortlich fühlen zu müssen.

Der Stellenwert von Teamarbeit in der Sozialpädagogik

Angesichts der genannten Vor- und Nachteile geht es nun um die Frage: Welchen Stellenwert kann und soll Teamarbeit bei der didaktischen Arbeit besitzen?

Zunächst bleibt festzuhalten: Da die meisten sozialpädagogischen Einrichtungen eine Leiterin/einen Leiter und einen weiteren hierarchischen Aufbau haben und da diese hierarchische Struktur überwiegend auch als solche erlebt wird, ist Zusammenarbeit in einem echten Team bisher nur in begrenztem Umfang verwirklicht.

Bei der Beurteilung der Teamarbeit kann man von verschiedenen Gesichtspunkten ausgehen:

1. Man könne *pragmatisch* („für die Praxis nützlich“) argumentieren: Dann würde Teamarbeit als ein Mittel angesehen, um eine vorgegebene Aufgabe oder ein besonderes Problem optimal zu lösen. Als Regel wäre zu empfehlen: Teamarbeit sollte nur dann praktiziert werden, wenn sie von der Sache her unbedingt erforderlich ist, wenn die Aufgabe allein gar nicht oder nur sehr viel schlechter gelöst werden könnte. Das ist der Fall, wenn eine Aufgabe so umfangreich ist oder so vielfältige Aspekte hat, daß sie nur von mehreren, eventuell verschiedenen Fachkräften gemeinsam angemessen bewältigt werden kann.

   In der Sozialpädagogik gilt das für alle didaktischen Aufgaben (vgl. 5.2), also für die Inhalte der Fallbesprechungen (Problemsituationen, Erziehungspläne) oder der sonstigen Planungsbesprechungen (Vorhaben, Curriculum, Konzept). Für Mitarbeiterbesprechungen und Konferenzen, auf denen Dienstpläne und andere Organisations- und Verwaltungsfragen behandelt werden, sind ganz andere Arbeitsstrategien und Techniken der Vorbereitung, Verhandlung und Entscheidung zweckmäßig als bei der Teamarbeit (Flosdorf 1987); und die täglichen Kurzbesprechungen (z.B. beim Mittagessen oder bei der Übergabe zwischen den Schichten) können wegen der geringen Zeit und der vielfältigen Themen nur der Informationsvermittlung dienen.

2. Man kann auch *pädagogisch* argumentieren: Wenn man eigenverantwortliche, gleichberechtigte Zusammenarbeit als Erziehungsziel ansieht, hat das Team im Hinblick darauf eine wichtige Funktion: Es wirkt als Verhaltensmodell. Es kann Kindern und Jugendlichen sichtbare Beispiele und Verhaltensmaßstäbe für die mögliche Gestaltung der eigenen zwischenmenschlichen Beziehungen vermitteln. Und in einem gut funktionierenden Team können Konfliktsituationen gerechter beurteilt werden; gemeinsam entwickelte Beschlüsse beziehen sich in der Regel realistischer auf die betreffenden Situationen als Einzelentscheidungen; und die Atmosphäre wird durch ein Team glaubwürdiger und wirksamer ausgebreitet und erhalten. Man kann also eine nachhaltige Modellwirkung erwarten, wenn das Kind am eigenen Leibe erfährt, wie gute Beziehungen zwischen Menschen sein können.

3. Schließlich kann man auch eine positive *psychologische* Wirkung auf die Mitarbeiter anführen: Intensive Teamarbeit bietet ihnen die Chance zu ständig neuen Anregungen und Herausforderungen, zu kreativen Arbeitsprozessen und zur Entwicklung der Persönlichkeit. Allerdings kann der gute Zusammenhalt in der Gruppe sich auch als Nachteil auswirken: In der Geborgenheit der Gruppe kann die Entwicklung von Eigenverantwortlichkeit und geistiger Selbständigkeit auch gerade zu kurz kommen.

Zur Praxis der Teamarbeit: Einzelfragen

1. Teamarbeit muß sich lohnen! Damit ist die Forderung nach einem *größtmöglichen Verantwortungsbereich* für das Team gemeint. Konkret: Das Team sollte möglichst viele der Entscheidungen übernehmen, die früher auf übergeordneten Hierarchie-Ebenen getroffen wurden (nicht nur didaktische Planung und Auswertung der pädagogischen Arbeit, sondern auch Kontrolle, Verantwortung, Arbeitsplanung und Arbeitsverteilung). „Alle Entscheidungen müssen Sache des Teams und nur des Teams sein" (Sader u.a. 1970, S. 76).

2. Ein anderer Grundsatz heißt: Die *kleinstmögliche Gruppe* ist bei der Teamarbeit die beste. Für die gründliche gleichberechtigte Arbeit scha-

det jeder, der nicht unbedingt zu dem jeweiligen Arbeitszusammenhang (z.B. einer Gruppe, eines Hauses oder einer kleineren Einrichtung) dazugehört. Drei bis fünf Mitglieder sind die beste Zahl. In größeren Einrichtungen sind mehrere Untergruppen als Teams zu bilden.

3. *Die Teamsitzung* ist der Ort, an dem der Teamprozeß seine Anstöße erhält. Sie muß deshalb regelmäßig stattfinden. Wie die Regelmäßigkeit aussieht, muß aus der jeweiligen Praxissituation heraus entschieden werden. Das Team kann wöchentlich, alle 14 Tage oder auch jeden zweiten Tag zusammenkommen. Entscheidend ist indessen: Nur durch die Regelmäßigkeit des Treffens entsteht ein fruchtbarer Teamprozeß. Falls eine Gesprächsleitung oder ein Vorsitz notwendig ist, sollte diese Aufgabe wechseln. In der Regel sollte die Mitarbeiterin/der Mitarbeiter den Vorsitz übernehmen, die/der in der jeweiligen Sache den besten Überblick hat. Andererseits ist darauf zu achten, daß jeder einzelne die Möglichkeit bekommt, diese Führungsrolle zu trainieren.

4. *Das Gruppenklima* ist von größerer Bedeutung als in anderen Kleingruppen. Von der Qualität des Gruppenklimas hängt die Qualität der Teamarbeit ab. Ohne ein gewisses Maß an Vertrauen und Offenheit geht es nicht. Es muß möglich sein, Fragen und Kritik als Hilfestellung und nicht als Angriff zu erleben. Die Mitglieder müssen sich auf die Solidarität des Teams und auf eine gewisse Sensibilität für Störungen der Beziehungen verlassen können.

5. Wo sich eine Mitarbeitergruppe trotz formeller *Leitungspositionen* und *Hierarchien* (z.B. der Ausbildung, Bezahlung, Erfahrung) um Teamarbeit bemüht, ist mit Reibungspunkten zu rechnen: Z.B. erwarten Erzieherinnen in Kindergärten vielfach von der Leiterin wegen deren höherer Besoldungsgruppe ein gewisses Maß an Mehrarbeit. Sie sind zuweilen deswegen nicht bereit, zusätzliche Aufgaben zu übernehmen, die die Leiterin delegieren möchte.

In einem solchen Fall belastet es die Zusammenarbeit noch mehr, wenn Spannungen und Konflikte verdrängt werden. Die Störungen lassen sich am ehesten dadurch begrenzen oder verringern, daß die verschiedenen Rollen deutlich geklärt und eventuell auch zu einer inhaltlichen Frage der Teamarbeit gemacht werden (vgl. Colberg-Schrader/Krug 1977, S. 104 ff.).

6. Ein besonderes Merkmal gerade bei gut eingespielten und reflektiert arbeitenden Teams: Sie arbeiten selten völlig spontan, sondern benutzen bestimmte *methodische Hilfsmittel.* Dabei geht es zum einen um Methoden zur Verbesserung der *Kommunikation* und zur Intensivierung des Gruppenprozesses, wie z.B. um die „themenzentrierte interaktionelle Methode“ (Cohn 1975), um „Feedback“ oder andere gruppendynamische Verfahren (Sader u.a. 1976, Scherpner u.a. 1976).

Zum anderen geht es um bestimmte methodische Vorgehensweisen, mit denen die Ergebnisse der *didaktischen Arbeit* verbessert werden sollen. Denn oft geht eine Arbeitsgruppe schon bei der Situationsanalyse von falschen Voraussetzungen aus: Sie nimmt allzu leicht an,

– daß die gegebene Situation zumindest ungefähr *angemessen* gesehen,

– etwa *in gleicher Weise* gesehen und zudem noch

– einigermaßen *gleich eingeschätzt* wird.

Ähnliches gilt dann noch wieder für die Analyse der Ziele, der verfügbaren Mittel und methodischen Möglichkeiten. Um hier die Analyse wie die Entscheidungen zu verbessern, wird z.B. eine *Arbeitshaltung* betont, die folgende Aspekte besitzt:

a. Selbstwahrnehmung: Suchen bei mir selbst (z.B.: wie müßte es mir gehen, daß ich so reagiere wie dieses gestörte Kind?)

b. Vollständigkeit der Wahrnehmung: Unterscheiden lernen zwischen auffallend und normal, gestört und gesund, unterdrückt und autonom

c. Gestaltung (Normalisierung) der Beziehung zwischen den Mitarbeitern und den Gruppenmitgliedern: verstehend, echt, offen, fördernd (nach Dörner/Plog 1978, S. 30 ff.).

Oder es werden bestimmte *Techniken der Problemanalyse und Entscheidungsfindung* angewandt, z.B.:

a. Das Team erforscht die Situation und die Bedürfnisse und bestimmt das Ziel.

b. Es beschreibt die Bedingungen und Mittel, wie das Ziel zu erreichen ist.

c. Die noch strittigen Problembereiche werden ermittelt.

d. Mit Hilfe bestimmter Kriterien werden diese Problembereiche auf wenige verringert.

e. Es wird festgestellt, wo in den Meinungen und Interessen noch Differenzen bestehen.

f. Das Team prüft die Folgen möglicher Entscheidungen und stellt fest, wie weit die Mitglieder sie tragen können (Deneke 1980, S. 48 f.).

7. Ein wichtiges *Hilfsmittel,* um eine konzentrierte und fortlaufende Arbeitsweise zu sichern, ist das Protokoll jeder Teamsitzung. Allerdings muß das Protokollieren nicht immer in der bekannten Form ablaufen: Nur der Protokollführer hat während der Sitzung die Aufzeichnung vor sich. Es könnte z.B. eine Hilfe für alle Diskussionsteilnehmer sein,

wenn die Stichworte für alle sichtbar auf einer Tafel, einer Wandzeitung oder einem Schreibplakat („flip-over") festgehalten würden.

Bei bestimmten Methoden der Problemanalyse, Entscheidungsfindung oder Stoffsammlung gehört es vornherein dazu, daß die Ideen schriftlich festgehalten werden. Wenn bestimmte Situationen oder Prozesse beschrieben, analysiert oder ausgewertet werden sollen, können vorbereitete Fragebögen die Arbeit unterstützen. Sie helfen, die Arbeit auf bestimmte Schwerpunkte zu konzentrieren, eine Fülle von Einfällen zu gliedern oder eine Abfolge von Arbeitsschritten zu verdeutlichen.

Eine Pinnwand kann dem Team ständig als „Gedächtnis" und als Ort der Problemsammlung dienen.

8. Aus längerer intensiver Zusammenarbeit und vielen gemeinsamen Erfahrungen und Vorstellungen kann auch ein Nachteil entstehen: Die Breite der möglichen Argumente und Lösungen wird eingeschränkt; Tabus und frühere Entscheidungen werden nicht mehr in Frage gestellt; und der Wert einmütiger Entscheidungen wird aus gefühlsmäßigen Gründen überschätzt. Dieser Gefahr kann das Team durch zeitweilige *Parallelarbeit* entgegenwirken: In größeren Teams können mehrere parallel arbeitende Untergruppen alternative Lösungen entwickeln, die dann erst im Team zur Entscheidung vorgelegt werden. Bei kleineren Teams könnte entsprechend zunächst eine Zeitlang jedes Mitglied einzeln arbeiten, um dann den eigenen Ansatz mit den übrigen zu vergleichen.

9. Nach einer längeren Zeit der gemeinsamen Arbeit stellt sich für ein selbstkritisches Team die Frage: Wie können wir uns vor zu großer gegenseitiger Anpassung, vor Sterilität und der Gefahr der Nivellierung schützen? Wie können wir uns regenerieren, für Auffrischung sorgen? Da ein gezielter Mitarbeiterwechsel nur in den seltensten Fällen in Frage kommt, bleibt nur der Weg, planvoll *Kontakte mit Außenstehenden* herbeizuführen: etwa in der Form der Praxisberatung oder Supervision, durch eine Fortbildung, an der mehrere Mitarbeiter oder alle gemeinsam teilnehmen, oder auch, indem man von Fall zu Fall Vertreter der Zielgruppe, Praktikanten oder andere Personen einlädt.

Weiterführende Literatur:

- DENEKE, Klaus u.a.: Leitung und Teamarbeit in Kindertagesstätten. Frankfurt 1980
- PERLE, Udo: Arbeiten im Team. Tübingen 1969
- SADER, Manfred u.a. (Hrg.): Verbesserung von Interaktion durch Gruppendynamik. Münster 1976
- SCHERPNER, Martin u.a.: Teamarbeit in der Sozialpädagogik. Tübingen 1976

6.3 Supervision

Eines hat der Begriff „Supervision“ mit „Teamarbeit“, „Projekt“, „Gruppendynamik“, „Beziehungsarbeit“ u.a. gemeinsam: Er gehört zu den besonders umstrittenen Begriffen der Sozialpädagogik und Sozialarbeit. Einerseits werden mit der Supervision übertriebene Erwartungen verbunden (Blinkert und Huppertz (1974) sprechen sogar davon, es sei eine „Mythologie“ entwickelt worden); andererseits stößt bei manchen Sozialpädagogen das Wort allein schon wegen seiner Fremdheit und Kälte auf Ablehnung. Außerdem verfolgen Sozialbehörden und Träger sozialpädagogischer Einrichtungen mit dem Mittel der Supervision vielfach andere Zwecke als Lernende oder Praktiker, die Supervision suchen.

Zur Begriffsdefinition

Supervision gehört zunächst zu jenen aus den USA übernommenen inhaltlichen und sprachlichen Neuheiten, die im Zusammenhang mit den „Methoden“ der Einzelfallhilfe, der sozialen Gruppenarbeit und Gemeinwesenarbeit auch im europäischen Sozialwesen eine gewisse Bedeutung gewannen. Die immer noch bestehende Unschärfe und Vieldeutigkeit des Begriffs überrascht allerdings um so mehr, wenn man bedenkt: Er wurde schon seit Ende der fünfziger Jahre in der Bundesrepublik gebraucht (z.B. Bang 1959).

Die ursprüngliche Wortbedeutung von hierarchischer Aufsicht und Kontrolle trifft in der europäischen Sozialpädagogik und Sozialarbeit nicht mehr zu. Hier geht es um besondere Lern- und Beratungsformen, in denen einzelne oder Kleingruppen freiwillig Probleme ihrer beruflichen Praxis reflektieren. Die zu Beratenden, die Supervisanden, stellen ihre beruflichen Probleme dar, suchen mit Hilfe des Beraters, des Supervisors, nach Lösungswegen, um ihre Handlungsfähigkeit im Praxisfeld zu verbessern.

Im weitesten Sinne könnten unter Supervision sowohl einzelne, punktuelle Beratungsgespräche mit erfahrenen Kollegen verstanden werden als auch regelmäßige Gespräche in kleinen Mitarbeitergruppen, die dem klärenden Austausch über berufliche Konflikte dienen. Im engeren Sinne jedoch ist Supervision eine Fortbildung, die sich in Form eines längerfristigen Beratungsprozesses vollzieht. Es geht in diesem Falle nicht mehr darum, ein didaktisch planbares Vorgehen zu erlernen, sondern Reflexionsfähigkeit zu entwickeln.

In der Supervision wird der Prozeß der sozialpädagogischen Arbeit zum Gegenstand gezielter Reflexion gemacht. Die gesamte Arbeitssituation mit ihren verschiedenen Beziehungen und Kommunikationsbedingungen soll präziser erfaßt werden. Das ist besonders wichtig in einem Arbeitsbereich wie dem sozialpädagogischen, der durch eine große Zahl subjektiver Einflüsse und die persönliche Befangenheit des beruflichen Handelns gekennzeichnet ist. Durch das methodische Angebot eines reflektierenden Gesprächs sollen zu schnelle Einschätzungen, Vorurteile, gewohnte Verhaltensmuster, bevorzugte Reaktionen bearbeitet und korrigiert werden. Vernachlässigte Fakten und Zusammenhänge, aber auch eigene, nicht bewußt gewordene Gefühle, Erwartungen und Absichten sollen genauer wahrgenommen und für die weitere Handlungsplanung nutzbar gemacht werden. Der Supervisand lernt durch die regelmäßigen Supervisionsgespräche, sich selbst, seine Handlungspartner und deren Lebenswelt sowie seine Kolleginnen und Kollegen differenzierter wahrzunehmen. Dadurch bearbeitet er die ihm zunächst nicht erkennbaren Auswirkungen seiner persönlichen Befangenheit (seinen „blinden Fleck").

Lernanlaß in der Supervision ist immer ein *Berufskonflikt.* Beispielsweise folgende Konflikte könnten zum Ausgangspunkt für Supervisionsgespräche gemacht werden:

- Die Erzieherin einer Kindergartengruppe fühlt sich in einer Zwickmühle: Einige Eltern fordern von ihr eine verstärkte kognitive Förderung der Kinder zur Vorbereitung auf die Schule; zwei andere Elternpaare lehnen das aber ab; die Mehrzahl der Eltern scheint desinteressiert und hat Schwierigkeiten, sich überhaupt zu äußern.
- Ein körperbehinderter sechsjähriger Junge wird zu Hause maßlos verwöhnt, weil die Eltern Angst haben, sie könnten dem Kind durch Einschränkungen und strenge Regeln schaden. Wie kann die Mitarbeiterin einer Tagesstätte den Eltern zu einer realistischeren Einschätzung verhelfen?
- Eine Heimerzieherin ist in einen für sie unauflöslichen Clinch mit einem Mädchen verstrickt, das sie als aufsässig und schlampig empfindet. Dadurch wird ihr der Dienst zunehmend verleidet.
- In der Mitarbeitergruppe eines heilpädagogischen Heimes sind zwei Erzieher besonders aktiv und einfallsreich und auch beliebt bei den Kindern. Ein dritter ist viel zurückhaltender und hat Mühe, bei den Kindern anerkannt zu werden. Er fühlt sich durch die beiden anderen gelähmt und meint, sie ließen ihm keinen Spielraum.

Bei solchen Anlässen muß es sich keineswegs um besonders dramatische Konflikte handeln. Grundsätzlich kann der Supervisand alles mögliche zum Thema machen, das ihn beschäftigt. Der Konflikt ist zunächst immer in der Form Ausgangspunkt des Gesprächs, wie er sich dem Supervisanden subjektiv darstellt; im Verlauf des Supervisionsprozesses sollen die angesprochenen Probleme dann fortschreitend in ihren persönlich-individuellen, institutionellen und gesellschaftlichen Zusammenhängen reflektiert werden.

Manche Supervisoren machen einen stärkeren Unterschied zwischen Supervision in der *Ausbildung* (für unterrrichtsbegleitende Praktika, Blockpraktika und Berufspraktikum) und Supervision für *berufserfahrene Praktiker*. Im deutschen Sprachraum bezeichnen sie dann meistens die erste Form als „Praxisanleitung“ und die berufliche Beratung für ausgebildete Mitarbeiter als „Praxisberatung“ (z.B. Melzer 1972). Die Supervision im Rahmen der Ausbildung hat stärker die Funktion, Wissen zu vermitteln. Im einzelnen geht es darum,

- die Fähigkeit zur aktuellen Situationsanalyse zu entwickeln,
- das theoretische Wissen aus verschiedenen Fachdisziplinen und die eigenen Praxiserfahrungen im Hinblick auf das sozialpädagogische Handeln zu integrieren,
- eigene Gefühle und Einstellungen in den Arbeitsbeziehungen zur Gruppe zu erfassen und zu kontrollieren,
- Lücken im theoretischen Wissen zu erkennen und durch Weiterbil dung zu schließen,
- die Fähigkeit zu entwickeln, mit didaktischem Bewußtsein planmäßig, kritisch kontrollierend im Praxisfeld zu arbeiten,
- ohne die Problemlagen und Konflikte der Zielgruppe in einer bloß pädagogischen Sichtweise zu verharmlosen.

Im Hinblick auf das methodische Vorgehen und die verwendeten Medien lassen sich drei verschiedene *Modelle* der Supervision unterscheiden:

1. Ausschließlich verbaler Zugang zu den thematisierten Inhalten (Protokoll oder Gespräch)
2. Interaktionsarbeit: das Hier und Jetzt beim Rollenspiel und Rollentausch wird ausgewertet; Einbeziehung von Medien und Gestaltungsmaterialien
3. Live-Supervision (Beratungsgespräch bei Beobachtung mit Einwegspiegel oder Video-Aufzeichnung).

Unterschiedliche Konzepte und Formen

In der vorliegenden Literatur zur Supervision sind unterschiedliche Ansätze und Schwerpunkte erkennbar. In einem sehr verbreiteten, aus dem Amerikanischen übersetzten Sammelband (von Caemmerer, 1970) werden psychoanalytische Gesichtspunkte besonders betont und die Absicht, den Supervisanden in seine jeweilige Einrichtung zu integrieren. In einem anderen Sammelband, der aus dem Niederländischen stammt, wird Supervision mehr als didaktisches Mittel gesehen (Siegers, 1974). Die Texte beschäftigen sich dementsprechend vor allem mit den Problemen des Lehrens und Lernens in Supervisionsgruppen. Die neuere Entwicklung der Supervision in der Bundesrepublik dokumentiert sehr gut der von der Akademie für Jugendfragen in Münster 1979 herausgegebene Band „Supervision im Spannungsfeld zwischen Person und Institution". Mit diesem Titel wird schon eine Tendenz angedeutet: Supervision gilt hier nicht nur als Rettungsanker in emotionalen Krisen und Zeiten der psychischen Ermüdung; es geht auch nicht nur um Persönlichkeitsentwicklung, Sensibilisierung und individuelle Bewußtwerdung; Supervision soll darüberhinaus zur Veränderung der organisatorischen und institutionellen Bedingungen sozialpädagogischer Arbeit beitragen. Sie wird hier als Bestandteil der Praxis gesehen, als Auseinandersetzung um das wirkungsvolle sozialpädagogische Handeln. Die Frage: Neutralität oder Parteilichkeit in der Supervision? beantworten viele Supervisoren im Sinne einer engagierten Stellungnahme für diejenigen, die soziale Ungerechtigkeit, Benachteiligung oder Unterdrückung erleiden.

Anschauliche Einblicke in die Praxis der Supervision bieten Protokolle von konkreten Gesprächsprozessen (Strömbach u.a. 1975, Conrad/Pühl 1983).

Ursprünglich war *Einzelsupervision* die gängige Form der Beratung. Ein Supervisor und ein Supervisand arbeiteten fortlaufend über etwa 40 Sitzungen (bei einer Sitzungsdauer von 90 Minuten) in zeitlichen Abständen von 8 bis 14 Tagen zusammen. Inzwischen hat sich entsprechend den institutionellen, organisatorischen und inhaltlichen Bedingungen und Bedürfnissen eine Vielfalt weiterer Formen entwickelt.

Gruppensupervision: Ein Supervisor und in der Regel fünf bis sieben Supervisanden arbeiten unter gleichen Rahmenbedingungen wie in der Einzelsupervision zusammen. Die Reflexion der Gruppensituation ermöglicht es den Teilnehmern, sowohl sich selbst als auch den jeweils anderen in seiner persönlichen und beruflichen Situation besser zu verstehen.

Supervision durch die Kollegengruppe: Auf die traditionelle Anordnung (Setting) der Einzelsupervision wird hier verzichtet. Die Frage des beruflichen Status des einzelnen in der Gruppe soll in den Hintergrund treten; die Leistungen jedes einzelnen Mitgliedes sollen unter Beteiligung aller konstruktiv und kritisch betrachtet werden.

Team-Supervision: Diese Form wird vor allem dort praktiziert, wo eine Gruppe von Mitarbeitern unter den Bedingungen einer hohen Arbeitsteilung zusammenarbeiten muß, z.B. in Heimen, therapeutischen Einrichtungen oder in psycho-sozialen Beratungsstellen. Dabei ist die Form noch wieder davon abhängig, ob es sich um ein Team unterschiedlicher Berufsvertreter (z.B. Erzieher, Sozialarbeiter, Psychologe, Arzt) oder um ein Team, in dem z.B. alle Erzieher sind, handelt.

Institutionsberatung (Organisationsentwicklung): Unter diesen Begriffen lassen sich vor allem drei Entwicklungen unterscheiden:

- Das traditionelle Konzept der Supervision wird so erweitert und ergänzt, daß es auch auf institutionelle Strukturen und Probleme anwendbar wird.
- Die Hoffnung, über die Person des Supervisanden auch weiterreichende Veränderungen in der Organisation (=Einrichtung) in Gang zu bringen, wird als trügerisch angesehen. Deshalb sollen die Arbeitsbedingungen in der Einrichtung mit ihren organisatorischen Strukturen von vornherein in das Supervisionsvorhaben miteinbezogen werden.
- Supervision und Institutionsberatung können auch als gleichzeitig verlaufende Prozesse organisiert werden: Supervision bezieht sich dabei mehr auf den Einzelnen und die Gruppe; Institutionsberatung richtet sich mehr auf die besonderen Organisationsstrukturen und auf Störungsquellen in verschiedenen Bereichen. (Zu diesen Formen von Supervision vgl. Fürstenau 1970.)

(Ständige) Supervision in Organisationen: Wenn eine Organisation (eine einzelne sozialpädagogische Einrichtung, ein Trägerverband oder eine Behörde) eine Supervisionsstelle einrichtet, verfolgt sie damit ein bestimmtes Interesse. Dementsprechend bekommt das Beratungsangebot meistens schon eine mehr oder weniger feste Form und eine inhaltliche Ausrichtung, bevor die konkreten Beratungsprozesse vereinbart werden.

Der Supervisor kann in der Organisation unterschiedlich verankert sein:

- Der Supervisor ist zwar in der gleichen Organisation angestellt, berät aber nur Supervisanden, die in anderen Abteilungen oder organisatorischen Zusammenhängen arbeiten.
- Der Supervisor hat einen Teil seiner Arbeitszeit für die Supervision zur Verfügung; während der übrigen Zeit ist er Kollege.
- Der Supervisor ist zwar fest angestellt, steht jedoch außerhalb der Hierarchie (Stabsfunktion) und hat eine gruppen- und abteilungsübergreifende Beraterfunktion.
- Der Supervisor arbeiter als freier Mitarbeiter mit der Organisation zusammen. Diese größtmögliche Unabhängigkeit in einer freiberuflichen oder nebenberuflichen Tätigkeit scheint für den Beratungsprozeß am günstigsten zu sein.

Arbeitsabsprache für die Supervision

Die Zusammenarbeit von Supervisanden und Supervisor beruht auf einer beiderseitigen freiwilligen Absprache („Kontraktgespräch", Vertragsabsprache). Das gehört zu den wesentlichen Rahmenbedingungen von Supervision.

Die Absprache ist für einen bestimmten, zu vereinbarenden Zeitraum gültig; sie kann jedoch verändert und an die Lernbedürfnisse und Lernziele angepaßt werden. Zu den zu vereinbarenden Bedingungen gehören deshalb neben Dauer, Turnus, Ort und Kosten der Treffen vor allem zwei Punkte: der jeweilige Arbeitsauftrag an den Supervisor und dessen Stellungnahme, wie er bestimmte Arbeitsziele und inhaltliche Schwerpunkte sieht und zu behandeln beabsichtigt. Dieses Vorgehen beruht auf der Überzeugung, daß die Teilnehmer über ihre Lernziele im Rahmen der Supervision selbst entscheiden können. Über das wesentliche „Lernmaterial", die beruflichen Konflikte, verfügt jeder Teilnehmer ja ohnehin nur ganz allein. Er soll auch darüber entscheiden, ob und wie weit er es sich selbst, anderen Teilnehmern und dem Supervisor zur Betrachtung und Reflexion zur Verfügung stellt.

Sozialpädagogen, die eine Fortbildung in Form der Supervision suchen, müssen sich über verschiedene Punkte klarwerden:

1. Was ist der Anlaß für ihren Wunsch nach Supervision? Bei welchen Problemen suchen sie Unterstützung: z.B.
   - wegen der speziellen Probleme bei einem einzelnen Kind/Jugendlichen oder einer Familie (punktuelle Beratung),
   - wegen Schwierigkeiten in der Zusammenarbeit unter den Kollegen,
   - als didaktisch-fachliche Beratung, innerhalb des Alltags neue Angebote oder Projekte anbieten zu können,
   - wegen der unbefriedigenden/konfliktreichen Arbeitsbedingungen in der Einrichtung usw.?

2. Welches Ziel soll die Beratung (Fortbildung) erreichen?

3. Welche *Form* der Supervision wird gesucht:
   - Beratung/Fortbildung für einzelne,
   - Beratung/Fortbildung für eine offene Gruppe (mit Teilnehmern aus verschiedenen Einrichtungen oder Arbeitsfeldern),
   - Beratung/Fortbildung für eine geschlossene Mitarbeitergruppe (Team-Supervision, Institutionsberatung)?

Es ist natürlich auch daran zu denken, daß viele Träger, Verbände und spezielle Fortbildungseinrichtungen eine Vielzahl von *thematisch* ausgerichteten Angeboten machen, zu denen die Teilnehmer dann außerhalb ihrer Einrichtung zu Kursen, Seminaren oder Fachtagungen zusammengerufen werden.

Weiterführende Literatur:

- PÜHL, H./SCHMIDBAUER, W. (Hrg.): Supervision und Psychoanalyse. Selbstreflexion der helfenden Berufe. (1986) Frankfurt/M. 1991
- PÜHL, H. Handbuch der Supervision. Beratung und Reflexion in Ausbildung, Beruf und Organisation. Berlin 1991

Darstellung von Supervisionsprozessen:

- CONRAD, G./PÜHL, H.: Team-Supervision. Gruppenkonflikte erkennen und lösen. Berlin 1983
- STRÖMBACH, R. u.a.: Supervision. Protokolle eines Lernprozesses. Gelnhausen, Freiburg 1975

6.4 Verbesserung der Arbeitsbedingungen

Zusammenhang von didaktischer Reflexion und Gestaltung der Arbeitsbedingungen

Die didaktische Reflexion kann nicht nur das sozialpädagogische Handeln direkt verbessern; sie kann in einem gewissen Maße auch die Rahmenbedingungen der didaktischen Arbeit beeinflussen.

Jede Planung erfaßt immer auch bestimmte Bereiche der organisatorischen Bedingungen des betreffenden Arbeitsfeldes. Die didaktische Reflexion kann deshalb auch Anstöße für die Analyse und Verbesserung der Arbeitsbedingungen geben. Was bei den verschiedenen didaktischen Aufgaben immer wieder betont wurde, gilt auch im Hinblick auf die Supervision, auf andere Fortbildungsmöglichkeiten, auf die Zusammenarbeit und für die Organisationsformen der didaktischen Arbeit überhaupt: Die Sozialpädagogen müssen sich selbst darum kümmern, ihre Arbeitsbedingungen so zu gestalten, daß gute didaktische Arbeit möglich wird. Die ersten Schritte der Teamarbeit z.B. bestehen meistens darin, die Zeit so zu organisieren, daß alle teilnehmen können, und einen Raum zu finden, der für Teamgespräche geeignet ist.

Der Schlüssel zu effektiver didaktischer Arbeit liegt im beruflichen Selbstverständnis der sozialpädagogischen Mitarbeiter, in der Art und Weise, wie sie jeweils ihr Arbeitsfeld erfassen, einschätzen und wie sie es gemeinsam gestalten. Dabei ist es wichtig, die Diskussion über notwendige Verbesserungen der Arbeitssituation mit der didaktischen Reflexion zu verknüpfen. Schließlich handelt es sich um zwei Aspekte der gleichen Situation. Von innen gesehen: um Vorbedingungen für Vorhaben oder Projekte bzw. für Erfahrungen und Lernprozesse der Gruppe; von außen betrachtet: um die Arbeitsbedingungen der sozialpädagogischen Mitarbeiter.

Solange diese Arbeitsbedingungen bzw. Rahmenbedingungen nicht in die didaktische Reflexion (vor allem: in die Konzeptentwicklung und in die Supervision/Institutionsberatung) einbezogen werden, wird es neben der bewußten didaktischen Planung einen sogenannten „heimlichen Lehrplan“ geben. Damit ist ein Bereich der institutionellen und organisatorischen Normen und Zwänge gemeint, der bei der didaktischen Analyse allzuoft übersehen, vergessen oder verdrängt wird. Deshalb gilt er als „heimlich“ im Verhältnis zur offiziellen, zielgerichteten, absichtsvollen Planung; andererseits ist er aber offen für die Durchsetzung bestimmter gesellschaftlicher Tendenzen. Die Kinder wie die Mitarbeiter „lernen“, was ohnehin tagtäglich geschieht: z.B. die Zerstückelung von Erfahrungen und Beziehungen, kleinliche Bürokratie oder hektische Organsiationstätigkeit anstelle von Selbstbewußtsein und der Auseinandersetzung mit eigenen Lebenssituationen oder zwanghafte Sparsamkeit und sterile Sauberkeit anstelle von Kreativität und sozialer Phantasie.

Ein besonders schwerwiegendes Problem ist für viele Mitarbeiter die Abhängigkeit vom Träger. Ob es sich nun um den Vorstand einer Kirchengemeinde oder um einen in Geldschwierigkeiten befindlichen Verein handelt, ob bestimmte politische Gruppierungen entscheiden, oder was immer: Die Abhängigkeit der Praktiker von denen, die das Geld zu bewilligen haben, ist nicht nur schmerzlich und frustrierend, sondern oft einfach nicht hinzunehmen. Die institutionellen und verwaltungsmäßigen Grenzen werden dabei zuweilen noch weniger einengend empfunden als die ideologischen Zwänge, unter denen eine ganze Reihe Einrichtungen leiden.

Die Inhalte des heimlichen Lehrplans haben damit zu tun, daß jede sozialpädagogische Einrichtung vom ersten Augenblick ihres Bestehens an auch bestimmte Eigeninteressen verfolgt. Sie sucht z.B. ihren Bestand zu erhalten, sich einen gewissen Einfluß zu sichern, vielleicht geht es ihr darum, Ansehen zu gewinnen oder zu behalten; die Mitarbeiter wollen sich vielleicht qualifizieren oder nur ihre Ruhe haben; dem Träger geht es daruum, Kosten zu senken, eine bestimmte Personalstruktur zu erhalten oder zu verändern, Öffnungszeiten mit den Bedürfnissen der Zielgruppe oder der Mitarbeiter in Einklang zu bringen usw.

Bei diesen Tendenzen läßt sich keineswegs von vornherein sagen, wem sie nützen oder schaden. Wo die didaktische Reflexion jedoch mit einer kritischen Einstellung erfolgt und die organisatorischen Rahmenbedingungen analysiert werden, da verliert die Praxis ihren schicksalhaften Charakter. Es zeigt sich, daß sie nur scheinbar unmittelbar gegeben ist.

Sie kann als gesellschaftlich produzierte und von den Mitarbeitern individuell angeeignete und mitgestaltete Praxis begriffen werden. Alternativen und bisher übersehene oder unterdrückte Möglichkeiten können entdeckt werden.

Das Kriterium des Fortschritts: pädagogisch zuträgliche Arbeitsbedingungen

Trotzdem stößt jede Mitarbeitergruppe bei ihrer didaktischen Arbeit früher oder später an Grenzen, die ihr durch ihre Institution gezogen sind. Es gilt realistisch zu sehen: Didaktik ist zwar ein notwendiger Bestandteil der sozialpädagogischen Praxis. Sie macht reflektiertes sozialpädagogisches Handeln möglich; sie kann jedoch ihre allgemeinen (institutionellen) Arbeitsbedingungen selbst nur in sehr begrenztem Maße bestimmen. Diese allgemeinen Arbeitsbedingungen der sozialpädagogischen Mitarbeiter sind im Tarifvertrag geregelt. Um mehr Einfluß auf diese Bedingungen zu bekommen, müßten sich die Sozialpädagogen in größerem Umfang als bisher in Gewerkschaften (Gewerkschaft Erziehung und Wissenschaft oder Öffentliche Dienste, Transport und Verkehr) oder Verbänden organisieren und dort auch aktiv mitarbeiten.

Dieser Schritt ist zur Verbesserung der Arbeitsbedingungen sicher notwendig. Doch selbst, wenn sich die Sozialpädagogen in größerer Zahl organisieren und ihre beruflichen Interessen gemeinsam energischer vertreten sollten, wäre damit allein noch keineswegs eine positive Entwicklung garantiert – weder für die Sozialpädagogen noch für die Zielgruppen ihrer Arbeit. Denn es geht hier nicht nur um mehr Geld und weniger Arbeitszeit. Es kommt zugleich auch auf eine sachgerechte und pädagogisch zuträgliche Gestaltung der Arbeitssituation an: Die mühsam konstruierten Dienstpläne und Zeiteinteilungen der letzen Jahre dürfen nicht das letzte Wort sein. In den meisten Einrichtungen wird Privatzeit und Arbeitszeit deutlich unterschieden. Vielfach aber ergeben sich dann besondere Belastungen daraus, daß Einrichtungen, die zugleich Lebensbereiche sind, nur deshalb existieren können, weil diese Grundsätze wieder durchbrochen werden. Die Einteilung und Begrenzung von Arbeit und Anwesenheit reibt sich mit der gewünschten Offenheit und Spontaneität der Menschen in den Einrichtungen. Die provisorischen Lösungen reichen von der Selbstausbeutung durch fast dauernde Anwesenheit und Ansprechbarkeit bis zu relativ starren und kühlen Regelungen, die eine langfristige Arbeit der Menschen in der Einrichtung erst möglich machen sollen.

Es wird immer wieder darüber gesprochen, wie es denn besser zu machen sei. Es geht auch darum, daß die Aufgaben der Elternarbeit, der Planung und Vorbereitung, der Fortbildung und Praktikantenausbildung in der Arbeitszeit berücksichtigt werden; und es kommt auf einen erträglichen Schichtdienst mit einem angemessenen Wechsel von Arbeit und Freizeit an, eventuell sogar auf eine höhere Wochenarbeitszeit – natürlich mit entsprechendem Urlaubsausgleich oder einem „Sabbatjahr“ für Mitarbeiter in der Heimerziehung usw. Auch bei diesen Fragen müssen sich organisatorische Überlegungen an die didaktische Reflexion anschließen.

Konzeption und persönliche Lernprozesse

Schließlich hat sich bei den vielerlei Reformvorhaben der letzten beiden Jahrzehnte eine These immer wieder bestätigt: Wenn organisatorische Rahmenbedingungen so verändert werden sollen, daß sie auch Veränderungen des Konzeptes einschließen, reichen dafür ein paar Überlegungen allein nicht aus. Veränderungen der Arbeitsperspektive und der organisatorischen Bedingungen fordern eine kritische Selbstreflexion der betreffenden Einrichtung mit all ihren Gremien und persönliche Lernprozesse bei allen Beteiligten. Das Selbstverständnis und die berufliche Orientierung der mit der Einrichtung verbundenen Mitarbeiter werden in den Veränderungsprozeß hineingezogen: Wer die bestehenden Verhältnisse in Bewegung bringen und verändern will, muß sich selbst mit verändern.

Literatur zu einzelnen Gesichtspunkten dieses Kapitels:

- BRENNER, G/NÖRBER, M. (Hrsg.): Öffentlichkeitsarbeit und Mittelbeschaffung. Weinheim, München 1996
- FALTERMEIER, J. (Hrsg.): „. . . und sie bewegt sich doch.“ Die Jugendhilfe auf dem Weg zur Modernisierung: Selbstverständnis, Konzept, Organisationsformen. Frankfurt/M. (Eigenverlag des Deutschen Vereins) 1995
- FROMMANN, Anne: Frieden und Ökologie im Alltag. Leben und Arbeiten in pädagogischen Praxisfeldern, in: Rauschenbach/Thiersch (Hrg:) Die herausgeforderte Moral. Bielefeld 1987

Literatur

Achtnich, E., u.a.: Konflikte in der Kindergruppe. Gelnhausen, Freiburg 1980[2]

Adler, A.: Das Leben gestalten. Vom Umgang mit Sorgenkindern. (1930). Frankfurt 1979

Akademie für Jugendfragen Münster (Hg.): Supervision im Spannungsfeld zwischen Person und Institution. Freiburg 1979

Arbeitsgemeinschaft für Jugendhilfe: Arbeit im Hort. Bonn 1983

Arbeitsgruppe Vorschulerziehung: Anregungen I: Zur pädagogischen Arbeit im Kindergarten. München 1973

Arbeitsgruppe Vorschulerziehung: Anregungen III: Didaktische Einheiten im Kindergarten. München 1976

Arbeitsgruppe Vorschulerziehung (und die Erzieherinnen aus Modellkindergärten der Länder Rheinland-Pfalz und Hessen): Curriculum Soziales Lernen (Erprobte und revidierte Fassung). München 1980

Arend, D. u.a.: Sich am Jugendlichen orientieren. Frankfurt/M. 1987

Bader, K. u.a.: Kooperatives Handeln in der Kindererziehung. Köln 1979

Bambach, H./Gerstacker, R.: Der Situationsansatz als didaktisches Prinzip: Die Entwicklung didaktischer Einheiten. In: Zimmer, J. (Hg.): Curriculumentwicklung für den Vorschulbereich. Bd. 1, 1973, S. 154-206

Bang, R.: Einzelfallhilfe mit Supervision als unterrichtsbegleitendes Praktikum. In: Praxis der Kinderpsychologie und Kinderpsychiatrie, 1959 (Sonderdruck)

Bastian, J./Gudjons, H. (Hg.): Das Projektbuch. Theorie – Praxisbeispiele – Erfahrungen. Braunschweig 1986

Becker, G.E./Stadler, H.: Alltagsprobleme in der Heimerziehung. Bad Heilbrunn 1982

Belardi, N. u.a.: Didaktik und Methodik Sozialer Arbeit. Frankfurt 1980

Beneke, E. u.a.: Planung in der Jugendhilfe. Grundlagen eines bedarfsorientierten Planungsansatzes. Kronberg 1975

Bettelheim, B.: Liebe allein genügt nicht. Stuttgart 1970

Bettelheim, B.: Der Weg aus dem Labyrinth. Stuttgart 1975

Bettelheim, B.: So können sie nicht leben. München 1985

Berner, W.: Jugendgruppen organisieren. Ein Handbuch für Gruppenleiter und Mitglieder. Reinbek 1983

Bielefeld, U. u.a.: Junge Ausländer im Konflikt. Lebenssituationen und Überlebensformen. München 1982

Blinkert, B./Huppertz, N.: Der Mythos der Supervision – Kritische Anmerkungen zu Anspruch und Wirklichkeit. In: Neue Praxis 1974, H. 2

Böhnisch, L.: Der Sozialstaat und seine Pädagogik. Sozialpolitische Anleitungen zur Sozialarbeit. Neuwied 1982

Böhnisch, L.: Sozialpädagogik des Kindes- und Jugendalters. Weinheim, München 1992

Boulet, J.J. u.a.: Gemeinwesenarbeit als Arbeitsprinzip. Eine Grundlegung. Bielefeld 1980

Brenig, R.: Pädagogische Probleme im Kindergarten. Stuttgart 1978

Brenner, G./Hafeneger, B. (Hrsg.): Pädagogik mit Jugendlichen. Weinheim, München 1996

Brinkmann, G. (Hg.): Offenes Curriculum – Lösung für die Praxis. Kronberg 1975
Bronfenbrenner, U.: Wie wirksam ist die kompensatorische Erziehung? Stuttgart 1974
Brusten, M.: Prozesse der Kriminalisierung – Ergebnisse einer Analyse von Jugendamtsakten. In: Otto/Schneider (Hg.): Gesellschaftliche Perspektiven der Sozialarbeit, 2. Halbband, Neuwied 1973, S. 85-125
Bungard, W./Lück, H.W.: Forschungsartefakte und nicht-reaktive Meßverfahren. Stuttgart 1974
Caemmerer, D. von (Hg.): Praxisberatung (Supervision). Ein Quellenband. Freiburg 1970
Cohn, R.: Von der Psychoanalyse zur themenzentrierten Interaktion. Stuttgart 1975
Colberg-Schrader, H./Krug, M.: Lebensnahes Lernen im Kindergarten. Zur Umsetzung des Curriculums Soziales Lernen. München 1982
Colberg-Schrader, H./Krug, M.: Arbeitsfeld Kindergarten. Planung, Praxisgestaltung, Teamarbeit. München 1977
Conrad, G./Pühl, H.: Team-Supervision. Gruppenkonflikte erkennen und lösen. Berlin 1983
Damm, D.: Wenn der Alltag zur Sprache kommt. Die Lebenswelt der Jugendlichen als Inhalt der Jugendarbeit. München 1981
Damm, D./Schröder, A.: Projekte und Aktionen in der Jugendarbeit. München 1987
Deinet, U./Sturzenhecker, B. (Hrsg.): Konzepte entwickeln. Anregungen und Arbeitshilfen zur Klärung und Legitimation. Weinheim, München 1996
Deneke, K. u.a.: Leitung und Teamarbeit in Kindertagesstätten. (MSP 6), Frankfurt 1980
Döring, U.: Erziehungsziel: In Konflikten lernen. In: Achtnich, u.a.: Konflikte in der Kindergruppe. Gelnhausen, Freiburg, 1980[2], S. 5-28
Dörner, K./Plog, U.: Irren ist menschlich oder Lehrbuch der Psychiatrie/Psychotherapie. Wunstorf 1978
Drillich, P.A.: Die Lebensgruppe im heilpädagogischen Heim. In: Nijkerk/van Praag (Hg.): Die Arbeit mit Gruppen. Freiburg 1972, S. 78-88
Ehrhard-Plaschke, A.: Arbeitsfeld: Hort. (MSP 3), Frankfurt, 1983[4]
Fischer, D. u.a.: (Er-)Leben statt reden. Erlebnispädagogik in der offenen Jugendarbeit. Weinheim, München 1985
Fischer, H.: Teamarbeit im Kindergarten. Dienstbesprechungen und Planung – erfolgreiche Beispiele für die Praxis. Freiburg 1983
Flosdorf, P. (Hg.): Theorie und Praxis stationärer Erziehungshilfe. Bd. 1: Konzepte in Heimen der Jugendhilfe. Bd. 2: Die Gestaltung des Lebensfeldes Heim. Freiburg 1988
Flosdorf, P. u.a.: Arbeiten, Befähigen, Beraten im Praxisfeld Heimerziehung. Freiburg/Brg. 1987
Fortbildungsinstitut für die pädagogische Praxis: Bausteine für die Arbeit in Kindergarten und Hort, Bd. I. Weinheim, Basel 1979
Frey, K.: Die Projektmethode. Weinheim, Basel 1982
Friedrichs, J./Haag, F.: Empirische Analysen in der Sozialen Arbeit. In: Neues Beginnen 1968, H. 6
Fritz, J.: Interaktionspädagogik. München 1975
Fritz, J.: Methoden des sozialen Lernens. München 1977

Frommann, A.: Frieden und Ökologie im Alltag. Leben und Arbeiten in pädagogischen Praxisfeldern. In: Rauschenbach/Thiersch (Hrg.): Die herausgeforderte Moral. Bielefeld 1987, S. 109–130
Fürstenau, P.: Institutionsberatung. Ein neuer Zweig angewandter Sozialwissenschaft. In: Gruppendynamik 1970, H. 3
Gebauer, K.: Spielprojekte. Hannover 1976
Geißler, K.A./Hege, M.: Konzepte sozialpädagogischen Handelns. Weinheim, 1985[3]
Geulen, D.: Probleme vorschulischer Curriculumentwicklung für den Bereich der sozialen Handlungsfähigkeit. In: Baumgartner/Geulen (Hg.): Vorschulische Erziehung, Bd. 2. Weinheim 1975, S. 13-73
Ginott, H.G.: Eltern und Kinder. Reinbek 1972
Gorges, R.: Didaktik. Eine Einführung für soziale Berufe. Freiburg/Brg. 1996
Grell, J./Grell, M.: Unterrichtsrezepte. München 1979
Haag, F. u.a. (Hg.): Aktionsforschung. Forschungsstrategien, Forschungsfelder und Forschungspläne. München 1972
Harnach-Beck, V.: Psychosoziale Diagnostik in der Jugendhilfe. Weinheim, München 1995
Hebenstreit, S.: Einführung in die Kindergartenpädagogik. Stuttgart 1980
Heimann, P. u.a.: Unterricht – Analyse und Planung. Hannover, 1972[6]
Heiner, M. (Hg.): Selbstevaluation in der sozialen Arbeit. Freiburg 1988
Heiner, M. u.a.: Methodisches Handeln in der Sozialen Arbeit. Freiburg, 2. Aufl. 1995
Hinte, W./Karas, F.: Studienbuch Gruppen- und Gemeinwesenarbeit. Neuwied 1989
Homeier, J.: Stigmatisierung als sozialer Definitionsprozeß. In: Brusten/Homeier (Hg.): Stigmatisierung, Bd. 1. Neuwied 1975, S. 5-24
Hontschik, C.: Raumgestaltung und pädagogisches Konzept im Kindergarten (= MSP 11). Frankfurt 1985
Hoppe, R. u.a.: Alltag im Jugendclub. München 1979
Hornstein, W.: Die Bedeutung erziehungswissenschaftlicher Forschung für die Praxis sozialer Arbeit. In: Neue Praxis 1985, S. 463-477
Hübner, B./Rocholl, G.: Soziales Praktikum. Sozialpädagogische Arbeit mit Kindern. Frankfurt 1984
Irskens, B. u.a.: Auffällige Kinder. Beobachtungen – Erklärungen – Handlungsstrategien (MSP 1). Frankfurt 1978
Irskens, B./Preissing, Ch.: Damit wir wissen, was wir tun! Methoden zur Erstellung eines pädagogischen Konzeptes im Team (= MSP 15). Frankfurt 1987
Kalff, W.: Eltern lernen Erziehen. Reinbek 1976
Kazemei-Veisari, E.: Offene Planung im Kindergarten. Freiburg/Brg. 1996
Klatetzky, Th. (Hrsg.): Flexible Erziehungshilfen. Münster 1994
Klees, R. u.a.: Praxishandbuch für die Jugendarbeit (Teil 1: Mädchenarbeit, Teil 2: Jungenarbeit) Weinheim, München 1989
Kleber, E.W.: Diagnostik in pädagogischen Handlungsfeldern. Weinheim, München 1992
Kraußlach, J.: Aggressionen im Jugendhaus. Konfliktorientierte Pädagogik in der Jugendsozialarbeit. Wuppertal 1981
Kreiter, J./Klein, I.: Fall-Bei-Spiele. Gelnhausen, Freiburg 1975
Krenz, A.: Die Konzeption – Grundlage und Visitenkarte einer Kindertagesstätte. Freiburg/Brg. 1996

Kupffer, H./Ziethen, U. (Hrsg.): Erziehung verhaltensgestörter Kinder und Jugendlicher. Heidelberg, 2. Aufl. 1992
Kupffer, H./Martin, K.-R. (Hrsg.): Einführung in Theorie und Praxis der Heimerziehung. Heidelberg, 5. Aufl. 1994
Leber, A. u.a.: Krisen im Kindergarten. Frankfurt/M. 1989
Lehnemann-Brieschke, H.: Erkennen und Bewältigen von Konflikten im Kindergarten. Fellbach 1980
Lempp, R.G.E.: Eltern für Anfänger. Zürich 1981
Lewin, K.: Feldtheorie in den Sozialwissenschaften. (New York 1951), Bern 1963
Lisner, S.: Arbeitsmappe: Der wütende Willi. Gefühle erkunden und Aggressionen abbauen. Mühlheim/Ruhr 1995
Maas, U.: Soziale Arbeit als Verwaltungshandeln. Weinheim, München 1992
Martin, E.: Sozialpädagogische Didaktik. Der Versuch eines Überblicks, in: Sozialmagazin H. 3, 1989, S. 38–45
Martin, E./Wawrinowski, U.: Beobachtungslehre, Theorie und Praxis reflektierter Beobachtung und Beurteilung. Weinheim, München 1991
Mehringer, A.: Eine kleine Heilpädagogik. München 1982[7]
Meinhold, M.: „Wir behandeln Situationen, nicht Personen“. In: Müller, S. u.a. (Hg.): Handlungskompetenz iin der Sozialarbeit/Sozialpädagogik, Bd. I. Bielefeld 1982, S. 165-183
Melzer, G.: Praxisanleitung und Praxisberatung in der Sozialarbeit. Frankfurt 1972
Metzinger, A. (Hg.): Verhaltensgestörte Kinder im Kindergarten. Fellbach 1981
Meyer, H.: Leitfaden zur Unterrichtsvorbereitung. Frankfurt 1984[6]
Mollenhauer, K.: Einführung in die Sozialpädagogik. Weinheim 1964
Mollenhauer, K.: Theorien zum Erziehungsprozeß. München 1972
Mollenhauer, K./Rittelmeyer, Ch.: Methoden der Erziehungswissenschaft. München 1977
Mörsberger, T. (Hg.): Datenschutz im sozialen Bereich. Frankfurt (Deutscher Verein) 1981
Müller, B.: Die Last der großen Hoffnungen. Methodisches Handeln und Selbstkontrolle in sozialen Berufen. Weinheim, München, Neuausgabe 1991
Müller, B./Thiersch, H. (Hrg.): Gerechtigkeit und Selbstverwirklichung. Freiburg/Brg. 1990
Müller, C.W.: Wie Helfen zum Beruf wurde. Eine Methodengeschichte der Sozialarbeit, Bd. 1. Weinheim 1982
Müller, C.W.: Wie Helfen zum Beruf wurde. Eine Methodengeschichte der Sozialarbeit. Bd. 2: 1945-1985 Weinheim 1988
Nolting, H.-P./Paulus, G.: Psychologie lernen. Weinheim 1985
Otto, H.-U./Karsten, M.-E. (Hrg.): Sizialberichterstattung. Weinheim, München 1990
Oy, C.M. von/Sagi, A.: Lehrbuch der heilpädagogischen Übungsbehandlung. Ravensburg, 1977[2]
Perle, U.: Arbeiten im Team. Tübingen 1969
Projektgruppe Ganztagseinrichtungen: Leben und Lernen in Kindestagesstätten. München 1984
Pühl, H. (Hrg.): Handbuch der Supervision. Berlin 1991[2]
Pühl, H./Schmidbauer, W. (Hrg.): Supervision und Psychoanalyse. Frankfurt/M. 1991 (orig. 1986)

Rauschenbach, Th.: Theoriegeleitetes Handeln in sozialpädagogischen Arbeitsfeldern. In: Sozialpädagogik, 1984 S. 24-32
Rauschenbach, Th./Thiersch, H. (Hrg.): Die herausgeforderte Moral. Bielefeld 1987
Rogers, C.: Therapeut und Klient. Grundlagen der Gesprächspsychotherapie. München 1977
Ross, M.G.: Gemeinwesenarbeit. Theorie, Prinzipien, Praxis. Freiburg 1968
Sader, M. u.a.: Kleine Fibel zum Hochschulunterricht. München 1970
Sader, M. u.a.: (Hg.): Verbesserung von Interaktion durch Gruppendynamik. Münster 1976
Scherpner, M. u.a.: Teamarbeit in der Sozialpädagogik. Tübingen 1976
Schilling, J.: Planung von Ferienlagern und Freizeiten. München 1981
Schilling, J.: Methodenbuch Jugendarbeit, Bd. 1. München 1982, Bd. 2 München 1985
Schilling, J.: Didaktik/Methodik der Sozialpädagogik. Neuwied 1993
Schulze, Th.: Methoden und Medien der Erziehung. München 1978
Schumann, C.: Heimerziehung und kriminelle Karriere. In: Brusten/Homeier (Hg.): Stigmatisierung, Bd. 2. Neuwied 1975, S. 33-56
Schweitzer, H. u.a.: Über die Schwierigkeit, soziale Institutionen zu verändern. Entwicklungsarbeit im sozialpädagogischen Feld 1. Frankfurt 1976
Siegers, F.M.J.: Praxisberatung in der Diskussion. Formen, Ziele, Einsatzfelder. Freiburg 1974
Sielert, M.: Emanzipatorische Jugendarbeit. Rheinstetten 1976
Smith, C.A.: „Hauen ist doof." 162 Spielideen gegen Aggression im Kindergarten. Mühlheim/Ruhr 1993
Späth, K.: „Indikation" in der Jugendhilfe – ein Begriff, der in die Irre führt. In: Unsere Jugend 1985, S. 231-235
Späth, K.: Der Hilfeplan im Spannungsfeld zwischen Bevormundung und Einbeziehung von Kindern, Jugendlichen und Eltern, in: Unsere Jugend 1992, S. 149-155.
Strätz, R.: Beobachten. Anregungen für Erzieher im Kindergarten. Stuttgart 1990
Stapelfeld, H./Hoppe, J.R.: Der Situationsansatz im pädagogischen Alltag. In: deutsche jugend 1980, S. 9-18
Strömbach, R. u.a.: Supervision. Protokolle eines Lernprozesses. Gelnhausen, Freiburg 1975
Tausch, A. u.a.: Das Helferspiel. Ravensburg 1975
Thiersch, H.: Die Erfahrung der Wirklichkeit. Weinheim 1986
Thiersch, H.: Lernen in der Jugendhilfe. In: deutsche jugend 1979, S. 459-466
Thiesen, P.: Die gezielte Beschäftigung im Kindergarten. Freiburg 1985
Uhlendorff, U.: Sozialpädagogische Diagnosen III. Weinheim, München 1996
Vopel, K.W.: Interaktionsspiele für Kinder, Teil 1-7. Hamburg 1977 ff.
Watzlawick, P. u.a.: Menschliche Kommunikation. Bern, 1985[3]
Weinschenk, R.: Didaktik und Methodik für Sozialpädagogen. Bad Heilbrunn 1976
Weinschenk, R.: Geplantes Erziehen im Heim. Freiburg 1978
Wendt, W.R.: Unterstützung fallweise. Case Management in der Sozialarbeit. Freiberg/Brg., 2. Aufl. 1996
Wolfram, W.-W.: Präventive Kindergartenpädagogik. Weinheim, München 1995

Wurr, R./Kolbe, G.: Funktionsansatz und Situationsansatz in der Praxis des Kindergartens. Stuttgart 1981
Zimmer, J.: Wider die falsche Vorschulerziehung. In: betrifft: erziehung 1970, H. 9
Zimmer, J.: (Hg.): Curriculumentwicklung im Vorschulbereich, 2 Bde. München 1973